本书受世界休闲组织浙江大学休闲卓越中心创新基地
科研项目经费资助

体育观澜

李 华 著

浙江大学出版社
·杭州·

图书在版编目(CIP)数据

体育观澜 / 李华著. -- 杭州：浙江大学出版社，2025.1. -- ISBN 978-7-308-25568-4

Ⅰ．G812

中国国家版本馆 CIP 数据核字第 20243BJ584 号

体育观澜

李　华　著

策划编辑	吴伟伟
责任编辑	马一萍
责任校对	陈逸行
封面设计	雷建军
出版发行	浙江大学出版社
	（杭州市天目山路148号　邮政编码310007）
	（网址：http://www.zjupress.com）
排　　版	浙江大千时代文化传媒有限公司
印　　刷	杭州钱江彩色印务有限公司
开　　本	710mm×1000mm　1/16
印　　张	22.5
字　　数	404 千
版 印 次	2025 年 1 月第 1 版　2025 年 1 月第 1 次印刷
书　　号	ISBN 978-7-308-25568-4
定　　价	98.00 元

版权所有　侵权必究　　印装差错　负责调换

浙江大学出版社市场运营中心联系方式：（0571）88925591；http://zjdxcbs.tmall.com

序

初识作者，是因为体育产业研究。了解作者，是通过他的微信朋友圈。

2017年，我受托负责牵头编制《浙江省户外运动发展纲要》，有机会与作者就体育产业、户外运动、体育消费等课题展开深入交流。交流中，我第一次接触他的体育哲学思考和产业视角。他依据浙江"七山一水二分田"的自然地理条件，从全面建成小康社会的时代背景和"绿水青山就是金山银山"的理念，来定位诠释"运动浙江，户外天堂"的省域户外运动发展战略目标的思考逻辑，让我深受启发。后来，我通过他的朋友圈，透过他的"四字短文"，"跟着"他走乡镇、走企业、走一线，去场馆、去赛场、去调研，参与话题、共情思考，收获了许多课堂之外的体育实践素材。

他是一个体育工作者，也是一位体育思想者。

他分管体育产业工作的八年，正是浙江体育产业蓬勃兴起、转型发展的时期。从"运动振兴乡村，体育赋能城市，户外造就未来"的理念引领，到顶层规划、行动计划和培育扶持政策的统筹驱动，浙江体育产业不断创新举措，彰显发展成果。浙江的运动休闲乡镇、运动休闲基地、"环浙步道"、户外运动大会等一系列创新项目载体，紧贴经济社会发展脉动，紧扣全民健身热浪需求。这些具有深度融合性的体育产业的发展创新无疑具有示范样本的意义。浙江还通过省体育产业联合会等社会化平台，广泛集聚社会力量参与推动体育事业、体育产业，极大地拓展了有为政府与有效市场相结合的体育产业发展之路。

这些体育产业发展的实践做法和探索成效，在作者的朋友圈小文中随处可见。字里行间，既有对产业政策的精准解读，也有对体育现象的时代洞察和问题探究。在课堂上，我常常引用这些素材、案例，与学生们一起讨论，并将其中的问题思考引入研究生的研究选题。

有一次，我们课题组在讨论某个体育管理研究选题时，有同事提出如能将这些朋友圈小文汇编成集，无疑会是一部有益的体育管理研究的实践案例集。带着这个想法，我多次劝说作者，都被他婉拒了。最终，我还是以"一个体育教学实践导师的责任"的理由说服了他。为此，我很高兴。

《孟子·尽心上》有言："观水有术，必观其澜。"寓意是，要尽心追本溯源，洞察事物的本质与行为的方式，从而找到解决问题的路径。这本集子正是这样一部作品，它不仅记录了作者对体育事业与产业的深刻理解，也呈现了他探索解决实践问题的思维方法。相信这本书出版后，不仅可以为研究体育学的师生们提供鲜活的实践素材，也会给体育管理从业者以实践思路的启迪。

周丽君
2024-10-08

目　录

第一辑　体育哲学审思……………………………………………（1）

第二辑　体育产业纵览……………………………………………（31）

第三辑　体育场地探究……………………………………………（97）

第四辑　体育活动观察……………………………………………（143）

第五辑　体育文化漫谈……………………………………………（221）

第六辑　体育治理随想……………………………………………（283）

附　录　工作思考小集……………………………………………（341）

第一辑　体育哲学审思

体育功能

体育可以激发人民群众的爱国热情,营造积极健康的社会氛围;体育可以全人群、全周期保障人的身体健康;体育可以促进和维护人的心理健康;体育可以有效提高人的社会适应能力。简言之,体育通爱国,系健康,强能力。

(2016-10-10)

大众体育

有位体育老师说:体育离开大众,大众就会离开体育。就是!体育运动的终极目标,就是展示肌肉,体现精神,追求健康。真正的体育,本身就该是大众的,就该是大众身边的,就该是大众参与和享受的。大众的体育,才是真体育。

(2016-11-15)

学习体育

体育是个老行当。我们向"老体育"学什么?一学对体育的"满腹情怀"。体育、运动、赛事,就是"老体育"的全部。二学对体育的"实力认同"。更高、更快、更强,奉行实力原则,凭借实力说话。三学对体育的"全心聚力"。教练员、运动员、保障人员,师傅带徒弟,无私奉献。四学对体育的"无限执着"。夏练酷暑,冬练三九,全生命周期地奉献。

(2016-12-04)

体育层级

在新华社体育部任职的许基仁老师认为,人之体育有五个不同层次:第一,体育是生活点缀;第二,体育是生活习惯;第三,体育是生活时尚;第四,体育是生活哲学;第五,体育是生活信仰。结论:体育就是生活,体育里有文化。不同的人对体育有不同的层次追求,彰显出不同的文化涵养。

(2017-01-15)

体育是啥

体育是啥?体=身体+身心;育=教育+锻炼。体育包括但不限于身体四肢的运动、强健,心智器官的调动、开发,以及由此衍生的规则、制度、器具、场馆、赛事和文化、精神、产业等。用白话说,体育就是运动地玩,有规制地玩,为健康玩,为快乐玩。

(2017-03-09)

再学体育

观摩在天津举办的中华人民共和国第十三届运动会,又更深刻地理解体育,理解体育人。啥叫打小闻鸡起舞,啥叫运动的伤痕累累?啥叫临战状态,啥叫大赛压力?啥叫固执坚守、不屈不挠?啥叫永不言败、勇争第一?啥叫金牌银牌,啥叫英雄悲壮?啥叫个人荣誉、团队荣耀?不置身其中,难以把握、体会真正的体育和体育人的思维。

(2017-09-05)

人本体育

有人戏说:体育比文化更有内涵。体育的"体"字,是"人+本",以人为本。文化的"化"字,是"人+匕",人后匕见。民间更有"有文化真可怕"一说。结论:还得是体育。自然,戏说经不起细说。但一家之言,也是个蛮有意思的角度。

(2017-09-17)

慢慢运动

晚上,参加一个"慢运动论坛",有启发:慢运动,对应于慢生活。慢,相对于快,但应该不是懒。首先,慢运动就是一种生活状态,慢就是休闲,就是思想,就是禅。其次,慢运动就是一种体育生活,慢就是行走,就是比画,就是玩。最后,慢运动也是一种城市形态,慢就是田园,就是生态,就是"漫"。

(2017-09-22)

体育新解

迈入新时代,体育得有新内涵、新作为。体育不是简单的走路、跑步,还是人类健康的基石、美好生活的象征、产业发展的动能、经济转型的引擎、生态文明的伴侣、文化展示的平台、社会交往的窗户、国家活力的源泉、世界和平的纽带。

(2017-10-24)

再学两论

联系体育实际,重读毛主席的《实践论》《矛盾论》,有几点新体会:一是诚实和谦逊地问计新时代,亲口吃"梨",做到真正"亲知"体育。二是面对新时代要有新认知新思想,武装头脑,指导推动发展体育。三是深化研究和准确把握新矛盾新目标,迎难而上,厉行改革创新体育。

(2017-10-24)

风险辨析

体育有益,但有的项目也有风险。譬如跑马拉松,如何看?有位体育老前辈说:要辩证地看,放手干,如汽车、飞机等现代交通工具,人们没有因为其可能带来事故风险而弃用。攀登珠峰危险,人类也没有因此止步。登顶的,都被誉为英雄,以为精神。登峰探险中,高原天气恶劣,缺氧,给养、装备、救护条件有限等险阻,给攀登制造了问题,也为解决问题提供了舞台、教训和经验。我们痛于前行者的牺牲,也得益于这些勇敢的探路者。正是人们前赴后继,提升人类适应自然的能力,深化人类对极限的认识,最终才减少牺牲、发展文明。体育活动的风险要防范,即科学体育、科学健身,但探求潜能、追求极限,也是体育的题中之义。搞体育,不能因噎废食。登珠峰如此,跑马拉松亦如此。收益大于付出,既是经济,也是文明。高瞻远瞩的话是:体育强中国强。实实在在的态度是:体育有险阻,科学能过关。

(2017-11-06)

城市体育

城市让生活更美好,有体育的城市则更好。体育是城市活力的源泉,体育是城市的脉搏。体育,已成为市民生活的一部分,成为投资环境的重要因素。体育,为城市的发展插上腾飞的翅膀,为城市的文化注入灵魂。城市的运动风尚和体育成绩,既可以反映城市的一种精神、一种生活态度,也可以成现城市的具象特征。一个城市,离不开体育,离不开体育赛事,离不开运动项目展示的独特的城市精神。

(2017-11-09)

体育兴趣

兴趣引发激情,激情产生力量,力量成就事业。体育要昌盛,就要培育全社会的体育兴趣,尤其是年轻一代,特别是娃娃们。人民没有对体育的兴趣,民族就没有体育文化体育精神,国家就没有体育的未来。首要的是,体育人得激情满怀地办赛事、看输赢、谋项目、建场馆、说故事、促改革。

(2017-12-12)

简单体育

在杭州吴山,总有那么多人上山运动。见一群老年人在练瑜伽,偷着学艺一二。边上一长者看我身体僵硬,主动教了我几个拉伸动作,并交流、开导:锻炼并不复杂。一个简单的动作,只要坚持,慢慢搞到位,就有效果。你的腰板、脚筋有点儿硬,要多运动啊。老者的话是警示,也有思想:体育不复杂,以锻炼身体为要义的简单动作,就是体育;体育不简单,好的体育都是连贯的,都是坚持出来的。

(2018-03-04)

都市体育

运动振兴乡村,体育赋能城市。有乡村体育、学校体育,当有都市体育。可否把都市体育定义为基于都市区域或都市人群的运动项目、赛事及产业、文化等体育活动的总和?它具有运动人群集聚、消费心理成熟、运动时尚引领、市场潜力巨大等特征。推动都市体育发展,尚需在理念传播、培育组织、全民健身、组织赛事、装备供给、创新研发等方面着力。都市体育,对于传播城市文化、激发城市活力、重塑城市形象意义重大。

(2018-06-08)

运动乡村

从体育的视角看乡村:乡村赋能体育。乡村是全域运动的天然场馆,是有待唤醒的运动场。乡村是全民健身领域的突出短板,是有待激活的动力源。乡村是体育产业的广阔天地,是有待开发的聚宝盆。从乡村的视角看体育:运动振兴乡村。体育是乡村经济转型的重要引擎。体育是乡村区域活力的重要源泉。体育是乡村社会治理的重要载体。体育是乡村美丽文明的重要标志。

(2018-06-13)

看球自悟

"世界杯"这个球赛影响世界,影响人们对体育的认知:一是体育＝参与者＋球迷＋组织者＋X。二是体育产业的支撑主体是广大球迷,是参与其中的民众。三是球迷可爱,但有真伪之别。四是大赛后,体育人的目标是把"伪球迷"培育成"真球迷",把"热足球"发展成"热体育"。

(2018-07-04)

大体育观

其一是社会体育观,体育不仅仅是体育部门的体育。既然是社会体育,那就是党委、政府的体育。其二是群众体育观,体育不仅仅是竞技赛事的体育。既然是群众体育,那就是开放幸福的体育。其三是产业体育观,体育不仅仅是锻炼身体的体育。既然是产业体育,那就是助力经济的体育。

(2018-07-28)

体育大势

夜来随手读报,研判着体育发展的趋势:一是从部门体育到政府体育。党委、政府对体育越来越重视。二是从单位体育到社区体育。体育的社会化程度越来越高。三是从锦标体育到健身体育。体育与人们的幸福关切度越来越强。四是从老年体育到娃娃体育。体育与智力、能力的开发养成之间的关系越来越紧密。五是从健康体育到生活体育。体育越来越常态化、生活化。

(2018-08-02)

竞技的难

搞竞技体育不容易,有时几近残酷:赛场上,第一名只有一个,人人都想夺冠;只有在规定的时间、地点创造的,才是体育竞技的成绩;竞技的纪录,不断挑战的是人的极限;从来没有永远的第一名;运动生涯有限,纵使是冠军,也会有退役和转型的时候。

(2018-09-02)

体育兴农

"运动振兴乡村",说的是体育在乡村振兴中大有可为。体育能让乡村"动起来":体育的核心是运动,运动促进健康。体育能让乡村"闹起来":体育赛事集聚人气,变"寂静"为"喧闹"。体育能让乡村"靓起来":体育象征文明,推动乡村村居环境改善和运动设施建设。体育能让乡村"富起来":体育人流的集聚就是财富,带动增收。体育能让乡村"和起来":体育讲究团队协作,有助于村民和谐向善。

(2018-09-12)

体育能量

"体育赋能城市",体育活力,彰显城市活力。发展体育,可有效助力城市能级跃升:一助力推动城市健康。发展体育运动,增强人民体质。二助力繁荣城市人文。体育铸就特色的城市文化、城市品格和城市精神。三助力完善城市功能。体育场馆是城市不可缺少的基础设施,体育运动也成就城市品牌。四助力提升城市管理。大型的体育赛事活动,挑战城市社会治理水平。五助力发展城市经济。体育产业是新的经济业态,是城市经济转型的重要动力。

(2018-09-28)

体育真谛

请教业内人士:谁是体育的老祖宗?有人说是顾拜旦。今天,在某大学体育场首次看到顾老师的《体育颂》,粗读便有所获:

体育,是生命的使者。

体育,就是美丽!你使人的身体和精神和谐统一;

体育,就是正义!你体现了社会生活中的公平合理;

体育,就是勇气!肌肉用力的全部含义是敢于搏击;

体育,就是荣誉!荣誉的赢得要公正无私;

体育,就是乐趣!你使快乐的人生活更加甜蜜;

体育,就是培育人类的沃土!你让后代长得茁壮有力;

体育,就是进步!你规定良好的生活习惯,要求人们遵守规则;

体育,就是和平!你使全世界的青年学会相互尊重、学习以及和平竞争。

(2018-10-12)

生活体育

没有体育,也能活着。但有体育,才有真正的生活。体育就是这样,她不解决温饱。体育的作用,不仅仅局限于健康,体育是一种生活方式,是小康生活品质的标配。用一位经济学家的话讲,体育会是所谓的填补"结构调整空档期"的重要产业,会是加快"新旧动能转换调整期"的重要动能。体育生活,就是品质的生活。

(2018-11-09)

数字赋能

数字体育,不是数学老师讲体育,也不是体育老师说数学。数字体育就是把体育政策管理、体育资讯指引、体育项目文化等数字化,推动体育服务公共化、平台化、便捷化。搞数字体育,于体育人而言有压力、有挑战。其中涉及的不仅是知识、投入,更重要的是观念、智慧和管理流程再造。建设数字体育不简单,数字赋能体育是革命。

(2018-11-21)

三趣体育

与魏纪中老师聊体育职业。老先生说:搞体育,得提起兴趣,找到乐趣,培养志趣。这也是职业境界的三层次。兴趣是初心,指对职业的喜好。乐趣是热心,指让人快乐的情趣。志趣是专心,指职业意向、志向。细嚼慢咽,此"三趣"还挺在理。有兴趣才会找到乐趣,有兴趣、乐趣地干着,才可能干出志趣来。

(2018-12-04)

美国体育

有专家观察近乎"疯狂"的美国体育,发现:其一,美国能成为体育强国,源于亿万民众对体育发自内心的热爱。在那里,体育更像是一种信仰。其二,美国民众对体育的无比热爱源自美国"健全的心智寓于健康的体魄"的教育理念。校园体育,是传播体育理念和激发民众爱上体育、培养体育运动习惯的热情的最重要的渠道。其三,美国民众深切体会到,体育不仅给民众带来健康、快乐,还传播激情、团结、友谊、振奋等美好文化,传递和平与希望。结论是,体育需要用心播种爱,对体育的"爱"能够使民众爆发出惊人的力量。有了民众的"爱",体育产业就水到渠成了。

(2019-04-08)

体育力量

毛泽东说,体育具有"强筋骨、增知识、调感情、强意志"的作用。曼德拉说,体育拥有改变世界的力量。体育究竟有哪些力量?一是超越平凡的力量。胜利激励的力量,拼搏进取的力量(冠军及夺冠奋斗的力量)。二是健康向上的力量。激发生活的力量,平衡心理的力量(健康及美好生活的力量)。三是凝聚人心的力量。团队文化的力量,遵规守则的力量(团结及公平公正的力量)。四是推动发展的力量。传播时尚的力量,催生消费的力量(产业及经济发展的力量)。五是国家形象的力量。肌肉展示的力量,和平交往的力量(外交及文化交流的力量)。国际奥委会前主席罗格也有解读:体育自身或许不能做什么惊天动地的大事,但一旦融入其他的社会机制,体育就具有无穷的威力!

(2019-04-13)

梵想体育

梵想是台州的一家篮球俱乐部。今年4月,梵想董事长赴云南"体育支教"一周,与当地孩子交流体育:体育是能够带来快乐和健康的那缕阳光,是身体的教育。体育蕴含着一种挑战自身极限而坚持不懈的精神,更是一种自信。体育是增强体质、提升免疫力、推动身心健康发展的锻炼。体育也是一种教育,培养凝聚力和团队精神,是合作互助分享的育人过程。体育是一个社交平台,热爱美好生活的人在一起健康、向善。体育是一种文化交流,串联着世界各族人民的友谊。

(2019-04-27)

绿色体育

这是现代体育的重要特征。以赛事运营为例,要有绿色理念,有绿色宣传,有绿色环节,有绿色举措。比如帆船赛事开幕式简洁化,奖牌利用回收废弃物制作,动员参赛者参与环境保护,赛事保障切忌过度等。环顾四周,我们的体育绿色化还有很长的路要走。

(2019-05-09)

养成习惯

有人说:信仰说信就信,习惯不是说有就有。无论口头信仰多么高贵,灵魂总被习惯揭穿,可见习惯养成多么重要。它源于信仰,体现信仰,也检验信仰。由初心而信仰,由信仰而信念,终至融入日常生活。比如体育,想运动锻炼必得信其功效,真信就不是口头体育,而是体育生活化,即体育成为一种生活方式。

(2019-07-09)

体育情感

有专家认为,体育是一种极具情感性的活动。体育是具有高度情感认同、依赖、慰藉的"宗教"平台,是具有深度黏性的生活方式,也是社会情感交流和社会融合重塑的治理工具。认清体育的这一"宗教"文化价值,抓住体育情感培养这一独特的视角,对于我们理解体育、发展体育、做好体育极具意义。体育为什么要从娃娃抓起?为什么会有球迷和疯狂的足球流氓?人的运动技能是怎么来的?为什么有的人一天不运动就全身不舒服?国外高校为什么对学生的运动能力如此重视?答案就是:体育情感。

(2019-07-13)

体育教育

对于体育,以前有"四肢发达,头脑简单""读书不好,搞体育试试"等说法。现在越来越多的人把体育视为孩子生活的一部分,相信"体育是最好的教育"。有老师撰文说:体育是与子女交流沟通的重要工具。在骑马、打篮球、登山等运动过程中,我把生活态度、思想等很自然地传递给女儿。体育不仅能给孩子一个好身体,更主要的是能让孩子开动脑筋,满足其好奇心。我坚信:四肢发达的人一定头脑发达。在满足温饱后,身心健康比什么都重要。孩子拥有一项可以陪伴终生的运动项目,这是一辈子的财富。运动的好处是,当你遇到挫折与困难时,出出汗就什么烦恼都没有了。更主要的是,通过参与某项运动会喜欢上运动,触类旁通。现在,运动是我生活的一部分,更是我生命的一部分。

(2019-08-17)

啥是体育

　　干体育的,得知道体育是什么。北京体育大学任海教授认为,体育是关于人的身体的活动,是以身体活动为手段、以人自身的发展为目的的活动。与非体育的身体活动比,体育极具人文关怀,能释放身体潜能,提供独特的自我探索渠道,扩大身体活动的社会结合点。体育是健身、健心、适群"三位一体"的身体活动。教授说的比较玄,可理解为:体育是非生产劳动、非家务劳动的自主性、不带功利的身体游戏。

（2019-09-24）

身体素养

　　国务院办公厅印发的《体育强国建设纲要》,首次在国家层面明确提出"全民族身体素养"问题。注意:不是体质、体能或身体素质,而是身体素养。身体素养是啥?是为了生活而重视并承担终身参与身体活动的责任所需要的动机、信心、身体能力及知识与理解。也就是说,身体素养不仅包括体质、技能,还有体育情感、态度、道德和价值观。提高"身体素养",仅体育一家撑不住,需要全社会达成共识、多部门参与,合力构建新的体育治理体系。

（2019-09-25）

创造体育

　　为推动体育融入生活、构建积极生活方式,英国卫生部于2009年推出"为生活而改变"（Change 4 Life, 2009）项目。口号:"吃好,多动,久生"（eat well, move more, live longer）,包括六个子项:为生活而骑车,为生活而早餐,为生活而跳舞,为生活而游戏,为生活而游泳,为生活而步行。如开车时,将车停在停车场最远的车位,以增加步行距离;乘公交车,可早几站下车,然后步行上班或回家;购物时可携带较重的袋子回家,以增加运动量;步行或跑步上学或上班;乘地铁时尽量站着,以消耗更多的体能;与朋友面谈,而不是电话聊天等。这些活动将体育融入日常生活,既有促进健康的实际效果,也激发了公众进一步参与体育的动机。2011年,英国卫生部又启动"为生活而改变运动俱乐部"计划,支持身体活动不足的中小学生参与体育俱乐部活动,改善健康行为。

（2019-09-27）

多维体育

对于体育,各国视角各异。荷兰将体育作为社会发展、社会整合、公共卫生及创造就业的一个工具。在英国,体育是突破社会壁垒的一个最佳方式,我们必须充分发挥其潜力。在加拿大,体育运动是一个潜在的社会变革和创新的有力载体。在澳大利亚,体育在构建健康社区中发挥着基础性的作用。在日本,体育是促进人与人之间交流的工具,是社区再生的动力。体育运动具有吸引、调动和激发人的潜能的独特力量。就其本质而言,体育运动是参与性的活动,关乎包容和公民认同。体育成本低而影响大。体育不再是任何社会的奢侈品,而是当前和未来的一项重要投资,在发展中国家尤为如此。欧盟认为体育社会功能是改善公众健康;反兴奋剂;教育和培训;促进志愿服务,培养积极向上的公民;促进社会包容、整合与平等;防范种族主义和暴力;分享欧洲的价值观;支持可持续发展。

(2019-09-28)

体育味道

外行远观汽摩类赛事,获得的是速度与激情的感觉;在业内人士看来,除了速度与激情外,还有汽油的芳香,烧胎的焦味。有人说:"轮胎与地面摩擦发出尖锐的烧胎声,会给现场观众带来酷炫的感受。"赛车的力量,赛场的味道,需要浸淫其中才能理解。汽摩运动如此,路跑、水上、航空、极限等运动也无异。体育味道,大体就是:游泳人之于水的冲动,打球人之于球的"痒劲",骑行人之于自行车的亢奋。

(2019-10-17)

体育强国

建设体育强国,核心是做强体育。体育强国方向何在?强在"七力"上:体育理念的感召力,体育文化的渗透力,体育运动的吸引力,体育产业的表现力,体育组织的凝聚力,体育治理的创新力,国际体坛的影响力。

(2019-12-11)

体育信仰

有人把体育分为五个层面:生活点缀,生活习惯,生活时尚,生活哲学和生活信仰。个人理解：人之体育，有个由低到高的体验过程。哲学、信仰层面的体育，属精神灵魂范畴，唯有持续深入沉湎其中才能悟懂弄通。本质上说，体育始于肢体运动，终于精神探索。

（2019-12-29）

体育四事

体育终究有哪些事？一曰赛事。赛事是体育的核心。既要赢得赛事，又要办好赛事，做大赛事，培育品牌赛事。二曰人事。以人为本谓之体。体育的本质是人事，是人肢体锻炼的活动。赛事引领体育，全民健身健康幸福才是目的。赛事需要互动理解。故得搞活人事。三曰城事。体育是人之体育，更是城市的体育。为赛事美化城市环境，最终还是以生活为中心推动城市建设提级、治理转型。做足城事，非体育之功，是城市管理者的智慧。四曰故事。变一日赛为四季赛，假赛事做好城市宣传。积累体育故事，传播城市故事，特别是城市人文历史的故事。借赛事平台，讲好故事。

（2020-01-06）

凸起胸肌

想到人的体质体能。有人问：你看看身边的男人几个有胸肌？前胸大都一片平原，上平下凸。体形体貌，的确反映体质体能。个人可以不苛求，倘若放大到民族，事就大了。但依常识论，凡强壮的，免疫能力大约总强些。健康中国，全民健身，体育强国，强身健体，从亮出胸肌、腹肌开始如何？浙江有家叫顾家家居的企业，把腰围作为个人年终考核指标。实际上，也可将体重、胸围等作为指标。

（2020-03-11）

体育求变

面对百年未有之大变局，体育咋搞？专家说，也要变，见变思变、以变应变。变，也就是创新。重点要抓住"三变"：变健身为生活，让体育成为日常生活的重要内容。变金牌为精神，让体育成为社会文化的重要标识。变事业为产业，让体育成为国民经济的重要支柱。

（2020-04-25）

百姓健身

在小县城,"宅家憋累"的人早早出门,在社区的各个领地运动小聚,伸腿弯腰。群众体育,不就是体育大会,不就是赛事活动?群众体育,就是邻居大叔大妈天天早起,有时间比画拳脚,有地方舞刀弄枪,有人指导领操。群众体育的实质,就该是大众参与、就近就便、百花齐放、各得其所,目标就是全民健康。

(2020-05-07)

人生定律

"你有身体的时候不太有脑子,有脑子的时候身体不行了。"这种关于身体与脑子的说法有点绝对,但不无道理。做到身体健康与脑子发育齐头并进,不容易。关键是坚持体育与教育的统筹,核心应该是坚持强身健体,追求有脑子时身体还行的境界。

(2020-06-07)

事业产业

体育,是事业也是产业,有公共服务属性也有产业经济属性。有人提出,当下要折腾好体育的事,得有"将事业当产业干,把产业当事业干"的套路。意思是:干事业,要讲效率效益、投入产出。育产业,要有服务格局、人文情怀。体育事业产业之间有界限,也浑然一体。能把事业干成产业,最好不过。将产业干成事业,也是一种境界。

(2020-07-27)

庙宇体育

为什么国内的寺庙道观大多建在高山云上?有人戏道:主要是推广登山等体育项目。很久以前,人有病痛得求神拜仙,仙居神山,你不得经常登高拜神保佑吗?一来二去,运动就把你的毛病除却了。说神仙助力,其实是体育助力健康。听罢细品,似乎也是一解。

(2020-08-06)

身体身心

有爱好者说:户外运动是白天放松身体,晚上放飞身心的运动。无论越野、路跑,还是水上、空中,纵情山水,本质就是身体与自然的对话。夜宿帐篷,听自然山水之声,闻森林野花之味,感黑夜流星之慨,不就是身心与自然的交流? 户外运动,集身体心灵于一体,是为时尚健康生活。

(2020-09-01)

结合融合

当下,"融合"这个概念用得越来越频繁。结合,大意是两个东西的连接。融合,就不仅仅是连接,而是有机地结合。如结合为婚姻,那融合则有生儿育女的意味。体教融合,体艺融合,体卫融合,体科融合等等,大概也如此。体育具有高度黏性。于体育而言,融合的理念概念、想法胸怀、思路路径、平台载体等,关系未来发展。

(2020-09-04)

社交体育

有业内人士谈支付宝与微信:微信同样有支付功能,但支付宝缺乏微信强大的社交功能。不论是否正确,社交一定极为重要。在互联互通时代,机器代劳能力越强,人与人之间的社交需求越强烈。体育之所以受欢迎,原因在于强身健体益智,更在于群体游戏社交。

(2020-09-15)

体育之强

学习习近平总书记在教育文化卫生体育领域专家代表座谈会上的讲话后,想体育之强、强体之道。落实讲话精神,重要的是要立时代潮头,强体育之声,亮体育之窗,谋百姓之福。关键是加快创新步伐,更新体育理念。体育之强,在于其能,假以其用,善莫大焉:以体强身——文明精神,野蛮体魄;以体育人——完全人格,首在体育;以体激情——刚柔并济,彰显活力;以体化文——诗和远方,能文尚武;以体融合——嫁接百业,转型迭代;以体赋能——振兴乡村,赋能城市;以体兴业——产业成链,铸就支柱;以体惠民——全面发展,美好生活。

(2020-09-24)

体育城市

有资深体育媒体人指出:"放眼全球,体育未必是一个城市的标配,但从来都是一个城市的标识和品位!"体育赋能城市。体育赋能城市健康,赋能城市活力,赋能城市时尚,赋能城市精神,赋能城市基础设施,赋能城市消费和产业,赋能城市社会治理。没有体育,当然还有城市。但缺乏体育的城市,一定不爽。没有体育的城市,就是一个不完整、有缺憾、少青春、没灵魂的发育不良的城市。

(2020-10-15)

体育理念

体育是啥?杭州莫干山路小学有位体育班主任老师的回答很亮眼:小时候的体育,那就是游戏。少体校的体育,它叫体育精神。体育专业的学习,就是接受终身体育的价值观,育德育人的教育理念。至于孩子教育,体育是强身健体的游戏,发泄不良心情的渠道,沟通感情的桥梁,蕴含着一种顽强拼搏、积极向上的精神。

(2020-10-20)

体育形态

体育塑身养心育人化物,文明精神也"野蛮"体魄。大视角下的体育可能有八种表现形态:观念形态——理念、思想层面的体育;健康形态——锻炼、体质层面的体育;设施形态——场地、场馆层面的体育;运动形态——活动、赛事层面的体育;产业形态——制造、服务层面的体育;标识形态——标志、品牌层面的体育;精神形态——艺术、文化层面的体育;制度形态——规制、治理层面的体育。

(2020-10-21)

健康运动

关于运动与健康,人们常有误区。有专家说,有必要厘清"Play to fit"与"Fit to play"之别。Play to fit,大意是通过参与运动来实现健康。Fit to play,是指健康地运动,其中强调了科学运动。意思是说,要通过科学健康的运动来促进人的健康。这就少不了科学运动理念、知识的普及,运动强度的调适,运动损伤的预防,及运动损伤后的科学康复等。也就是说,打球、路跑等活动导致的各类损伤是可以避免的。有的人津津乐道的"龟息"运动,或许有益,但更多的是不运动的借口。对绝大多数人来说,运动的真谛在于动。

(2020-10-24)

体育美景

　　体育,首先是健康强壮,但她应该不止于此。有专家说得好:"很多时候,人们喜欢体育不是喜欢体育本身,是喜欢体育装饰的场景。"绿水青山、活力四射,运动场地、艺术氛围,俊男靓女、淡妆浓抹,争先恐后、不论输赢。这是怎样的一派生活美景! 现代体育,是人·运动·健康·场景·社交·娱乐·生活的聚合。研究现代体育的美学内涵,无论本体还是产业,意义深远。

(2020-11-21)

三个转向

　　北京体育大学教授鲍明晓提出,"十四五"要大力发展生活体育、文化体育、财富体育。个人理解,就是要来个大转身大转变大转型:由群众体育竞技体育等转向生活体育,由"五大三粗"的体育转向文化体育,由单纯财政投入的体育转向财富体育。这大概也会是体育在新发展阶段的方向,体育需要构建的新发展格局。

(2020-11-22)

运动人口

　　在地铁上,突然想到"运动人口"概念。新发展阶段,把扩大运动人口基数作为经济工作来抓,很有意义。从经济学视角看:培育运动人口,就是建设健康中国,就是扩大经济内需,就是推动新基建,就是推动先进智造,就是发展新型服务业,就是统筹安全发展。结论:体育是民生事业,也是新经济!

(2020-11-30)

体育生活

　　由哲学观体育:体育朝向最美好的生活。第一,体育是一种积极向上的生活态度。第二,体育是一种科学健康的生活方式。第三,体育是一种精致幸福的生活品质。第四,体育是一种全面发展的生活追求。体育生活化了,就有了真正的全民健身,有了繁荣发展的体育产业。

（2020-12-10）

体育哲学

朝花夕拾,边干边想也有所得。做体育这行得有"七个既要又要":既要薪火相传,又要不懈创新;既要争金夺银,又要增强体质;既要推动健身,又要发展产业;既要建设场馆,又要运动全域;既要能征善战,又要能歌善舞;既要单兵突击,又要联动社会;既要优势更优,又要夯实基础。

（2021-01-04）

融合创造

乔布斯说:创造就是把东西连接起来。有一种创新,叫作直接借鉴但不直接使用。我想:一般说来,创新也好创造也罢,大体形态一是创出以前完全没有的,二是以前（别人）搞过的重新拿出来搞,三是把现有的几个东西搞在一起。发明是创造,连接是创造,融合也是创造。有时,转换视角,也会赋新能,有所创造。所以,更多的"体育＋""＋体育"会合、结合、融合,就会是一种创新创造。

（2021-04-21）

体育维度

研究考量体育,传统的有健康维度、产业维度、文化维度等。进入共同富裕新时代,可否多从美学维度、生活维度、文明维度乃至活力维度、人心维度考量体育？体育赋能之能,也该是体育的初心与使命。

（2021-05-16）

体育视界

都说要胸怀宽广、眼界开阔,体育该如何发展？粗略想想,好像应该有六个转向:由单纯的部门体育转向党委政府的体育,坚持破圈办体育;由主要是金牌导向的体育转向主要是公共服务的体育,坚持服务办体育;由单一财政投入的体育转向社会力量共建共享的体育,坚持社会办体育;由仅仅是公益事业的体育转向国民经济支柱产业的体育,坚持市场办体育;由最初的增强民众体质的体育转向全面激发社会活力的体育,坚持多元办体育;由传统框架下的体育转向现代数字智能智慧的体育,坚持科学办体育。

（2021-05-28）

体育美学

人民对美好生活的向往,为行业美学的发展拓展了空间。体育也不例外。体育器材、运动服装之美,体育规则、运动人群之美,体育场馆、运动场景之美,体育色彩、运动韵律之美等,与美好生活、健康生活、文明生活息息相关。体育的"美丽",终究可化身为区域发展的魅力。漂亮也能当饭吃。研究体育美学,大有可为。

（2021-06-15）

液态体育

据说,时下"液态学习"兴盛。液态学习,即随时随地学习,个性化因地制宜科技助力地学习。体育也是。有场地更好,没有设施也可以有体育,关键是深化对体育的认知,确立体育生活化理念。液态体育,让体育的力量肆意澎湃,渗透到现代生活的方方面面,体现凝聚在社会人群的全生命周期。这恐怕就是全民健身的真谛。

（2021-06-26）

未来社区

从小区、居住区到未来的社区,要义是把住人的地方建得更有生活味,创造更多美好。作为探索,未来社区说到底就是有更多的公共空间,更完善的公共服务,更人性的公共治理。乡村新社区也是这样。有更多的公共空间和更完善的服务,体育自在其中。体育运动,本质上是吃饱饭后的生活。社会越发展越富裕,越需要体育。

（2021-08-01）

合理体育

有人说,滑板、攀岩和冲浪项目入奥,表面上看是奥运会最终接纳了几个之前被忽视的项目,但实际上是这些现代运动员在赋予世界上最古老赛事以新的合理性。合理的体育,就是发展的体育、创新的体育,能够跟上时代的、不断推陈出新的体育。注重"新的合理性",牢牢把握新阶段、新理念、新格局,抓住新人群、新项目、新场景、新路径,就抓住了体育的未来。

(2021-08-23)

体育一解

从哲学视角看,体育是通过运动解释解读世界、改造完善世界的一种生活生命方式。体育,是跨越民族、国家和地区的人类沟通方式,是一种特殊的文化教育现象。体育,诠释着"更快、更高、更强,更团结"的奥林匹克精神,总是能够集中展现人类向前向上向善的独特力量。有人说,运动征服人心。我想,体育也推动进步。

(2021-08-26)

开放体育

因为建筑不仅是房子,卫生不只是医院,农业不限于种田,旅游也不拘泥于景点,所以体育也不等于跑步,不只有冠军,不止于锻炼。体育是一种精神,一种教育,一种生活,一种文明。系统看,体育包括思想、制度、社会、文化、建筑、产业、美学、科学等。发展体育,必须树立大体育观,搞大搞活体育。

(2021-09-07)

体育阅读

体育需要阅读,世界也需要体育方式的阅读。一座山,可是运动公园。一塘水,可以游泳冲浪。一片地,可建各式球场。即使是悬崖峭壁,亦可作攀岩滑翔。以体育的方式"阅读解读",甚至"写作创作",是一种新的认识世界的方式。体育的方式,包括体育理念、体育视角、体育兴趣、体育方法、体育路径、体育福利、体育语言等等。

(2021-10-01)

输赢体验

有校长谈体育:更多的体育,不仅是为锻炼身体。体育,能让人养成健康心理,增强规则意识,习惯团队合作,养成拼搏精神。体育竞赛的结果,极具不确定性。在竞赛过程中,实力强的不一定赢,实力弱的也不一定输。体验理解体育的输赢,为坦然应对人生的输赢提供了理想的教育实验场景。

(2021-10-28)

健身趋势

新时代,全民健身有了新特点新格局:一是健身健康融通。以健康为中心,推动全民健身和全民健康深度融合,愈益成为发展的主题主线。二是素养精神聚合。体育的力量,除提升身体素养外,还赋能社会人文再造、助力培育民族精神。三是大众小众并举。在弘扬传统体育的同时,着眼未来,盯紧年轻人群,推动小众运动项目成为时尚。四是线上线下互动。眼下,线上体育迅速升温,智能体育异军突起,体育数字化变革趋势明显。五是运动休闲兼备。体育日益生活化、通俗化,运动休闲体验的消费场景造就了诸多新业态。六是事业产业融合。全民健身公共服务事业和体育产业更紧密地耦合,相互推动促进、综合集成。

(2021-11-03)

运动赋能

经验表明,体育运动之于每个人的意义在于:锻炼身体,强健体质;学习项目,开阔眼界;启迪心智,促进智能;培养意志,养成坚持;调节情绪,平衡心态;助力社交,纯洁交往。少有运动老来好,如此才能实现"变老的时候,一定要变好"的境界。

(2021-11-16)

体育空间

哪里有体育,哪里可以体育,哪里就是体育空间。发展体育,关键是要在传统的空间(如体育场馆)外找到体育新空间。路径有八:向充分利用要空间;向更多新建要空间;向天上水上要空间;向空间共享要空间;向线上虚拟要空间;向凝聚文化要空间;向技术创新要空间;向变革体育要空间。

(2021-12-12)

运动零食

这是个好概念。久坐后站立一会儿,半分钟的开合跳,靠墙蹲、俯卧撑等短时间锻炼,就像"零食",虽不能饱腹却能过过运动瘾。绝对的运动零食化,好像不现实,但全民健身需要"运动零食"。

(2022-01-02)

体育新观

莫言看冬奥有感：体育运动，实际上就是一种挑战。挑战自我，挑战极端，在挑战当中、在惊险当中，创造美，而且它也体现了一种通过体育运动对人自身的精神、体能的认识。这里的关键词，是挑战自我、极限、惊险、美、精神，以及体育认知。在冬奥赛场上最亮眼的是苏翊鸣等"00后"向我们展示的一种全新视角的体育态度、运动方式和时代风貌。

（2022-02-15）

体育分类

有人问：简单说，体育是啥？答：体育，大约就是展示人的力量、速度、高度与智力的游戏，可分为器械体育和无器械体育两种。器械体育包括球类项目、其他器械项目，也可分为身体对抗和智能对抗两类。身体对抗包括接触性、非接触性。现代体育基本要素大约有人、场地、装备、规则、科技等。

（2022-03-25）

激活城市

实践表明，管理者可借体育激发城市活力。以竞技体育塑造城市活力，创设现代、时尚的城市印记；以群众体育演绎城市活力，展示青春、运动的城市魅力；以体育产业赋能城市活力，推动新旧动能转换的城市经济；以体育文化涵养城市活力，培育动感、激昂的城市文明。发展体育运动、建设体育城市，可为城市建设运维提供一种方式和选择。

（2022-03-30）

体育自由

从财务自由、牛奶自由想到体育自由。所谓体育的高质量现代化，大约就是这种体育自由的状态。实现自由的体育，个人要有运动内需、情怀、追求和可能，社会要有全人群、全周期、全天候和全要素的体育公共服务供给体系。其场景境界，无非就是生活体育或肆意体育。

（2022-04-09）

体育生态

体育发展的高质量意味着啥？琢磨琢磨，大约会是一种高水平的平衡或均衡的体育生态。如政府体育和社会体育、市场体育，竞技体育和群众体育、全民健身，优势项目和潜优势项目、隐性项目，体育竞赛和体育活动、体育锻炼，室内体育和室外体育、户外运动，老年体育和成人体育、青少年体育，体育运动和体育文化、体育传播等的平衡或均衡。

(2022-04-16)

思想不止

笛卡儿说：我思故我在。也有人说：既要做到"我思故我在"，又要坚持"我在故我思"。人活一世，思想不止。体育，很形象，也有它的形而上学。明晰体育原点，端正体育理念，理顺体育思想，丰富体育哲学，对于重塑新时代体育文明至关重要。

(2022-05-23)

体育语文

关于语文，有四种说法：一是语言和文字；二是语言文字和文学；三是语言文字和文化；四是语言文字和人文。由此想到，啥是体育？也存在多种理解：一是作为身体运动的体育；二是作为运动项目的体育；三是作为活动运动的体育；四是作为社会民生的体育；五是作为社会文化的体育；六是作为社会生活的体育。最高阶的，大约是生活化的体育。

(2022-05-31)

北大体育

同事给我一本汇聚了20世纪90年代北京大学部分学生撰写的970余份体育课小结的"书"。加引号，是因为没有正式出版。其中披露了那时的北大学生对体育的解读：体育体现着人类的一种精神，是对自我的超越与完善；体育就是生活；运动就是对衰老疾病和死亡的挑战；体育就是让你做那些你认为做不成的事，克服那些你认为无法克服的困难；参与体育，让我学会必须按"规定"办事；体育是竞争与合作的艺术；体育就是通过身体活动对人进行的教育；学游泳，最重要的是学到了一种体育精神；体育就是文化，等等。

(2022-06-21)

既要又要

有人吐槽,现在工作要求高,常常是既要又要还要,不好干。其实,这"三要"也不是啥新要求。从前的三好学生,既要品德好,又要学习好,还要身体好。"三要",其实就是一种世界观和方法论。新背景下,形势严峻、风险叠加、问题复杂、任务艰巨,干啥事都得有系统观念,搞统筹集成,谋创新变革。发展与安全、经济与民生如此,体育的全民健身与精英竞技、"三大球"与时尚运动等也是如此。

(2022-10-19)

旁观体育

古希腊哲学家毕达哥拉斯把人生喻为运动会。他说,舞台上有四种人:竞赛者,场上争金夺银的运动员;喝彩者,场下为运动员加油打气的啦啦队;经商者,场边只管经营的商人;旁观者,场内貌似啥事不干的看热闹的人。其中,有思想的旁观者,无利益关联,才是智者。

(2022-09-11)

体育展示

有人说,第十七届省运会、杭州马拉松及CBA(中国篮球职业联赛)联赛等一批重大赛事的成功举办,其实质性意义在于以场景化方式展示了浙江统筹疫情防控和经济发展的实际成果。体育展示的功能价值在于形象生动、通俗易懂、健康向上、活力洋溢以及全民参与等。体育展示,展示体育,更展示区域展示能级展示活力展示治理。

(2022-12-07)

成都体育

唯有体育生活化,才有真正的全民健身和体育产业。看到成都举办首届中国生活体育大会,还是眼睛一亮。成都也可以名副其实。在新时代新征程上,宣传生活体育的理念,传递生活体育态度,推广生活体育场景,创造生活体育时尚,厚植生活体育价值,是中国式现代化,也是健康中国、体育强国的题中之义。

(2023-01-21)

未来体育

建设中国式现代化,"中国式现代化体育"不能缺席。就方向性思考,至少得有五个体育:一是党的体育。作为在党全面领导下的社会民生事业的有机组成部分,体育不是部门小体育而是党委、政府的大体育。二是全民体育。全民健身,人人参与的体育,就是全民全域全面全周期体育。三是产业体育。体育是社会消费、供给和服务的重要组成部分,体育产业将是国民经济的支柱产业。四是人文体育。现代体育一定是生活化的体育,是塑造锻造和教化人的体育,体育是竞技,也润泽生活,积淀文化。五是开放体育。体育存在并融化融合于社会方方面面,必须开放治理,既面向国际社会也赋能区域社区族群的交流交往交融。

(2023-02-22)

变革思维

新征程上建设新体育,得从变革思维起步,解放思想的"天花板"。感觉需要"九个变":变传统思维为时代思维;变部门思维为大局思维;变金牌思维为发展思维;变活动思维为产业思维;变健身思维为生活思维;变赛会思维为项目思维;变规程思维为工程思维;变管理思维为治理思维;变形象思维为抽象思维。实质是要在更大的场景、更高的站位、更新的舞台,看体育干体育服务体育。

(2023-02-25)

两业齐飞

体育有一堆事业、产业,它们之间大体相当于政府与市场的关系。体育事业姓公,是公共产品提供公共服务,具有公益属性。体育产业本质上是商品服务、企业服务,遵循市场机制,具有营利属性。事业触动产业,产业推动事业。理想状态是,体育事业政府有为,体育产业市场有效。但事业可以通过产业来实现,产业也可以透过事业来发展,如体育彩票。事业与产业虽有差异,但实践中也没有截然的"三八线",其间也是相辅相成、相通相融的。

(2023-03-27)

体文有别

体育与文化应当有机融合,说到底体育就是大文化。但体育尤其是赛事,与一般意义的文化存在客观上的差异:一是体育以竞争竞赛为核心定名次(冠、亚、季军),文化以交流交往为要义分等级(一、二、三等奖);二是体育赛事场场不同,都是唯一,文化活动可以连演、重演、加演;三是体育的动作突出力度速度,文化活动的动作强调象形艺术;四是体育活动一般都是观赏者在上运动员在下(有运动员上场的说法),文化活动一般是表演者在上观赏者在下(有演员上台的说法)。

(2023-05-17)

体育交流

与一位老体育人聊体育交流。他说,从前的情况大约是这样:竞技体育只能背靠背(不交流);群众体育还算手拉手(有交流但不深入);体育产业则是心连心(深入交流)。现在呢?情况差不多吧。说的自然是某个层面的事,听听有点逆耳,细想确实如此。想起以前工作时接受的"交流交往交融"教育,体育之"交"还有很大的空间。

(2023-06-09)

体育之变

在全面建成社会主义现代化强国新征程中,体育在变也必须变。未来体育发展的趋势,大约是运动健康共识凝聚;体育健身全民普及;时尚体育快速流行;户外运动全域布局;体育社交功能彰显;体育产业形成支柱;运动文化五彩缤纷。方向大约是:大众体育、生活体育、快乐体育。

(2023-08-18)

收获体育

杭州亚运会激战正酣,全社会关注体育、热议体育。观察思考,收获满满。从共同富裕示范引领看:体育赋能城市,运动振兴乡村。从青少年健康成长看:体育增强体质,运动塑造人格。从区域高质量发展看:体育激发活力,运动创造价值。从中华民族现代文明塑造看:体育凝聚力量,运动铸就文化。

(2023-09-27)

面壁思过

秋日暖阳下,与体育人面对面闲聊。哪些会是体育人的缺点或短板?甲概括了这么三条:一是场馆型思维——操场绕圈;二是小项目文化——眼界不宽;三是开幕式模式——大头小尾。乙补充了两条:一是裁判员偏好——习惯裁决发号令;二是教练员能耐——常常动口不动手。

(2023-10-21)

户外美学

徜徉苍山洱海,思考户外运动。户外运动的魅力,无非就是"到最美的地方运动"与"运动到最美的境界"的融合。休闲等风,运动带风,体育追风。在万水千山之间,竞逐风驰电掣,竞现万种风情,尽享风花雪月。这就是时尚健康的体育户外运动生活。

(2023-10-29)

体育新道

当年,争金夺银最彰显体育价值。如今,体育的生活意义、产业功能、文化味道越来越凸显。顺应变化,体育至少得有"三个变":变跑步做操的全民健身为生活体育;变争金夺银的竞技体育为职业体育;变强身健体的健康体育为文化体育。可以想象,新体育运动项目不断涌现,特别是体育的制度创新、科技赋能和文化积淀,越来越会是建设现代化体育的重要节奏和新通道。

(2023-11-24)

体育导向

观宁波市第二届全民运动会,想着未来的现代化体育的样子:一是全民导向,面向全人群全周期的体育。二是健康导向,运动促进健康的体育。三是快乐导向,体现时尚生活、社会活力的体育。四是产业导向,助力发展转型、服务消费的体育。五是文化导向,展示文化自信、文明精神的体育。

(2023-11-29)

迁移价值

"体育的迁移价值:运动使感觉敏锐,使意识得到发展,意识是智力范畴中最基本和最终的东西。运动激励未来工作的行动意识,因而运动把性格的意识迁移到社会生活中去!"这句话写在新落成的清华大学北体育馆门口,作者是著名的体育教授马约翰。据说,北体育馆开设了网球、乒乓球、篮排球、体能康复、模拟滑雪、冰上运动、击剑、壁球等众多时尚体育项目。可见,清华由"无体育,不清华",走到了"无时尚,不清华"。

(2023-12-15)

第二辑　体育产业纵览

初涉体育

从安吉中南百草原开始，我参与了国家体育产业示范基地考察评估。据崔世豪董事长介绍，项目占地 5600 亩，年营收 1.35 亿元，利润 5000 万元，税费 1500 万元。年游客量 126 万人次，其中 43 万人次参与了百草原设置的十大体育旅游项目。"要想做神仙，就来百草原。"其实，要想做运动，也可来百草原。这是体农林旅结合的一个案例。

（2016-08-17）

培生船艇

千岛湖培生船艇有限公司，除制造龙舟外，还生产赛艇、皮划艇、游艇等水上运动器材。老板祝培生，个不高脑好使，由打工到自主创业，由企业家到运动器材专家，也是不易。

（2016-09-26）

产业聚会

"闯五万亿产业风口，抢三十年发展机遇。"这是百余家浙江体育产业企业走进衢州年会的共识。体育文明城市，运动改变生活，健身迈入小康。

（2016-10-13）

电竞产业

一直以为电子竞技即网络游戏，错！通过观摩绍兴市上虞区举办的 e 游杯电子竞技大赛暨 WVA2016 全球 VR 电竞大赛总决赛，见识了这"游戏"的产业蛋糕。e 游小镇的产业高峰论坛，吸引了全国 90% 以上游戏类企业，电竞大赛的网上参与者逾百万。虚拟世界的奥妙、互联网技术的神奇、新人类的热衷，加上竞技体育的魔力，融合成千亿新产业电竞蓝海。

（2016-10-24）

体育场馆

场馆建设难，运营更难，有效运营更是难上加难。咋办？首先，前期的用途定位要精准；其次，设计理念要创新，空间布局、功能分区、运营业态要复合；

再次,施工的建设管理要科学;最后,后续的运营管理要连锁,做好"体育"文章。文体高峰论坛,讲操作说细节,有高论。

(2016-11-18)

产业态势

上海体院专家谈体育产业未来的发展态势:一是体育资源跑步进市场;二是体育成为资本市场的新宠;三是"产业+体育"的新业态井喷;四是体育与相关产业深度融合;五是科技和金融推动产业腾飞;六是产业的盈利模式凸显。

(2016-11-30)

高端消费

在消费中,最高端的是体育消费。世界的消费规律是先满足生活需求,经济得到发展,然后进入娱乐产业,娱乐产业再往上才是旅游,往上最顶端的消费是体育消费。

(2016-12-05)

龙和渔业

龙游县郊有一片500亩的钓鱼赛事基地正在建设中。老板张双其,先是在杭州卖水果,后卖鱼货,六年前回乡养鱼。一养,成了楼外楼"西湖醋鱼"的主要供货商,还两次上了央视节目。后来,琢磨着"钓鱼"。由卖鱼而养鱼,养鱼而钓鱼,养殖而赛事,产业日趋高端,趋于文体。钓鱼赛事小,体育红利大。

(2016-12-10)

飞"阅"杭州

常人所见的无人机,其实就是一架会飞的照相机。从技术起源说,无人机起源于航空模型。由浙江省非奥中心主办的无人机航拍大赛,以"飞阅大美杭州"为主题开展航拍航摄。无人机航拍是体育运动+摄影艺术+文化传播的活动;无人机航拍开辟了"飞越世界,俯瞰人文"的新天地。

(2016-12-12)

公益边界

有专家说,基本的公共体育服务是公益,此外的额外服务是产业。各类普通球场是公益,室内灯光球场是产业。步道是公益,步道边的餐饮、技术服务是产业。问题是,还有哪些是政府该免费提供的基本的公共体育服务?

(2016-12-16)

盈利项目

体育场馆运营有门道。有业内人士"揭秘":眼下,运动项目的盈利能力强弱,依次为游泳、健身、篮球、羽毛球等。经济的项目错时模式是周末及每天16:00前是赛事活动,16:00至18:00用作体育培训,18:00至22:00则售卖场地。运营是专业,不能胡搞,不可任性。

(2017-01-15)

运动民宿

有人说,民宿到了去泡沫化的节点。安吉的五峰山度假山庄,一开始就走的是一条运动康复休闲度假之路。作为一名退役运动员,业者把自行车驿站、国家体操训练康复馆、骑行道等体育运动元素融入其中,寻求商机。体育人致力于打造美丽乡村的运动度假产品,值得期待和拥有。

(2017-02-12)

户外运动

眼下,户外运动的热度,行外人难有体会。借一位资深驴友的微信,略知一二:搞户外的,可贵的不仅在运动,在于他们视户外为生活态度,视户外为社会公益,视户外为生态守护,视户外为生命守候。户外的"驴"生活,常人难以理解,却不得不对其敬佩有加。

(2017-04-05)

网上钓市

在金华市美晨商贸,见识了垂钓用品种类的丰富。据老板介绍,2016年起,网上垂钓用品的销量增幅超鞋服,位居第一。美晨是当地包裹量最多的网商。2016年"双十一",单天发包裹11万个。现每天发包裹1万个。公司网上用户量达300多万,年销售量约1亿元。鱼钩和鱼线,市场不小。

(2017-06-02)

茶园露营

有文化真可怕:几根鲜毛竹,几片遮阳布,支起床铺,通上水电,就是一座入夜可以仰望星空的帐篷。同样,几根毛竹,围住一片野地,挂块布帘,通上水电,就是一座可以淋浴的浴房或卡拉 OK 的包房。

(2017-06-10)

房车露营

房车不开,就成为露营房车。因房车上路缺乏交通便利性政策的支持,时下的房车露营,实与木屋露营、集装箱露营等无二。据浙江北部某房车露营基地负责人介绍,尽管如此,生意还不错。上海、杭州客源各占 40%,长三角其他地区占 20%。客源以家庭、情侣和企业团建为主。房价在 680 元～1280 元/车左右。营地需要尽可能多的体育运动项目。

(2017-08-05)

浙江故事

在国际山地旅游暨户外运动大会上,法国山地户外专家高宁讲了一出浙江户外故事:在浙江仙居(神仙居),我看到了一片神奇的山地。令人惊讶的是,这样的山地仅用于景区观赏。我认为,她应该更加开放,吸引更多的人来多次游玩。好像景区接受了我的建议,那里的岩壁已架设了一些铁链,让喜欢的人攀爬。这就由景区观赏发展到了户外的运动。

(2017-08-16)

户外山地

从前无路,贵州苦在山。"不是夜郎真自大,只因无路到中原。"如今交通,贵州乐于山。被徐霞客誉为"天下山峰何其多,唯有此处峰成林"的兴义美景,生态展现。这里的山地瘦美、绵延不断,看似一幅画,读来一首诗。政府推动山地运动、山地旅游,僻壤的户外山地开始成为有吸引力的国际运动山地。

(2017-08-17)

赛事体育

在长三角体育产业协作闭门会上,有三个观点令我颇受启发:一是体育创造的是人的精神世界的消费。二是赛事是财务，更是财富。赛事价值需深挖。于城市，体育赛事也是城市客厅、发展展馆、旅游窗口、教育课堂和外交平台。三是赛事的要义在内容、体验。赛事内容最值钱，体验感受最可贵。场馆的空间物业是基础，最有价值的却是人和人的创造。要视办赛为艺术，全心打造最好体验和服务的赛事。

(2017-10-12)

学习产业

是产业，就要赚钱。否则，你做的就还只是事业。体育如何产业化，怎能赚钱？第一要选择当下或预期的社会关注度高的运动项目，确保客户有基础。第二要研究项目的环节收费设计，确保商业有流水。第三做好跨界增值文章，确保产业化得开。体育锁定客户，发展关联产业，其中体育跨界增值是要害。

(2017-10-23)

黄龙之问

看张学友的"闹"，想着体育产业的梦：什么时候黄龙的体育赛事，会"闹"过黄龙的演唱会？演唱会的黄龙满场荧光，足球赛呢？演唱会有张学友、周杰伦等大腕，体育有那么大的腕吗？一个张学友能调动满场观众，体育可以吗？大家可以很用心地跟着学唱歌手推出的歌，我们推的体育项目呢？明星级演唱会门票价上千成百，篮球赛呢？运营歌手的演艺公司经纪人舞美音响系统配套，运营赛事的呢？

(2017-11-11)

体育传播

据最新公布的第四期中国运动员传播影响力榜，前50排名中，来自浙江的运动员有孙杨（排名第一）、柯洁（排名第二）、傅园慧（排名第九）、徐嘉余（排名第十四）、谢震业（排名第二十）、张玉宁（排名第三十）、汪顺（排名第三十六）和李朱濠（排名第五十）等八位。传播影响力，也可以理解为运动员的体育价值和商业价值。

(2017-11-14)

智能体育

人工智能走进生活,也融入体育。体育健身器材、活动及产业的数据化、网络化、智能化,就是智能体育的雏形了。其中的产业复合、带动,活动、交流方式的改变,对体育的影响,将会是革命性的。全国首届智能体育大赛将于明年在杭州举行。

(2017-11-25)

文成武就

武就,实为体就。体育越来越多地融入文成县域发展版图。趁2017年浙江马拉松精英赛,第一次跑进文成,感受文成:刘基文化有底蕴,生态山水有特质,体育产业在萌动。"一带三路四块"的体育规划布局覆盖全域,社会资本崭露头角,起步项目展示时尚。难题还在山区的交通及服务。

(2017-12-10)

体育财富

在第二届浙江省体育产业领军人物颁奖典礼上,夏青、侯世栋、史国平、黄拥军、叶娟华、尤玲华、俞振贤、张超、戴继刚、周金鹏等十位受到表彰。他们和一批浙江企业家一道,在体育制造、赛事运营、智能健身、运动康复等行业创新创业,打造了体育产业发展的浙江样本。

(2017-12-19)

学习福建

一个县级市晋江,体育产业有八个全国县域第一,其中规模最大超千亿元,上市企业数、赞助赛事经费都是第一。对比浙江,体育产业体量小、大企业少、有品牌产品少、支持体育少,有为晋江企业贴牌的,没有一个县敢亮出"体育之城"的。人们熟知的安踏、361°、特步、乔丹、浩沙、卡尔美、贵人鸟等都来自晋江。一个县级市,体育产值、上市企业数量远超浙江。真是:面对福建愧不如,井底之蛙当可休。还得起早赶蓝海,对标晋江真经求。

(2018-01-12)

久祺骑行

　　自行车营地,就是有一个练习场,几条骑行道,一批爱好发烧友,几个专业级教练,再加上有吃有住有环境的地方。莫干山的久祺骑行营,融专业训练和业余体验于一体,是自行车爱好者体验骑行运动的好去处。

（2018-03-03）

运动康复

　　关于康复,杭州彩虹鱼康复护理院李培英博士有三个观点:一是康复的要义是主动运动康复,针灸按摩理疗只是辅助手段。二是康复事关生活的质量,是小康生活的必需和标配。三是运动康复应牢固树立科学的运动理念。目前,国内的运动康复产业远远滞后,有的医生也缺少相关常识。

（2018-03-19）

他山之石

　　听教授介绍国外体育小镇,粗略要点是:体育运动小镇,特点在"四多"。一是多是长期积累而成,运动氛围浓厚。二是多由一个核心运动项目引爆,不同运动项目配套。三是多数能够实现全时全季运营,呈常态运动休闲模式。四是多有齐全配套服务,满足不同类型人群需求。同时,小镇是体育运动的平台,体育赛事的舞台,体育文化的摇篮,也是城市有机更新的引擎和方式。

（2018-03-23）

电竞前景

　　《中国体育报》载,国际奥委会委员安吉拉·鲁杰罗谈电竞成为奥运项目的先决条件:一是要成立国际联盟,并且与各国家电竞协会和组织相互联动。二是在项目选择上,要限定非暴力游戏,符合奥林匹克价值观。三是要实现男女平等,在规则、奖金等方面享受平等的机会和支持。四是举办如WESG这样的世界锦标赛,以国家的名义和单位参与竞技。

（2018-03-30）

产业之路

　　体育如何产业化?好像得关注几组关系:一是故事与数字。要讲故事但也不能沉湎其中,产业还得看数字讲盈利。二是传统与时尚。传统项目中有产业,但年轻时尚的需求中机会更多。三是坚守与弄潮。体育行业要强坚持、有耐力、做牌子,也要在变幻的潮流中琢磨趋势规律和未来。四是内容与传播。体育项目以内容为王、服务为本,但离开传媒的体育,只有锻炼,没有产业。

(2018-04-26)

体育蛋糕

读清华大学江小涓教授《中国体育产业:发展趋势及支柱地位》一文,看相关数据差距,想国内体育产业:2013年我国健身俱乐部会员数占全国总人口的比例仅为0.4%,美国为17.1%,健身俱乐部会员数占其健身人口的比重为23.8%。中超现场观众占全国总人口比例为0.4%,CBA为0.13%。足球法甲为11.1%,美国NBA为6.1%,去年韩国职业棒球联赛为16.3%。京东等购物平台数据显示,近年骑行、垂钓用品国内消费额增速快,2017年上半年增速超过75%。2017年全国电竞市场规模799.6亿元。据分析,未来几年电竞市场将以26.4%的速度持续增长。国内场馆中,场地面积仅占建筑面积20%左右,约80%的各种功能用房、附属设施和看台下空间闲置。全球体育产业占GDP比重约为1.8%,其中美国约2.85%,欧洲在1.8%~3.7%,日本、韩国、加拿大等约为2%~4%。美、英、加、韩等国体育产业占GDP比重超过汽车制造业。2016年,我国体育产业占GDP的比重为0.9%。

(2018-05-09)

路跑消费

学习马拉松产业消费的八个数据(来源于首都体育学院的研究报告):(1)去年全国产业总规模700亿元,600万人参赛;(2)赛事已覆盖70%地级市;(3)马拉松消费涵盖45类产品服务,人均年度消费额为13078元;(4)人均参赛消费额为2500~4000元之间;(5)马拉松直接就业72万人,间接就业200万人;(6)跑者中的89.2%为大学文化,人均年收入11.2万元;(7)赛事赞助商数量在1000~1300家之间;(8)我国93.9%的跑者也是其他运动的活跃参与者。

(2018-05-15)

体育智能

越野车、自行车、飞镖、划船、滑板、跳绳和遥控赛车等体育项目，都可以在智能的框架下实现转型升级。体育智能化，智能体育，不仅助力全民健身，更重要的是推动智能技术、先进制造业的发展。

(2018-05-22)

学习创业

有专家说，盈利模式不等于商业模式。商业模式＝产品模式＋用户模式＋推广模式＋盈利模式。产品模式：产品是啥？有啥价值？解决了啥问题？用户模式：谁是你的产品的目标用户。推广模式：如何让目标用户群锁定你的产品。盈利模式：产品被认可基础上的收入途径。免费模式实质是一种盈利模式，是赢得用户基础上可能增值的服务。随想：发展体育产业，是否也得先从体育产品到用户、推广，最后才是盈利。以经济的投入，针对目标用户与场景，厘清商业模式，形成商业闭环。如此创业路径，能否降低体育创业风险？

(2018-05-23)

小球大事

中国篮协领导，也是西藏援友，在中国青少年体育发展交流会上推荐篮协创新的"小篮球"项目：降低篮架，减小篮球，缩小球场，并简化比赛规则。尝试通过中国小篮球联赛（MCBA），把娃娃篮球搞热搞大，推动青少年体育产业发展。姚明把这叫作"小题大做"。小篮球里有大梦想，也有大产业。小篮球项目的球场装备、篮球培训、赛事运营、专用服装、文化传媒等都是值得关注挖掘的富矿和"大作"。

(2018-05-24)

聚力产业

在推动体育产业高质量发展进程中，要遵循"五个新"的思路：瞄准新需求（健身服务、参与赛事、户外运动、体育培训及体育用品等需求），开发新产品（围绕健身、赛事、培训等，做到无中生有、有中出新、新中出奇），打造新业态（"体育＋"或"＋体育"），创造新模式（共享经济模式，产业链模式，综合体模式），培育新主体（赛事公司、俱乐部、运动健康中心等）。体育部门要开放资源、放开赛事、做好服务，合力推动体育产业发展。

（2018-05-24）

上海之问

中国体育产业峰会茶歇间，有人与我交流了三个问题：一是现在政府所有的场馆资源闲置率高，能否联动配置？二是场馆运营缺管理人才，能否联手培养？三是民间赛事运营企业，能否联合发力？峰会的主题词是"聚力"。聚者，联合也。克难攻坚，联动联手联合，真正利用市场、政府两个优势做好体育产业，百利无害。

（2018-05-25）

产业博览

2018中国国际体育用品博览会在上海国家会展中心开馆。在1500余家参展体育产业企业中，浙江参展商约310家，依次为金华148家、宁波60家、杭州29家、温州24家、衢州15家，嘉兴、台州、绍兴各8家，湖州7家，丽水3家。体育产业的现状，可见一斑。

（2018-05-26）

户外大会

户外不仅有运动，还有生活、文化、产业。江苏省昆山市举办户外运动节，三天时间，运动项目有竞技类和体验表演类，包括长距离66公里、31公里越野、欢乐跑，以及动力伞、热气球、无人机、皮划艇、极限运动、攀岩、定向越野、DIY、遥控F1等。文化项目有户外音乐会、电影节等。生活项目有露营、户外美食、啤酒咖啡吧等。产业项目有户外用品直销、产业推荐等。活动由迈橙企业运作，网上购票参与4000人，户外俱乐部组织参与2000家，还有广告招商。政府＋市场，就是昆山户外运动节的道道。

（2018-05-26）

综合体育

眼下，体育综合体成为时尚。体育咋综合？有专家说：体育＋商业地产的综合。赛事与运营的综合，多考虑运营。不同项目的综合，如篮球、棒球、击剑。不同配套的综合，如音乐、餐饮、展览。不同消费群体的综合。不同盈利点的综合,如赞助收益、运营收益、门票收入、租赁收入、票代提成、停车收入。

(2018-05-29)

网络思维

飞客创始人李洋认为:从互联网看旅游,需由游客导向转向用户导向,好看的风景转向好玩的体验,空间设计转向时间设计,产品转向产业。用户思维、体验性思维、路径思维、产业链思维,也应当是体育产业发展中需要特别关注的新角度。

(2018-06-03)

体育小镇

如何建设体育小镇、体育公园及体育综合体,南京水墨大埝的经验是抓好"五化":体育旅游一体化;赛事场地有形化;体育赛事品牌化;体育元素标识化;运动项目娱乐化。

(2018-06-06)

舟际体育

一家杭州的水上运动推广企业。发端于富阳,后渗透进城区,现发展到淳安石林港湾运动小镇。与创始人交流两小时,多有获益。水上项目拓展,需要政府的支持、基地的设置、培训制度的建立、教练队伍的培训、体验客户的培育、不同运动项目的整合及皮划艇帆桨板等水上用品制造业的繁荣。水上运动是强体验的好玩项目,容易培养生态和产业。

(2018-06-07)

世界杯季

内行看门道,外行看热闹:世界杯就是踢球,但就是这个球,可以搅动世界。体育,是团队操练的战场,也是运动员表演的舞台。体育产业就是球和吉祥物、小龙虾和竞猜的集成。视频助理裁判(VAR)系统和4K超高清视频与VR等技术的应用,说明体育赛场也是高科技的大舞台。

(2018-06-21)

干雪湿雪

收到体育老前辈袁伟民赠送的书。关于冰雪运动,书中谈及:冬季运动受自然条件限制大,中国北方冬天气温极低,另外北方风大,降水量小,很干燥,雪里的水分极少,是"干雪",而非欧美的"湿雪"。所以在中国搞竞技滑雪滑冰是穿着大衣受苦,在人家那里是穿着单衣享受。中国冬季运动项目的落后,与气候、设施、场地条件差密切相关。

(2018-07-11)

一种思路

思路关系出路。网点建设,是体彩发行的基础。新设网点,必须经市场调研。广东体彩的看法:有银行的地方,大体是经济活跃人流较多的地方。有银行的地方,大体是可以开设体彩网点的地方。是不是这样?有待实证,但的确提供了一种思路。

(2018-07-26)

汽车越野

一条徐莫岩路,一场越野车赛。七夕节,来自全国各地500余辆越野车汇聚衢州柯城,展开森林汽车穿越大赛。一位来自广西的车手说,他整年都驾车奔波,年汽车消费额约20万元,赢得的奖励也有10余万元。汽车运动,涉及场地、赛道、培训、改装、销售、传媒、文化等行当,好像算是高端群体的高消费项目。

(2018-08-17)

全季运动

西岭雪山在成都市大邑县境内,离市中心约百公里,因杜甫"窗含西岭千秋雪"诗句得名。雪山冬季雪飘,主打高山滑雪、戏雪等运动项目。其他季节气候凉爽,主打高山滑草、露营、徒步、登山等户外运动项目。"全季运动"的概念,相关运动项目的整合,提高了山地设施利用率,降低了管理成本。

(2018-09-13)

走出浙江

2018年体育资源配置上海峰会在上海市宝山区智慧湾科创园举行。来自浙江的德清莫干山漫运动小镇参与项目推荐,大丰文体参与企业展示。浙江体育小企业走进大上海,体现上海的大气开放,也彰显浙江体育产业的实力活力。

(2018-09-27)

数字体育

在阿里体育,最大的感受就是数字、数据。体育一旦插上数字的翅膀,就会飞翔。运动账号、运动数据、等级体系和任务系统,架构起运动银行。体育消费的大数据,勾画了体育产业现状。阿里体育人说,年轻就是未来。祝愿阿里体育人关于"让运动变得更简单"的梦想,早日成真,便民惠民。

(2018-09-28)

老外视角

英国人多莉是德清县资深的"洋居民",喜爱户外运动。在她看来:发展户外运动,营地建设很重要。现在的瓶颈是,缺乏专业的领队教练。需要专门的户外运动培训机构。莫干山的环境好,山不高,适合户外培训,但要高度关注环境的公开性问题,别让好地方都变成私人领地,被分割或被围起来的山,不好。

(2018-10-03)

蚂蚁探路

2017年7月,遂昌青年周功斌辞去杭州公职,以"规划行程、做好对接"为核心,专司汽车越野运动服务。一年多来,已为遂昌规划180余公里的"浙西川藏线",开辟了华东天路、江南丙察察、龙殿穿越等越野线路,对接省内外150家自驾越野俱乐部,组织引导了百余场越野活动。他说:我的目标是,通过推动汽车越野,引流更多的城里人到偏远的农村,把美丽乡村变得更有魅力。汽车越野,既让闲置的农村公路资源发挥效益,又让偏僻的日益空心化的农村变得热闹有活力。蚂蚁探路,探的是一条乡村振兴之路。

(2018-11-06)

产业意识

和省大学生体育产业创新创业大赛执行单位交流,两个情况值得重视:一个是大学生都知道体育,但多数人不是很明白体育产业;另一个是存在一看到是体育产业大赛,就把组织参赛的任务交给体育系或学院的情况。其实,体育专业不等同于体育产业。体育产业当然需要体育专业作为基础。但体育专业注重的是跑得更快、跳得更高等,体育产业则注重消费需求、技术创新、解决方案、成本核算、市场营销等。产业的发展,需要具备更强烈的市场取向、更敏锐的市场眼光、更开放的市场培育和更精准的市场手段。

(2018-11-13)

体育旅游

全国第二届体育旅游发展大会在海南省海口市举行。主题词是利用旅游市场优势,挖掘体育资源价值。眼下,体育旅游项目,体育特色目的地,体育赛事活动,体育制造业发展,体育节会活动等,都构成了体育旅游发展的载体和原动力。

(2018-11-21)

体育融合

在温州产业高峰论坛,有专家称,打造运动健康城市的核心是融合。首先是体育与教育的融合。特别是与高校建立运动项目学院、研究院。其次是体育与旅游的融合。体旅整合,不分彼此,共同发展,服务人民。再次是体育与医疗的融合。把快乐健康的体育和相对痛苦的医疗结合起来,推动体质测试、运动康复和处方。最后是体育与媒体的融合。友好媒体具有强大的推动体育发展的力量。另外,体育与文化、信息、会展等融合。体育+,大步走,一定能让我们看到远方的风景。

(2018-11-24)

体育休闲

世界休闲组织名誉主席德里克·凯西(Derek Casey)谈"健康的城市与体育休闲":城市可持续发展的财富,包括健康、公平、智慧、绿色和安全"五要素"。中产阶级有钱有闲,休闲需求旺盛。体育有助于城市面对以下几方面的挑战：(1)人口老龄化，体育休闲可延长健康生活的年龄（不是活多久，而是你能健康地活多久）；(2)肥胖，欧洲存在25%～30%的肥胖率，体育能健身；(3)"食物荒地"（不能接触新鲜的食物），如快餐文化，现在快餐店增加40%；(4)经济的压力，收入下降，健身支出减少。要保持竞技体育和大众体育的均衡；(5)科技，科技进步，人变得越来越懒。体育让人动起来。总之，如何让城市尤其是二线城市更有吸引力，发展体育休闲有基础性作用。

（2018-11-25）

有为有效

魏纪中认为，现阶段中国体育产业发展，应该是"有为的政府与有效的市场、社会的支持与企业的贡献"的结合。政府谋整体规划，市场做合理投资，社会来参与支持，企业要努力运营。魏老建议，体育企业要与政府有效合作，让资本为体育产业与体育事业协调发展服务。同时，要警惕资本炒作体育概念、制造虚拟需求。总的来看，体育产业应当长线投资。

（2018-12-15）

冰雪季节

隆冬季节，冰雪运动升温。2017年全省共有12家滑雪场，其中3家室内雪场，全年有55万人次参与滑雪，产值约1.25亿元，同比增长15%。今年新增3家室外滑雪场建成开放。据了解，目前浙江滑雪场效益不错。如奉化商量岗滑雪场，场地不大，去年的营收也逾700万元。难题是雪季太短，如何平衡淡旺季。

（2018-12-20）

竞赛产业

竞赛有产业，国家有发文。《关于加快发展体育竞赛表演产业的指导意见（简称《意见》）指出，发展体育竞赛表演产业对挖掘和释放消费潜力、保障和改善民生、打造经济增长新动能具有重要意义。到2025年，体育竞赛表演产业总规模达到2万亿元，基本形成产品丰富、结构合理、基础扎实、发展均衡的体育竞赛表演产业体系。《意见》明确：大力发展职业赛事；支持引进国际重大赛事；引导扶持业余精品赛事；积极培育冰雪体育赛事；促进体育竞赛与文化表演互动融合。

（2018-12-21）

只为攀岩

受创始人钟承湛之邀,拜访了凯乐石(KAILAS)的广州总部,对攀岩装备产业有新认识。"只为攀岩,不仅指登山攀岩,更是一种积极的人生态度"的理念,弥漫店铺、研究室和办公室。经多年实践,凯乐石开发出包括极限攀登、徒步登山、攀岩、跑山,涵盖攀登器材、背包、帐篷、睡袋、服装、鞋等全系攀登装备。其实,绝大部分的户外运动(包括攀岩)装备也可作为救援装备。钟先生坦言:近年来户外装备增幅较大,主体仍是户外鞋服。真正发烧级的户外运动消费还在培育中,期待"井喷"。

(2018-12-23)

申洲国际

这是一家今日市值逾 1156 亿元,全球纺织服装上市公司排名第三,中国纺织服装出口第一,最具规模的纵向一体化针织制造商。2017 年产值 230 亿元,销售额 180 亿元,纳税 15.7 亿元。其中运动服装品牌销售占比 66.6%。2018 年上半年,这个比例达 67.9%。公司拥有耐克、优衣库、阿迪达斯、彪马等国际知名品牌客户,在宁波地区的员工超过 4 万人。

(2019-01-07)

三门冲锋

没想到,三门县会有冲锋衣制造的产业板块。县内有大大小小的制衣企业、作坊 980 余家,约 3 万人从业,20 亿元产值,占全国 60% 市场份额。据蓝途户外金老板介绍,企业初创的 2009 年做了 2000 件冲锋衣,2018 年年产逾 100 万件、产值达 2 亿元。行业协会潘会长说,协会有 300 余家会员企业,有贴牌生产也有自主品牌,线上线下并存销售。除用于户外,冲锋衣也用于工装、校服等。

(2019-01-10)

健龙体育

三门健龙体育用品有限公司,始创于 1994 年,生产四个球(篮球、排球、足球及气排球),年产量达 100 余万只。看制球工艺,感觉球大体就是一个球内胆加上几片球包皮。问企业效益,发现品牌价值远高于加工成本。代加工终究是代工,要出头必须培育品牌。只是品牌的亮相有赖于巨大的投入。小民营有大品牌,是健龙梦、企业梦,也是浙江体育产业的梦。

(2019-01-11)

百丈时尚

泰顺县百丈镇的时尚,是因为体育。得益于打造的体育小镇,人口仅1000的山区小镇,增添了好些时尚体育设施。有湖边健身步道、露营基地、水上运动码头、帐篷营地、直升机坪等,还有两个曲棍球场,运动员公寓和训练基地。现在集训的有浙江赛艇队、辽宁曲棍球队。近年来镇上还举办了赛艇、美式台球、象棋及骑行、马拉松、露营大会等赛事。当地人说:吃上体育饭,我们才真正尝到"绿水青山就是金山银山"的甜头。

(2019-02-14)

宁海古村

宁海县茶院乡许家山,是个石头古村。小村原先繁荣,位于象山通往海宁的必经古道上。1958年,宁象公路开通后,逐渐没落。2009年,县里大规模建设开发登山步道,带动了人气。据移动数据监测,去年过村人流48万余人次。近年上海、苏州一带的国际学校近万人来此拓展训练。所以说,步道带动山村,运动振兴乡村。

(2019-02-19)

云上草原

没想到这个季节,安吉县山川乡海拔1168米的赤豆洋还有积雪。景尚旅业利用这里特色的山地资源,正在打造野奢度假、高山滑雪、山地运动的特色高山运动度假小镇。

(2019-03-01)

拓展基地

也许是体育老师出身缘故,安吉县大里村应书记带领村里一帮人将闲置的村小校舍建成大里教育实践基地。基地投资约5000万元,占地150亩。项目自行建设,采取委托方式经营,主要服务于企业团建和中小学拓展训练。现年村集体经济收入约200万元。这里又会是一个"运动振兴乡村"的案例。

(2019-03-01)

一正一负

据桐庐县瑶琳山地拓展运动小镇消息:2018年全镇接待游客150.04万人次,同比下降17%,旅游收入同比下降14%。同期山地拓展体验人次达10.84万,同比增长27%,收入同比增长20%。这组数据应验了专家的说法:观光旅游在下降,体验旅游呈上升趋势。

(2019-03-19)

产业絮语

体育产业怎么推?有人说:体育产业就是思想产业。思想通透了,顿悟突破了,产业就可能突破。我深以为然。其实,在产业发展的起始点,体育产业还是情怀产业。和体育产业的同事同行一起,他们的专注,他们的热情,他们对体育的那种与生俱来的热爱、热血沸腾劲头,总让我感动。这不是意识决定论,是意识能动观。爱体育,懂体育,理解体育,是一个地区或区域体育产业发展的基础前提。

(2019-03-25)

飞行培训

武义县大斗山航空飞行营地,除开展无动力滑翔伞、动力伞、三角翼等飞行运动体验外,还与武义职校联合开设运动休闲服务与管理专业,培养航空运动人才。首期滑翔伞特色班29名学员中,22人已拿到A证。航空运动,前景美好,航空运动人才须先行。

(2019-04-03)

航空视觉

航空,让我们有新的时空观。航空运动,让我们有新的观察视角。空中俯瞰,视位更高,视角更宽,视野更远。中国航空运动协会有一句口号:天空很辽阔,我们一起飞。尽管我们还做不到自在自为地飞,毕竟我们能飞了。飞起来,就是进步。飞的人多了,就有航空运动产业。

(2019-04-16)

体旅交融

有专家分析,体育与旅游的深度融合之所以可能,第一是体育可拉动旅游繁荣。一日比赛多日住宿,一人参赛多人来游。第二体育可助力旅游转型升级。体育是推动观光游转向休闲度假游的最好酵母。第三体育可缓解旅游季节性波动大问题。旺季开放看景,淡季设法办赛。第四体育可提升游客回头率。观光型游客难有回头,运动体验式旅游培育互动情感,有益回头。

(2019-04-25)

体育赋能

环顾德清县莫干山,看似运动元素在叠加:民宿升级,从洋家山居、地道菜肴取胜转向配置体育健身设施。村庄美丽,从整治环境、洁净乡村取胜转向配套体育运动环境。文旅项目,从隐居山水、养老房产转向配建户外运动区块。恰如庙前村半间屋民宿门口那首诗:莫干山前旧别业,我住半间客半间。夜听溪水朝看云,与君同享一日闲。趋势,或许就是这样:业态在融合,体育有空间。纵情山与水,运动又休闲。

(2019-05-17)

高飞运动

探访湖州市金耐斯,改变了旧有的跳箱山羊、铁杆棕垫等体操器材概念。在高飞运动馆,新材料、新标准、新器械、新色调的专业体操器材琳琅满目。冠军老板黄拥军介绍,公司在做精专业体操器械的同时,瞄准社会体操运动市场,专注各类蹦床场地器械开发推广。在发展全民健身、户外运动的大背景下,体操器材由专业而社会、由室内而户外是否会是一条做大做强的"高飞"绿道?

(2019-05-19)

学习马术

马术"不止于运动",属时尚体育。据说马术分西部马术、英式马术。西马奔放不羁,骑手着装也自由潇洒。英马比较贵族,着装也讲究配套。这些年,马术在浙江发展较快。除竞赛外,马术培训、体验也渐入百姓生活。从业者大多爱马,从爱马、玩马而养马,从赛马而经营马场。眼下,制约马术业发展的瓶颈主要是场地、土地及教练问题。

(2019-05-19)

九点看法

如何看中国体育产业？新华社体育部记者交流分享了基于调研的九点看法：(1)中国体育产业是一座待开垦的金矿，毫无疑问是朝阳产业，前途无量。(2)体育产业是慢产业，适合渐进式的积累发展，容不得半点急功近利。那些想一夜暴富的资本和企业，请远离体育产业。(3)从体育产业结构角度观察，体育用品制造业依然是龙头行业。体育培训、健身休闲业是目前最活跃的板块。但是作为本体产业的竞赛表演业却非常弱小，严重制约了中国体育产业的体量和层次。体育服务业还偏弱。(4)中国的教育制度、文化传统、消费习惯、经济状况制约了体育消费的拉升，体育消费还没有成为大众的刚需。(5)国家扶持体育产业的政策不落地，企业负担过重，使很多体育企业尤其是民企举步维艰。(6)体育有情怀，体育产业也是如此，这是体育产业与其他产业最大的不同。体育的公益属性，以及强身健体、人格塑造、教育和文化的结合，也多少会投射到体育产业中。(7)体育产业具有极强的关联性和开放性，它与互联网、旅游、科研、教育、民生、媒体、AI等高科技、城市发展、民族和谐等都能无缝对接，体育产业的杠杆作用和桥梁作用不容小觑。(8)当前制约体育产业发展的瓶颈是严重缺乏既懂体育又懂市场的专业人才。(9)当今中国体育正从一种行业现象进化为一种社会现象。体育产业的发展逃脱不了社会环境的影响，最终要依赖于国家治理体系和治理能力的现代化。

(2019-05-22)

四个差距

上海体育局领导谈及上海建设"全球著名体育城市"的短板时，提及四点差距：(1)没有举办过世界综合性运动会。(2)缺乏具有国际影响力的职业俱乐部。(3)公共体育基础设施仍显不足。(4)居民体育消费的习惯、国际体育组织及公司落户、体育文化传播还有很大空间。由上海及杭州，所谓的"国际赛事之都"离我们还有几个差距？学习上海，不二之选。

(2019-05-22)

产业"治理"

两位专家在产业峰会论及体育产业发展时,不约而同提到"治理"的概念:体育产业崛起,最终要依赖国家治理体系和治理能力的现代化;发展和治理"两手都要硬"的中国特色发展模式,将是中国体育产业发展的恰当选择。随想:"治理"的概念很重要。体育产业发展需要企业的市场化探索;体育产业发展需要有更好的社会环境;政府及相关部门需要形成共识合力,明晰边界政策,搭好台让企业更好地唱戏。

(2019-05-24)

三延三精

清华体育产业发展研究中心王雪莉主任论青少年体育培训趋势:三延,即从青少年延伸至青少年家庭(培育社会体育文化),从 to C 延伸至 to B&C(注重机构,培训进学校),从培训延伸至培训+赛事(组织开展参与比赛)。三精,即精细运营,精益产品和服务,精准安全防范。

(2019-05-24)

夜话体育

半月后,又遇岂遇运动民宿夏老板,关注他的"家庭运动日"。他介绍,"运动日"开办3月共10余期,运动群人数约百名,活动不如预期:一是参与人数少,最多时仅10来人。二是参与面窄,以民宿业主及其从业人员为多,少见本地居民。三是坚持参与者少,运动热度弱。除响应问题外,最缺的是有情怀的户外运动专业人员。自创办以来,来做义工的有50余人,但少有留下同行的。作为公益的"家庭运动日",如何坚持?如何选择运动项目?如何让本地居民参与进来?如何与部门互动?热聊持续到半夜……

(2019-06-02)

山地越野

猛峰尖汽车越野基地,位于浙江中南部括苍山脉的缙云县三溪乡境内。基地利用林道勾连防火道,有穿越道20公里、越野道18公里、极限探索道7公里,难度系数各异(最陡坡度逾40°),可满足各类自驾需求。基地由本地乡贤开发建设,投入不多,引流强大。2018年有6000多辆车前来体验,今年已有2000辆。玩越野的,多为有钱有闲的,因接待设施限制,经济带动性还有限。但可以肯定,户外运动未来可期。

(2019-06-05)

南方女冰

没想到南方的深圳竟也是中国女子冰球基地。昆仑鸿星借用深圳龙岗大运中心场地,创办中国女子冰球国家俱乐部队,属于比较典型的社会力量办体育。场地内有训练场、比赛场地等,主要从事俱乐部职业训练及各类青少年的培训等。

(2019-06-21)

融合发展

体育+,是体育产业构造的基础,也是体育融合发展的路径。体育+其他行业=新业态,体育+空间载体=新场景,体育+主题营销=新渠道,体育+时尚元素=新生活,体育+城市社区=新品质,体育+人才培养=新拓展。

(2019-06-27)

夜间经济

4月,上海出台《关于上海推动夜间经济发展的指导意见》,旨在推动"晚7点至次日6点"夜间经济繁荣。还有许多城市走在挖掘夜间经济发展富矿的路上。其实体育竞赛、体育健身、体育培训、体育传播等多属夜间经济范畴,以运动健身为甚。夜间路跑等也属时尚。夜间体育还大大地带动了装备、文化及餐饮、酒吧等消费。发展夜间经济,体育大有可为。

(2019-07-06)

运动技能

有一种说法:近年来,我国路跑运动喷发,是好事,也是坏事。说好事,是有越来越多的人参与运动。说坏事,是除路跑外,其实很多人缺乏运动技能。路跑是门槛相对低的运动。穿上鞋,走出去,动起来,就能参与跑步。从普及更多的运动项目,让更多的人掌握更多的运动技能的角度看,似乎有值得我们反思的地方。繁荣体育,"让每个人掌握一到两项运动技能"很关键。

(2019-07-15)

体育黏性

最好的生意模式是让用户回不去。换言之就是增强黏性、强化依赖。所以有顾客的忠诚度一说。同理,体育生意也得重视二次消费率。有冰雪运动器具厂商说,首次黏冰惹雪的,并非有效客户。全民健身中的"经常锻炼人口",也是一个概念。体育容易被上瘾,上瘾成瘾的人越多,体育工作就越有成效,体育产业的路子就会越来越宽。

(2019-07-17)

夏翔体育

从冰上运动用品生产到冰场设施装备集成,从外贸出口到国内市场,台州市的夏翔体育走过了十几年。据尤总介绍,趁国内冰雪运动升温东风,公司已在北方落地承建了多片节能环保人工冰场。国内冰雪消费升级,抵消了部分国际贸易对企业的影响。眼下国内冰场多与商业综合体相关,标准尺寸的冰场较少。推动全民冰雪运动开展,还得重视冰雪运动场地设施建设。

(2019-07-24)

平台体育

今天,阿里体育中心在江干九堡开张。中心大致模式:政府建设+阿里体育整体运营(阿里体育品牌+场馆智能化+各种体育市场主体进驻)。中心运动项目不少,卡卡体育、冠今体育、鹏之星游泳、汗颜运动等企业和省篮球协会培训、市青少年网球、足球等培训入驻中心。期待,阿里体育在其特长的平台搭建、资源整合、人群导流、智能管理等方面走出一条好路径,创出一个人流旺旺的体育新社区。

(2019-08-03)

点赞万丰

万丰通航在初步完成机场建设管理、飞机制造研发、航校航空培训的基础上,布局航空运动产业。近期,又在国家航模运动管理中心支持下,在打造航空运动品牌赛事、组建国家飞行竞技队、建设国家航空运动训练基地等方面开展深度谋划,有望走在全国前列。作为时尚体育的航空运动,需要民企民资的介入,需要相关政策的支持。

(2019-08-05)

体育消费

8月28日,国务院常务会议就推动全民健身和促进体育消费发声:一是顺应群众健身需要,推动公共体育设施有效向社会开放,针对不同年龄段人群特点积极开展健身培训及相关服务,鼓励开发健身产品,引导更多人形成健身锻炼习惯,增强体质。二是围绕释放市场潜力发展体育产业。推动社会力量举办体育赛事。全国性单项体育协会主办的赛事活动等,符合条件的都要交由市场主体承办。鼓励举办校际青少年体育赛事。三是加大体育场地设施供给。支持社会资本投资建设体育设施,保障合法权益。政府投资新建体育场馆应委托第三方企业运营。对于推动体育消费、发展体育产业,相信不日会有具体细则的意见出台!

(2019-08-29)

运动松阳

融合,是体育产业发展的常态。运动遇上休闲,体育遇上旅游,极具发展动能。松阳县继种粮种茶、拯救老屋、田园民宿之后,重视运动休闲、体育旅游,无疑是高招。之于旅游,体育是招引人流的载体,是转型发展的动力,是提升品质的路径,是传播形象的窗口,也是培育文化的实践。期待"田园松阳"也能通过添加体育元素,延伸演变为"运动松阳、户外天堂"。有专家认为,这或许也是一个值得打造的区域公共品牌。

(2019-09-07)

支柱产业

9月17日,国务院办公厅发布《关于促进全民健身和体育消费 推动体育产业高质量发展的意见》。自学后,感觉文件的核心有二:"推动体育产业成为国民经济支柱性产业","让经常参加体育锻炼成为一种生活方式"。体育是健康,是幸福,是生活。体育是体验,是经济,是产业。体育让生活更美好,更健康,更时尚。体育也赋能经济转型,赋能产业升级。当越来越多的人把体育作为一种生活方式,体育产业自然也就成了支柱性产业。

(2019-09-18)

健康驿站

　　53岁的张玉英阿姨,对西湖区蒋村街道在蒋村花园社区开办的乐刻健身赞不绝口:感谢街道,感谢乐刻。我健身三个月瘦了12公斤,现在身体好了,睡觉香了。这家把张阿姨"打造"为达人的,是由街道携乐刻社会组织服务中心共同创设的健身活动中心。中心定位于社区健身服务,社区免费提供300平方米用房,乐刻负责健身房装修、服务运营及健身健康类社区公共服务(24小时开放,上午6:00—11:00免费,129元/月·人优惠价)。自5月开办以来,稳定会员600余人,共服务18948人次。社区居民是参与主体,16~30岁占76%,八成以上为初次健身,累计上团操6483人次。从初步运营看,乐刻健身提供了一个"五位一体"的"百姓社区健身驿站"建设样本:健康健身便利店,科学健身指导站,居民体质监测站,体育文化传播站,社区公益服务站。这种"政府+市场"的健身设施建设模式,或许会是增设城市社区公共体育服务的可行路径。

(2019-09-19)

体育经济

　　体育是教育,是生活,是金牌,更是产业。如何认识体育经济?有各种说法:(1)体育经济是汗水经济。到了"请人吃饭,不如请人流汗"的年代,各类体育健身方式流行进而成为产业。(2)体育经济是颜值经济。谁都喜欢颜值、倾向美好。俊男靓女,优美的锻炼环境,姣好健美的身段,能不产生视觉颜值经济?(3)体育经济是社交经济。体育活动,放松筋骨,也放飞心境。以人群活动为特点的体育,是现代社会最好的社交平台。你来我往当中有经济。(4)体育经济是实力经济。体育并非温饱的必需,小康思体育。体育强则中国强,国运兴则体育兴。个人也好,国家也罢,体育都是具象的时尚、品位的文化、标配的实力。

(2019-09-20)

体育上云

　　如何有效服务体育产业企业?体育器材装备小额政府采购如何实现方便快捷?近日,在省财政厅、省政府采购中心支持下,省体育局推动完成浙江电子卖场"政采云"体育装备馆第一轮体育装备项目招标,首批入围53家体育装备生产厂家和总代理商。届时，体育装备馆将沟通采购方和供应方，提供优质体育装备产品选购，相关小额政府采购将实现直接网上采购。这意味着我省政采云体育行业馆进入实质性建设阶段。期待体育装备馆上云，浙江体育产业有新突破。

（2019-09-23）

看台闲置

有专家称：眼下，大型体育场馆的闲置，主要是看台闲置。提高场馆利用率，除要开放场馆外，更重要的是要多办赛，降低场馆看台的闲置率。说到底，大型体育场馆就是为大型活动建的。全民健身，不仅是让大家跑一下、跳一下，动起来，还得让大家看一下、闹一下，叫起来。发达国家经验表明，体育、体育文化和体育产业，都离不开体育看台，离不开看台上拥挤、沸腾的人群。体育赛事活动的举办权就是体育产业的发展权。

（2019-09-26）

消费剩余

从产业角度看，举办2022年杭州亚运会，可制造更多的体育消费者剩余。有老专家建言：杭州亚运会要把人气做足，给民众以参与的机会。杭州奥体中心和黄龙体育中心，设施比较集中，可以搞个体育庙会，让民众去赶集。看就好，不看赶个热闹也好。这是中国的传统，也是中国特色。同时让体育经济的正外部性充分发挥出来，带动消费。对消费者而言，消费剩余很重要。这是一种精神消费的剩余。这才是消费的升级。

（2019-10-10）

静观四川

近期，四川省体育产业有新动作：一是以混合所有制形式组建四川体育产业集团，注册资本金1亿元，其中民间资本占90%，国有资本占10%。二是聚焦"赛事专业运营平台、体产要素聚合平台、文体旅商融合平台"定位发力，目标是建设国内一流、国际知名的大型体育产业集团。三是业务涉及体育赛事、体育场馆建设与运营、体育旅游、体育金融、体育地产、体育服务、体育培训、体育传媒及产业研究等领域。

（2019-10-13）

蕞红产业

体育产业是跳出来,干出来的。浙江蕞红啦啦队的本行是体育表演。经过八年摸爬滚打,蕞红不仅跳进 CBA、国际篮球世界杯赛场,跳进即将开幕的武汉军运会,更可喜的是初步摸索出了一条以体育表演为核心,集啦啦操培训推广、赛事运营、服装设计等为一体的体育展示产业发展之路。创办者介绍,许多商机是在跳啦啦操实践中发现萌发的,原先也没想到。

(2019-10-18)

领军产业

体育让生活更美好,运动让人生更精彩。第三届浙江省体育产业领军人物和运动休闲达人携手走上领奖台,他们是:将互联网赋能运动健身平台创办乐刻运动的韩伟,立志"让人人成为运动家"的阿里体育的杨勇,十年磨一剑将绍兴乔波滑雪场做好的张迪,作为全球最大冰上曲棍球杆生产商波力的洪硕宏,创办户外运动品牌牧高笛的陆暾华,致力于赛场运动平民化的韩魏,专注培生船艇制造的祝培生,热衷于绿城足球职业发展的焦凤波,从游泳冠军成功转型游泳培训业的吴鹏,由自行车制造走向骑行服务的久祺的李宇光。

(2019-10-22)

户外体验

浙江省首届户外运动大会安排了硬核篮球、蹦床、跑酷、滑步车、扁带、骑行、轮滑、跃动跳绳、定向赛、房车露营及皮划艇、水上瑜伽等水上互动体验项目,逾万名户外运动爱好者参与活动。首届的探索实践发现:体验和参与,是户外运动的核心。大众的、低门槛的、时尚的,是户外运动的方向。如何聚合市场力量繁荣户外运动产业,尚待破题。

(2019-11-04)

步道经济

今年的中国运动休闲大会以"步道经济引领全面发展"为主题。宁海,因为"一条砍柴路,升级成观光路、健身路、富民路、强县路"而成就一张县域体育产业名片。搞好一条路不难,难的是十年如一日,"一任接着一任干",不断推动步道建设的创新提升。搞好一条路不难,难的是借助步道初步打通了山区农村区域"两山理念"的转化通道。

（2019-11-21）

体育金融

　　金融支持体育产业，或是难题。日前，杭州银行推出的"政采贷"开始涉足体育赛事产业。政府购买赛事运营服务后，企业以中标合同为质押，通过签订招标方、中标方和银行三方协议，可得到政府购买服务价款 70% 左右的贷款，年利率约为 5.87‰。专营路跑类赛事的午马体育已以这种方式成功办理两笔共 88.2 万元的"政采贷"业务。据说，这在业内尚属首创。

（2019-11-28）

功斌探路

　　央视元旦特别节目《探出乡村致富路》，专题讲述了周功斌通过探路、引流、服务的"运动振兴乡村"案例。从"遂昌山路"到"丽水山路"，进而探究"浙江山路"，推动环浙步道系统建设，是落实"民族要复兴，乡村必振兴"的有效举措载体。其要义，如功斌说的：探更多的路，富更多的人。越野路，山上步道，不仅是交通，是运动、健康，也是经济、文化和幸福。

（2020-01-01）

娃娃产业

　　年前，省幼儿体协老师给我算了笔账：省协会全年活动赛事直接参与者约 1.5 万人次，加上陪同参与的家长老师共 5 万人次。以人均场次消费 2000 元计，2019 年幼儿体育协会直接带动社会消费约 1 亿元。事实上，这账算得还偏保守。他们还有一个来自温州的幼儿"带动"全家老小 14 口的记录。体育，特别是幼儿体育产业是一座隐形富矿。关键是，在做赛事活动时有没有想到做好城事？怎样将体育的公益导向与产业的市场取向相结合？怎样维持高质量可持续发展？

（2020-01-05）

体育产权

　　看到"阿里巴巴"冠名绍兴市奥体中心体育馆的消息，想起前几天拜访上海联合产权交易所了解到的情况。上海已开始试水体育产权交易。市部分体育场馆的冠名权、经营权、场地租赁权,部分体育赛事活动的冠名权、承办权等,通过市场平台公开竞价招募,选择合作伙伴,最大限度实现体育资源的市场价值。尽管是初始,但方向对路。从体育产业发展视角看,业内的确还有许多现存资源尚未有效开发利用。如多数体育场馆的冠名还在闲置状态,场馆经营还不够规范化、市场化等。

(2020-01-12)

接棒国际

慕名探访平湖市林埭镇徐家埭村,这里有浙江第一个农民建设的棒球场。被誉为"棒球书记"的刘建群说,他是听了体育行家的建议,才建这个场地。当时也很忐忑,现在看"运动振兴乡村"这条路子走对了。棒球作为时尚运动,有很强的乡村游带动能力。周边外资企业有用棒球做团建的意愿,相关学校也支持开展这项运动。中国棒球协会也已关注这里,村里准备上第二期,建设棒球基地。他介绍,"接棒国际,球转未来"。体育关键是要经营,生成产业链条。

(2020-01-23)

运动营养

在上海UFC精英训练中心的"十字路口",有个"加油站"。业者强调,"加油站"很重要。训练前,要吃点碳水化合物类的小零食,如水果、燕麦棒、干米饼等,为训练供能。训练后,需补充碳水化合物和蛋白质类的小食或饮品,如牛奶、豆浆、酸奶、水果、蛋白质奶昔及肉蔬菜或谷类、面条等,以补充能量和修复训练可能造成的肌肉损伤。这个"加油站"的启示在于,运动成效＝科学训练＋运动营养。

(2020-01-29)

体育为先

一段时间以来,社会体育健康需求急剧增长。其一是居家健身活动火爆。其二是健身器材销售量逆势增长,有企业增长达50%。面对全民健身新风潮,建议厘清大众需求,趁势迅速行动,推动体育运动健康理念、统筹社会健康治理制度、完善公共体育服务供给、扶持体育市场中小企业、赋能体育形成支柱产业,加快从"疾病"向"健康"、从"治已病"向"治未病"转变,建设真正的健康中国。

(2020-03-11)

室内户外

　　复工复产后,正渐次复苏。由内而外,联想到户外运动。2019年,提出"户外造就未来"命题时,未料及体育场馆停摆。现在想来,室内健身与户外运动不可偏废,户外尤其难能可贵。室内健身有风险,户外运动天地阔。户外,置身自然,不负韶华,接地气少花费大容量。浙江人多地少,繁荣体育事业产业,注重户外空间,拓展户外运动是一个方向。

(2020-03-13)

线上线下

　　线下体育暂停,线上体育逆势上场。线上体育涉及体育宣传、运动健身、项目培训等。显然,线上是业内推广运动、拓展业态的新阵地。但静心想,体育毕竟是线下的活动,讲究场景、体验和交互。有业者说,短期内线上终非体育"主场",远水解不了近渴。大约线上搞的终是热闹,活路还得落地生根,线下盈利。眼下,借线上谋线下引线下旺线下的体育,才是产业发展的王道。莫非坚持线上线下"两线"融合,线上探索拓展,聚力线下运动,才能蹚出一条特殊时期体育产业复苏高涨之路?

(2020-03-14)

唤醒市场

　　为"两手硬,两战赢",大家忙于复工复产。可有企业揶揄,如果没有市场没有消费,复工复产徒增成本,没有意义。细想,这点出了硬币的另一面:市场有效性。有不少体育企业主一针见血指出,复工复产要紧,但紧要还在复市,要害是须让沉寂的市场消费活起来。市场活起来,企业就自然开起来、动起来,也能转起来、忙起来。市场活,企业忙,社会有信心,经济能雄起。3月13日,国家发展改革委等部门发布《关于促进消费扩容提质 加快形成强大国内市场的实施意见》,其信号意义值得关注。

(2020-03-17)

洞头海钓

　　温州市洞头区对发展海钓运动项目是认真的。近日,一艘"兄弟远洋号"深海海钓船载客从洞头出发到东海海域,五天四夜收获近4000斤渔获。参与深海船钓费用约2000元/人·天。据说,海钓方式多样,有矶钓、船钓、岸钓、路亚钓等。其产业链包括钓具生产销售、船只制造维修、海钓服务、海钓主题民宿、海钓影视、鱼获拓画服务、海洋生态旅游等。该区已连续举办11届全国海钓大赛。

(2020-04-03)

产业挑战

午间,学习新华社一篇关于《中国体育产业的挑战》的短文,有启发。主要观点:(1)体育产业基础在文化,体育文化与消费文化同时进入比较发达的阶段,体育产业才有发展的动力和源泉。(2)国内的体育文化和消费文化,还不算真正地"发达"起来。(3)与中国传统体育项目不同,源于西方的体育项目更强调规则、标准化、竞技性、可复制性等,体现出鲜明的工业化时代特征。可以说,体育在中国的传播与中国工业化的推进存在同步性,以举国体制为代表的中国体育文化发展之路也从一个侧面浓缩了中国工业化从起步到追赶的独特路径。(4)随着乒乓球、排球等球类运动在国际赛场上的突破,一些体育项目的文化逐步在国内普及。这些运动项目都有一些共同特点——便于开展、场地要求低、器材成本低,这符合当年国情,但不利于在文化基础之上的产业的发展。(5)自2014年以来中国体育产业发展,虽亮点频出,但有许多基础性问题没有解决:第二产业比重过高,过于依赖产业附加值较低的制造业;地域发展不平衡,东部沿海地区的规模和结构远优于中西部地区;自主品牌过少。(6)中国发展体育产业,首先需要培养文化,而且是体育文化与消费文化的结合。人们需要形成体育习惯,进而形成体育消费习惯。这两种习惯都具备了,体育产业才有发展的基础。

(2020-04-10)

户外桎梏

户外空间巨大,户外运动极具发展潜力。但一旦项目落地,就会面临自然资源的许可审批问题。水上运动的水域,航空运动的空域及降落场的地域,任何一种户外运动项目必要的服务设施用地,哪怕是一顶帐篷一个集装箱一个小厨房的落地,等等。每位业主聊起"违建",满肚苦水。建了拆,拆后复建,惧怕不知何时复拆。"去年的一点盈利都被拆走了!""无论啥地,户外运动简单的设施又不破坏土地表层,为什么就那么难搞呢?""这些问题不解决,我们怎么继续投资?"面对业者责问,我也无语,连带一丝无奈。推动户外运动成为一种生活方式,怕也是路漫漫其修远兮。

(2020-05-26)

森林运动

拜会一位林业专家,得一金句:以前我们主推"让森林走进城市",现在要推动"让大众走进森林"。从建设森林城市到推崇森林运动,体现的是人本化转型,这与体育部门积极推广户外运动的主旨不谋而合。由"森林步道"而"健身步道","森林康养"而"户外运动","林下经济"而"户外经济",林体完全可以融合归一。各地诸多"作业道"变"路跑越野道"、"防火道"变"汽车越野道"的案例表明:体育激发林业空间活力。

(2020-05-27)

健身复练

最近,走访部分健身房、游泳馆,"70%"的概念特别凸显,即各地已有七成上下的复练(训)率。有地方工会支持职工年度疗养经费用于健身消费。杭州有游泳馆最高日收入达13.8万元,月计划收入200万元。暑期,体育健身、培训及赛事等业态进入全面恢复期。但期待中的"新体育人群"尚未如约而至,全民健身意识还需加力。

(2020-07-17)

运动飞机

一般是指单座或双人座的轻型固定翼飞机,用以进行航空体育运动。在新昌万丰,胆战心惊地体验了一把飞机运动。外行角度看:运动飞机小点,驾驶舱左右设两个驾驶操纵杆,可左右摇摆飞行、俯冲拉升飞行等。航空运动大概就是空军的初段入门培训,怪不得新中国成立之初国家把航空运动作为军事体育的重中之重。

(2020-07-28)

小球之道

"两山"新篇,首推体育。8月5日《浙江日报》头版刊文《棒球打出来的美丽经济》,叙说了平湖市徐家埭村以棒球项目发展带动乡村振兴的体育故事,以此作为"走向我们的小康生活·谱写'两山'新篇章"集中采访活动的开题之作。徐家埭村的棒球之道在于：有个懂棒球的书记刘建群；周边有一批会玩棒球的企业家；舍得拿出一块地建棒球场；频繁争取举办棒球赛事；做活棒球和乡村旅游的融合，构建清晰的产业链。

（2020-08-07）

社会游泳

与德清、长兴、南浔等县泳协会长聊游泳项目推广，发现最缺的是游泳的场地。两地游泳池不多，公开水域不让游泳。学校的态度决定青少年游泳的程度。有学校的学生会游泳比例达95%，有的则不到10%。学生游泳技能不高。但在所谓会游泳的学生人群中，能连续游20分钟的寥寥无几。学生家长学游泳妈妈们比爸爸们上道快，建议开展"妈妈学游泳"工程。县里游泳协会年度开支约8万～9万元。

（2020-08-25）

跑者服务

特步跑步俱乐部在北京奥林匹克公园设置跑者服务站。宣示的跑者服务内容有：跑步指导、跑团服务、足型测试、体脂测量、奖牌刻字、服装印字、手机充电、赛事报名、淋浴服务和存包服务等。他山石，可借鉴。跑者的需求，就是服务的指向。

（2020-09-08）

体教一体

从产业视角看，体育总局、教育部《关于深化体教融合 促进青少年健康发展的意见》，有几个重要关键词：青少年体育"一体化设计、一体化推进"；扩大校内、校际体育比赛覆盖面和参与度；支持社会力量进入学校，丰富学校体育活动；鼓励高校建设高水平运动队，中学建立学校代表队；支持大中小学校成立青少年体育俱乐部；制定学校体育标准；将体育纳入初、高中学业水平考试范围，纳入中考计分科目，并逐步提高分值；建立分学段（小学、初中、高中、大学）、跨区域（县、市、省、国家）的四级青少年体育赛事体系；为在校学生的运动水平等级认证制定统一标准；推动社会公共体育场馆免费或低收费向学生开放；鼓励高校加大高水平运动队的招生力度；推动建立青少年体育训练中心;加强运动员文化教育;鼓励体校教练员参与体育课教学和课外体育活动;鼓励青少年体育俱乐部发展;制定社会体育俱乐部进入校园的准入标准;支持社会体育组织为学校提供体育教学和教练服务;制定优秀退役运动员进校园担任体育教师和教练员制度;在大中小学校设立专兼职教练员岗位制度。

(2020-09-22)

路跑小镇

很遗憾,昨日的浙江马拉松武林对决,以无限接近的结果(2:26:21)结束,终究没能突破30多年前浙江马拉松(2:25:12)纪录。活动搭建起了高水平运动员个人训练和创造个人纪录的平台,广大马拉松爱好者日常学习和交流的平台,区域马拉松文化展示的平台。可以设想:如有合适区位环境,杭州周边、环境优美、跑道够宽、政府支持,建设一个能够代表浙江马拉松形象的马拉松路跑小镇,或许会有前景。

(2020-10-19)

浙江乐透

《中国体彩报》消息,10月21日夜,体彩大乐透第201-04期开奖,前区开出号码03、12、23、26、30,后区开出号码04、07。浙江一购彩者独中2.69亿元巨奖,中奖彩票为一张经27倍投的、1注号码、81元投入的单式倍投追加票。该票出自舟山市。2.69亿元!这可是迄今为止浙江体彩史上的最大奖。

(2020-10-22)

添彩公益

上午,来自舟山的神秘幸运彩民来到省体彩中心,顺利办理了2.69亿元的巨奖领取手续。来时独自一人,去时悄无声息。但他留下了近5400万元所得税,留下了向省体育基金会的120万元公益捐赠,留下了浙江一位普通彩民对国家彩票和体育公益的满满祝福。

(2020-10-23)

水上器材

上海进博会上,迪卡侬的一款充气皮划艇挺有意思。据说,这款折叠后为120升行李背包大小的ITIWIT X500充气皮划艇,便携易带也可竞速,安全性能高,标明价格 5999 元。参展商称,浙江是未来水上运动的领航者,也是迪卡侬拓展市场的重点区域。希望迪卡侬不忘户外初心,从水上培训、水上俱乐部和水上赛事活动着手,积极参与浙江水上体育产业培育。运动起来,户外装备产业一定繁荣。

(2020-11-08)

宠物健身

时下,各地家用健身器材销售趋旺。有宠物爱好者"火上加油",建议:健身器材的生产厂家可以关注宠物健身器材制造。这好像是个不错的建议。理由:(1)宠物也要遛弯健身。(2)天气不好的时候可以室内健身。(3)主人和宠物可以一起健身,并相互监督促进。(4)宠物健身器材的硬成本会比较低。(5)宠物受宠,价格可以高开。

(2020-11-19)

体育市场

从产业视角看,专家普遍建议更多关注儿童青少年、女性、中产阶级家庭、发达地区健康老人对体育的需求及消费。现阶段,这些群体的体育消费倾向在很大程度上决定市场。若观点成立,体育培训、体育美学、时尚体育、体育旅游及体育传媒等业态,前景广阔。

(2020-11-21)

拓展消费

经济内循环,消费得跟上。如何推动体育消费?专家建议:(1)增强健康消费意识。(2)提升居民体育消费支付能力(发展经济,提升就业)。(3)增加居民休闲时间(延长居民假期)。(4)提升体育消费技能(改革体育教育,完善学校体育和群众体育的竞赛项目体系)。(5)建设群众身边的体育经营场所(新建、改建、扩建场所,做好场地开放工作)。(6)大力发展体育社会组织(支持各类跑团、骑行社、冰雪俱乐部、车友会等发展)。(7)推动供给侧结构性改革增加有效供给(更多的体育项目,更多的时尚体育)。(8)推动体旅文商融合发展(发展体育综合体等)。(9)优化运动消费场景(更好的消费场景)。(10)推动数字化智能化(智能场馆、智能体育)。

(2020-11-22)

体育便利

据近日媒体报道,被誉为滑雪专列的京张高铁规定禁止乘客携带超规雪板,这引发社会关注。报道称,给超规格的体育器材装备提供运输便利是国际惯例。但在国内常遭遇瓶颈,不止雪板还有自行车、船艇等。其根源在于体育文化基础薄弱。社会是否存在便利体育的渠道,事关体育强国,事关器材类运动项目的开展推广和普及。

(2020-11-24)

供需变化

有专家总结:在新发展阶段,群众对体育健身的需求呈现三个转变:一是体育的公共服务职能由"非必需"向"必需"转变,二是群众对体育的参与由"被动观赏"向"主动参与"转变,三是群众对健身设施的要求由"低标准"向"高标准"转变。群众健身设施的供给也出现三个转变:一是从"政府主导建设"向"多方参与建设"转变,二是从"注重大型设施建设"向"鼓励中小型设施建设"转变,三是从"单一类型设施建设"向"多样化设施建设"转变。

(2020-11-26)

旅游体育

专家认为,体育旅游是基于体育事件而衍生出来的旅游消费。旅游体育是基于旅游需求而创新产生的体育活动。赛事旅游为体育旅游,跳伞体验如旅游体育。体育赛事对旅游的意义在于:通过赛事设施建设改善旅游环境,通过媒体杠杆提升市场知名度,通过体育迷引领增加旅游流量,通过科技的体育运用保障推动旅游创新。后续,赛事设施也是旅游设施。

(2020-11-30)

消费主体

搞体育产业,得研究消费群体,把握消费趋势,培育社会消费。据老外观察,在中国市场需关注七个消费能力较大的群体。其中,四个新群体:三线及以下城市的年轻人、有消费能力的老人、养宠物的人、女性。三个老群体:"95后"的Z世代、成功的中年男性、单身人群。

(2020-12-03)

逆势蚂蚁

蚂蚁探路来电：央视频道近日围绕团队打造户外汽车探险运动，助力乡村振兴主题，来浙江遂昌做一期元旦特别节目，时长 25～30 分钟。创业者周功斌称，"运动振兴乡村"实实在在。对于山区乡村，体育运动项目、户外旅游是最好的切入点。今年，团队营收约增加三倍。看到浙江体育服务企业发展壮大，真的很高兴。期待"遂昌山路"之火燎原成"丽水山路"，最终发展成为体育产业的"浙江山路"。

(2020-12-22)

救生需求

与杭州某泳池经营者交流，聊及救生员配备成本。一个正常经营的标准泳池得配 14 个救生员(7 人/班×2)，旺季尚好，淡季就显多。如能有"智能防溺水泳池安全系统"，一旦游泳者在一定水位线及以下停留十秒以上，系统便自动报警并引导救生员救生。这样的智能科技将确保水上安全并减少泳池救生员配备，降低经营的人工成本。不知市场上有没有这样的系统，或有没有人愿意开发？

(2020-12-25)

遂昌滑雪

经过近四小时的车程，才到位于遂昌县高坪乡的北斗崖滑雪场。今年天冷，雪场造雪容易，生意也还好。经营者介绍，不计散客，七八天网上预订客流达 800 余人。保佑老天开眼，期待春节客流足、经营期能长一点。在北方人眼里，浙江雪场主要是戏雪非滑雪，但考虑到都是民间资本、市场的投入，看天吃饭的南方雪场实属不易。

(2021-01-13)

视角问题

体育场馆服务提升，离不开智能化。其中，架设什么样视角的智能是个学问。据称，"管理视角"的智能化，主要立足于场馆管控、客流管理、经营分析等。"顾客视角"的智能化，则主要服务于客户情感、场馆体验、便捷消费等。有人指出，当前智能场馆建设存在重"管理视角"轻"顾客视角"偏向,需要纠正。

(2021-01-16)

雪场经济

据近期对浙江 14 个正常运营的滑雪场(含 4 个室内滑雪场)初步统计:全省滑雪场接待能力 3.36 万人次/天。实际接待人数,工作日约 0.63 万人次/天,周末约 1.13 万人次/天,其中元旦假日约 1.88 万人次/天。据省内人流最大的滑雪场统计,滑雪场客单消费 604 元左右。以全省每天一万人滑雪计算,每天雪场消费逾 604 万元。个人保守估计,春节期间全省将有 18 万～23 万人次左右的滑雪消费规模。

(2021-01-30)

场馆业态

体育场馆运营难,解题还得从厘清其产业生态着手。有专家认为,场馆运营管理,除场馆设计建设外,其产业运营环节主要包括核心本体产业、关联产业和衍生产业。本体产业包括体育赛事、全民健身和体育培训。关联产业包括文艺演出、体育会展、体育票务、体育会务、体育用品销售及体育广告等。衍生产业包括体育旅游、体育特许商品开发及配套商业服务、体育房产等。体育场馆有大小,但方向大约就是综合化、专业化、智能化、市场化。

(2021-04-08)

消费城市

双循环,消费要起来。作为新兴的体育消费,涉及体育人群、体育教育、体育活动、场地设施、器材装备、项目普及、体育文化和体育政策等。现在有所谓的体育消费试点城市,其方向大约是:建设和打造全民健身模范之城,运动项目示范之城,青少年体育活力之城,赛事活动集聚之城,体育产业发达之城,体育文化繁荣之城。只有体育健康文化浓郁、体育场馆设施齐全、体育活动内容丰富、体育社会组织健全、体育产业业态饱满、体育市场环境良好、体育消费政策完善的城市,才能策动、推动体育消费。

(2021-04-10)

小野露营

原以为,露营只是找一个风景秀丽的地方,搭几顶能住人的帐篷过夜。到莫干山小野公园体验才发现,露营是一种自然主义的生活方式,一种放空心灵的交流休憩,一种仰望星空的精神境界。业主说,她玩过"大野",现在和各路小伙伴一起尝试"小野",感觉很爽。初看,露营也是美丽乡村的大产业,至少涵盖乡村旅游、农村种养、生态养生、山地(水上)户外运动、传播传媒、生活美学、品质设计、户外装备制造业等,按"露营+"理念丰富拓展业态,想象无限。夜幕星空下,我在帐篷里辗转反侧,年轻人在帐外玩起"剧本杀",各得其所,各安其适。

(2021-04-17)

年轻圈层

个人理解,群众体育必须顾及全人群,体育产业则要聚焦年轻人。95%会员是35岁以下的,罗森便利店的思考,也是佐证:得年轻人者得天下。维持消费者的年轻化趋势是企业的根本。顾客年轻,事业才能常青。从消费惯性看,"70前"的习惯于大中型超市,"80后"关注淘宝,"90后"喜欢美团饿了么。"00后"的特点:好奇心下降,追求场景化消费,越来越多随性消费。年轻人喜欢、爱上,就是我们的前景。客群年轻化!罗森说的是商业零售,发展体育产业也可借鉴。

(2021-04-21)

玩法有别

与某体育幼教教具生产企业主闲聊。问:从做外贸转到国内,有啥区别?答:外贸只要接单生产,内贸要重构营销服务体系。问:两个市场的产品有不同吗?答:有。外销的海绵垫之类保护性部分要硬些,国内的需软些。问:为什么?答:人家小孩骨密度高耐冲击,肌肉弹性好。咱们家的差距较大。问:在体育教具实用性方面有啥区别?答:人家是装好后任由孩子们发挥想象自己玩。我们得先开发好玩的课程,规定孩子怎么玩。没有培训课程,进不去幼儿园。

(2021-04-24)

体博讯息

在中国国际体育用品博览会巡馆交流中发现，当下的体育器材制造面临三个主要问题：原材料价格上涨，出口物流成本剧增，消费市场价格相对稳定。也有业者表示，解决问题关键还取决于自身的产品创新和市场拓展。国家体育总局概括的"十四五"体育产业发展的四个新特征，得到业界关注：体育产业数字化转型将加速推进，体育消费驱动作用将不断增强，户外运动产业发展潜力将充分释放，体育用品制造的产业链将加速向服务业延伸。

（2021-05-19）

新态体育

在2021年中国体育产业峰会上，北京体育大学鲍明晓教授提出要"培育和发展生活体育、数字体育、文化体育、低碳体育这四个形态体育"。体育的日常化生活化，体育的数字化智能化，体育文化属性的挖掘普及弘扬，体育的低碳化改良改造改革，是新时代中国体育发展的新视角、新方向、新趋势。准确说，这些都是未来体育展现的新场景。通过新场景体育构建，自然会产生很多体育产业新业态。

（2021-05-22）

文旅马术

马术＋度假酒店＝？德清县的爵隐马术进驻森泊度假乐园，探索的答案是：拓展文旅马术，一种体育＋旅游的新业态。从原先的马术培训教学，到现在兼营游客度假体验（马车迎宾、骑行等），似乎有从阳春白雪到下里巴人的"跌落"。但这"跌落"打开了思路，接上了地气，开辟了消费的新场景、运营的新空间。

（2021-05-27）

产业沙龙

室内，一群人一个话筒一片荧屏就是一场"体旅融合"浙体产业主题沙龙。户外，一群人一张餐桌一角草地就是一次"寄情山水、悦动乾潭"山水运动嘉年华。室内户外，搭建的是体育旅游企业学习交流提高转型的平台。服务体育产业企业，服务体育产业高质量发展，就是浙江体育企业联合会的初心使命。

（2021-05-28）

华鹰游艇

从赛艇、皮划艇等水上运动器材到各类游艇生产,华鹰走了 20 多年。在企业车间,一路看了从空外壳、架龙骨、布水电、上动力、搞装修到测试、成品的全过程。感觉游艇业是个大产业,涉及材料、科技、制造、贸易、培训、服务、衍生品及码头设施建设、航线布局等。一艘高级游艇,逾 2000 部件,价值千万元以上。但买船易,用船还不易。要启动国内规模消费,急需突破码头设施、水域开放、港航管理等政策瓶颈。不知有关部门能否探索办一办"游艇购用一件事"?

(2021-05-29)

上官球拍

杭州市富阳区上官乡是中国羽毛球拍之乡,生产历史可追溯到 1974 年。金乡长介绍,乡里现有厂家 300 余家、8000 人就业,年产 1 亿副,产值 15 亿元。全乡户籍人口也就 8000 人,几乎都以做羽毛球拍为业。产品以中低档为主,也有生产贴牌的。看了其中的几个工序,球拍生产还属劳动密集型产业。

(2021-05-29)

乐刻天下

5 月 29 日,来自全国各地 2000 多名运动健身爱好者汇聚杭州经纬天地创意产业园,参与持续 10 小时的乐刻运动健身嘉年华活动。其中有从新疆飞越 4000 公里的赵小姐姐,有特地从北京飞来的孙大阿姨。活动采取"大型团操+健身传播+运动集市+社交集市"方式,场馆内外热血沸腾,运动烟火味浓郁,产业生态圈清晰。眼见乐刻六年来专注健身改变健身火了健身,目前已在全国 29 个城市铺设近 650 家连锁健身房,成为业界翘楚。

(2021-05-30)

每步科技

英文名 move technology,我把它直译为移动科技。在上海市徐汇区,创业者告诉我,是因为戈壁赛而离开芯片业进入体育产业行业的。本着"让运动感动生活"理念,经营过赛事、活动,今天主营体育产业管理、赛事活动的信息化、智能化赋能,特别是体育场景应用服务。"智造产业""感动生活",方向明晰、理念簇新，是政府也是市场，注重产业也注重生活。AI改变一切，改变体育，实实在在。

(2021-07-13)

环浙步道

全省步道项目建设培训工作会在奉化连夜举行，标志着"环浙步道"系统建设全面推开。小步道，大场景大文章大平台大工程，建设需要大协同。目标是，全省上下一盘棋，凝心聚力整合资源，把"山道"打造成"赛道"，把"山场"打造成"运动场"，培育户外运动人群，推动全域"运动浙江、户外天堂"建设。

(2021-07-16)

体育瞪羚

做"十四五"规划，认识了"瞪羚"这个新词。专家说，瞪羚企业是对成长性好、具有跳跃式发展态势的高新技术企业的统称。特点是个不大、跑得快、跳得高。对照起来，浙江体育产业中的企业也越来越多，发展也不慢，就是跳高水平还差点儿。政府服务的责任，就是助企业快跑，蹬力和弹跳力在企业自身。

(2021-07-17)

溯溪运动

炎炎夏日，溯溪最好。艰辛流汗，水凉风快。浙江"七山一水二分田"，不缺溪流，是溯溪运动的天堂。近年来，在户外运动爱好者和部分企业拓展下，溯溪运动已成为夏季体育度假团建的一部分。

(2021-07-18)

读读想想

读到《2020年我国卫生健康事业发展统计公报》中的三组数据：(1)卫生总费用72306.4亿元，人均卫生总费用5146.4元，卫生总费用占GDP的7.12%。(2)医疗卫生机构总诊疗人次77.4亿，居民人均就诊5.5次。(3)医院次均门诊费用324.4元，人均住院费用106~192元，日均住院费用11~22.6元。想到2020年我省金华、绍兴市居民体育消费总规模分别是213.06亿元、135.72亿元，人均体育消费为2801.98元、2574.93元。在尝试作体卫对比解读时，被专家批评。专家建议看看全国宠物经济数据，会有更多启发。

数据显示，2020年我国经营范围含"宠物用品"的企业38.7万余家。全国城镇犬猫数过亿只，其中猫4862万只，犬5222万只。全国人均单只宠物的年消费为6653元。数据并非精准，也不一定可比，却不妨碍解读。

(2021-07-21)

文体之别

为什么人家老师花三天时间帮我们编排一个舞蹈节目可以取酬三万元，我们受邀指导人家学练一个健身功法取酬800元还要费很大周折呢？是舞蹈编排有更多的创新创造、文化内涵，教练气功纯属体力活动、重复劳动？还是因为我们体育社会指导员有更多的志愿服务义务？志愿体育服务可不可以有一个有区别的公益指导价目？某地健身气功协会负责人连串提问，涉及体育辅导价值、公益实现路径等深层问题，还真难解。

(2021-07-29)

产业思路

浙江体育产业发展的做法：一是主动作为，以小为大。紧紧抓住共同富裕示范区建设契机，放大杭州亚运会效用，推动浙江体育产业成长成势成型，打造支柱产业。二是上山下水，飞天入地。紧紧抓住全民健身牛鼻子，大力推进"运动浙江"建设，推动全域运动，培育海陆空全项目运动，发展时尚运动。三是融通融合，互联互通。紧紧抓住高质量发展主题，推动"体育+""+体育"，依托信息网络技术、智能技术，引导体育与相关产业融通融合、转型发展。四是关注市场，聚焦消费。紧紧抓住体育市场和消费群体培育核心，聚焦新消费主体、新消费需求，创造体育消费新场景，发展生活体育。

(2021-08-21)

乐健健身

这是一家干了20年的由器材经销而服务的健身企业。近年在主职之外，参与社区"百姓健身房"运维。大体参与模式：一是街道社区负责场地装修及主要健身设施，乐健负责教练及管理。二是已有的乐健健身房低价对社区居民开放，互动支持。业者称：经验表明，特定区块的潜在健身人数约为10%。参与健身锻炼的人数在持续增加。

(2021-10-13)

国庆消费

从前有"摄影穷三代,单反毁一生"说法。如今露营、垂钓和冲浪又成了"破产三兄弟"。穷、毁及破产,从经济视角看就是带动刺激消费。刚刚过去的国庆假期有几组数字可以关注:(1)全国体育服务销售收入同比增长21%,较2019年增长62.9%。(2)据测算,假日国内旅游出游5.15亿人次,同比为－1.5%;实现国内旅游收入3890.61亿元,同比为－4.7%。(3)阿里数据显示,今年假日冲浪、潜水等活动的预订量环比涨超200%,徒步、攀岩环比涨超13倍。

(2021-10-18)

万亿产业

中共浙江省委日前发出号令:围绕做大体医、体教、体旅等融合文章,打响"运动浙江"品牌,打造万亿体育产业金名片。这意味着体育产业将成为继信息、环保、健康、旅游、时尚、金融、高端装备制造、文化等万亿产业后的浙江第九大万亿级产业。

(2021-10-29)

乐刻早报

一早,乐刻运动"双11"战报来袭。看点:(1)全平台30万人参与,销售3亿元,同比增长70.6%。(2)杭州健身氛围不赖,但不敌西安。(3)女性健身热情高过男性(53∶47),"80后""90后"是健身消费的绝对主力占77%,"00后"迅速跟进。

(2021-11-13)

时尚运动

相对于传统体育或新运动项目,才有所谓时尚,即"传统体育＋时尚"或"新兴项目"。包括运动项目的时尚,运动方式以及赛事组织、运营方式的时尚,场地环境、器材装备、服装鞋服、运动色彩、传播媒介乃至运动餐饮等的时尚。时尚运动,在保留竞技本质的同时,着力圈层年轻人群,追求体育场景化、生活化、社交化、现代化,具有美颜度高、融合性强、产业链长等特点,大约会是全民体育发展新的路径和方向。

(2021-10-17)

对话企业

与某越野运营企业聊2021年的不平凡:全年无赛,延期常态。一段时间干不了活,一段时间不能干活。一个字概括:疲。赛事运营商、公共部门和参赛者都如此。体育赛事,线上替代不了线下。希望走向常态化以后,监管适度有序,以重树赛事服务行业信心。好消息是:公司专业运动装备销售增长50%以上。

(2021-12-31)

产业数据

据浙江省统计局、体育局发布的数据:2020年浙江省体育总产出2776亿元,增加值881亿元,同比分别增长6.2%、4.2%,增加值占GDP比重1.36%。另国家统计局、体育总局发布数据:2020年全国体育产业总规模27372亿元,增加值10735亿元,同比分别下降7.2%、下降4.6%(未扣除价格因素)。2020年,多数体育产业类别增加值下降,但体育传媒与信息服务增长18.9%,体育教育与培训增长5.7%。

(2021-12-31)

城市体育

看到中帆协推动的中国帆船城市超级联赛的视频场景,"中帆联赛,城市品牌"的赛事定位,由帆船想到足球。振兴足球,似乎也可尝试以城市政府为主体的路子,比如创办个中国足球超级联赛城市赛。当满场的足球、奔跑的球队与一个城市深度关联,就会产生新的城市体育推力。

(2022-01-01)

针永体育

海宁市一家运动袜厂,较好地诠释了"专精特新"内涵。专业做袜,精于运动袜,特在个性设计和定制,新在生产方式和营销。"只要有100万的精致用户,每人每年用10双袜子,单价均衡在100元,就是10个亿的市场。"据说,企业产品单价有高过300元的。小袜子,大市场、大产业。运动袜业,也是美好生活产业。

(2022-01-08)

领军体育

产业"星动力",体育"欣未来"。今晚,浙江体育产业领军人物出新。他们是:陈文忠、方超、贺少杰、李培英、穆旸、潘岩君、孙晓东、吴银昌、谢欣、郑舟超。颁奖晚会上,"什么是体育?我们能领什么军?""让荣誉转化为坚持的力量","科技赋能,快乐运动",获奖者的体育领军之问和赋能体育高质量发展的产业梦想,体现的是浙江体育产业人的初心、责任和担当。

(2022-01-10)

惰性经济

假设人天性懒惰,因此只有满足人的懒惰需求的创业服务才比较容易成功,如一次性用品、快餐快递、网上购物等。与此相反,体育产业是勤快经济。体育活动、运动包括赛事,其特点是坚持坚守坚韧,更高更快更强。有人说,这是体育产业归于慢产业的原因。发展体育产业,需要让人动起来、跑起来,克懒变勤。体育产业既是勤快产业活力产业,也是积极向上的正能量产业。因此,做好体育产业,要引导人改变生活方式,得有情怀和耐心。

(2022-01-11)

健身趋势

新时代全民健身呈现五个趋势:(1)健身健康融通。在健康中国、共同富裕大背景下,坚持以人民健康为中心,促进全民健身和全民健康的深度融合,愈益成为体育的主题主线。(2)素养精神聚合。体育的力量,不止于运动健康。除提升人民身体素养外,体育还赋能社会团队建设、规则意识、拼搏状态、人文再造,特别是助力昂扬向上、生机勃勃的民族精神培育。浓郁文化体育,成为风潮。(3)大众小众并举。全民健身,全民体育。在繁荣传统体育项目的同时,小众运动快速普及,推动全民运动。小众运动项目,如攀岩、滑板、滑雪、街舞等走进年轻人生活。运动项目,愈益时尚化。(4)线上线下互动。线上体育迅速升温,智能体育异军突起。因人工智能、物联网、移动互联等新技术加盟,数据串联并赋能体育态势强劲。线上运动赛事活动频现,催生体育数字化变革。(5)运动与休闲兼备。体育成为普遍生活方式。体育健身和运动休闲的人群不断增长,运动体验的新场景、新业态越来越多,运动体验、运动娱乐、运动锻炼加速综合集成。

(2022-03-27)

体育"六化"

社会生活改变体育运动方式。可关注体育发展的几个趋势：全民健身更聚焦，户外运动成热点，体育场馆去中心化，设施布设分散化，运动方式多样化，居家健身智能化，运动群体年轻化，体育社团自组织化。

（2022-04-01）

女性经济

4月8日，重庆市公布《促进消费恢复发展若干政策措施》19条，突出强调鼓励发展"她经济"。很有勇气！在体育经济中，"她经济"的动力和能量十分惊人。她，无论在健身、跑团、登山、户外，还是水上、航空等运动中，绝对人数暂时还输于"他"，但论消费力、带动力和跨界力，远胜于"他"。

（2022-04-12）

全民健身

有人说，我这里全民"很健身"，早晚路边桥下到处都是广场舞。我反问，到处广场舞，就全民"很健身"？全民健身，贵在全民参与。广场舞只是健身方式之一。广场狂欢，主要只是大妈群体的热舞。还有大爷群体呢？全民健身，当是大爷大妈、阿姨大叔、小哥哥小姐姐还有小弟弟小妹妹都参与的健身，该是广场舞、三大球三小球、路跑马拉松以及各类水上、航空运动项目等都开展的健身。全民健身的"全"，包括全人群、全周期、全区域、全时段、全项目等高质量要素。

（2022-04-29）

遍地"篷"友

《体坛报》用"遍地'篷友'"一词来描述浙江各地五一假日火热的露营生活。露营时兴，原因何在？或未可知，或一果多因。但一"帐"难求，毕竟有益于户外装备制造，有利于户外露营基地建设，有助于各类户外运动企业俱乐部发展，也将大大加快浙江"全域运动，户外天堂"品牌打造。

（2022-05-04）

脑机智能

借鉴人脑信息处理方式构建虚拟脑，借助脑机交互、融合和一体化发展的智能，称之为脑机智能。其发展，可增强感知、认知乃至提升人类运动、行为等能力。在之江院士论坛，浙江大学吴朝晖院士介绍了浙大"两只老鼠"实验：在人工激活前额叶皮层神经细胞下，可提升小老鼠的战斗力，并战胜大老鼠。我想，如果技术能突破，怎样运用到体育竞技上？

(2022-05-10)

趣味体育

有人谈群众体育消费：体育运动发展的规律，就是从乐趣到兴趣，少数人成为志趣。乐趣是娱乐的、时尚的；兴趣是相对稳定的，有进取性的；志趣就偏向职业了。由乐趣而兴趣终于志趣，必定产生大量的消费。所以，顺应规律，挖掘需求、发展产业，建设有趣的体育很重要。

(2022-05-21)

三杆经济

曾有某海岛县主职领导提出，以钓竿（海钓）、桅杆（帆船）、球杆（门球、木球、高尔夫练习等）"三杆"为主要内容的岛域体育发展思路。听闻，感觉耳目一新。不论这杆那杆是否能行，单就这地方领导对体育产业发展的理解思考，就难能可贵。

(2022-06-01)

产业现状

从浙江一线体育企业初调反馈看，目前体育产业的大概情况是：(1)赛事经济崩塌；(2)场馆运营艰难；(3)人才流失不少；(4)体育制造还行；(5)用品零售转型；(6)线上体育涌动；(7)新兴体育突起；(8)户外运动喷发。可以说，体育产业眼下有困难，但更多的是转机和机遇。透过企业面临的问题和困难，也可见其中的红海和蓝海。

(2022-06-11)

体育"招兵"

毕业季，浙江体育产业企业组团进入杭州师范大学开展专场线下招聘。来自全省22家体育企业提供200多个岗位，吸引近300名体育专业学生进场。现场有成效，但也存在"谈得很好，签的很少"的现象。供需间可能有些错位,如当下的大学生看重薪酬,企业看重综合技能等。大学生就业创业,需要政府重视,走通不易。

(2022-06-16)

露营出圈

在露营红火背景下,省体育产业联合会邀请全省户外露营行业头部企业、传媒及相关产业研究机构深入研讨露营产业现状、存在问题和发展前景。研讨会发布了"百村万帐"项目和《浙江省露营产业可持续发展·鄞州宣言》。这次会议搭建平台、增进共识、凝聚合力、激发潜力,或许会成为推动浙江露营产业做大做强的一个里程碑。

(2022-06-17)

贵在行动

三年前,从体育产业视角思考体育发展新路。跳出脑际最多的是环浙步道、户外露营、越野经济等概念。如何推动浙江露营产业发展？琢磨出个"百村万帐"的说法,并在德清莫干山尝试。下周末,一群露营青年将在余杭区中泰街道的一个废旧矿坑演绎"百村万帐"开帐仪式。眼见思路变门路、矿坑变营地,高兴。借用父亲节一句话:体育并非无所不能,可为露营尽其所能。

(2022-06-19)

产业思维

体育要做强,离不开产业。体育,如何从事业行业走向产业？(1)把体育人口搞得多多的。(2)把体育设施建得好好的。(3)把体育竞技练得靓靓的。(4)把体育赛事办得闹闹的。(5)把体育项目推得广广的。(6)把体育需求激得透透的。(7)把体育企业育得强强的。(8)把体育氛围造得浓浓的。关键是牢固新(产业)思维、创造新平台,突破行业圈、筑强产业链。

(2022-06-23)

运动场景

天津财经大学梁强教授说:"人们喜欢户外运动并不仅仅是喜欢运动本身,而是户外运动所创设的场景,以及在场景中自己浸润的情感和意志,投射的人格和品位。未来,户外运动不再仅仅用场地标识,甚至不以开展的项目定义,而是由一个又一个鲜活的运动场景来定义。"户外运动,运动项目要紧,运动色彩要紧,运动场景也要紧。其中浸淫的运动美学、社交美学、生活美学,值得关注。

(2022-06-22)

体育风口

露营热起,还会有其他热潮吗?比如,骑行会是下一个露营吗?桨板会成为"水上露营"吗?有人主张用骑行把露营场景串起来,叫骑行趣露营。还有跨项思维的,说是可以桨板为床展开"水上露营"。有点儿天马行空,但未必是胡思乱想。

(2022-06-30)

露营九问

与业内人士深聊,从产业经济视角看需关注九个问题:(1)现在的露营热度能维持多久?(2)新增露营人口中有多少会是蹭热点的?(3)作为都市生活方式场景的露营半径究竟有多大?(4)露营者生活中存在露营"复购率"吗?(5)露营的地域特征、季节窗口足以支撑投资吗?(6)露营相关者都在露营中找到盈利模式了吗?(7)露营的本质是赏景过夜,还是运动情怀?(8)有哪些户外运动项目可以填充露营内容?(9)推动露营消费,当下需要的是更多的标准化规范化管理还是更多的开放式人性化服务?

(2022-07-01)

雅鲁"热漂"

近来,桐庐县合村乡的雅鲁漂流客流大增。据乡里介绍:本周工作日的客流量约为400~500人/天,周五约1500人/天,周六达到3000人/天。价格是198元/人·次。游客中心停车场里一个卖嬉水用具的摊位费租金约50万元/年。小山谷大客流,但愿这是大盘复苏的一个信号。

(2022-07-03)

装备检测

露营装备,需适应不同户外条件、环境气候,质量检测成为"安全阀"。挪客户外在企业内部设立专门机构,对产品实施专业"破坏性"检测。其中,帐篷风动雨淋测试场景,还是挺震撼的。

（2022-07-19）

夜间体育

据日前《中国体育报》,2022年中国夜间经济市场规模将达到40万亿元,其中夜间体育消费占比过半。夜间体育的消费是否可以过半,暂且不论。夜间健身房、游泳池、球场、步道以及公园里锻炼健身的火爆,带来三个启示：一是必须重视体育民生属性张扬,二是必须加大体育场馆设施供给,三是必须加快体育消费场景创新。

（2022-07-29）

航宇体育

不看不问不知道：一只小小羽毛球,要有两只鹅或鸭产的合适羽毛,从选毛到成球需历经30道左右的工序,30天左右时间。江山市宇航体育年产羽毛球约500万打,产值约1亿元。打好球难,做好球也不易。

（2022-08-05）

见山喜心

莫干山麓,树丛其中,三位上海小青年,借地设帐,搭起一个叫喜心野奢的露营地。营地占地800余亩,客厅设有小画苑,多有小清新的艺术小品,帐篷搭得像帐篷,烧烤区像露天大厨房。主人说,晨起打开帐门,躺在帐篷里就可以看见莫干山日出。乐见"百村万帐"理念根植漫运动小镇。

（2022-08-20）

热雪奇迹

昆明融创室内冰雪场是所在文旅小镇的配套项目,约三万平方米,其中雪场面积2.2万平方米,包括一条中级道、两条初级道以及一个冰雪嘉年华展示区等。据说,最高流量2000人/日,较之于广东的融创项目,昆明参与冰雪人数及消费相对较低。

（2022-08-24）

田野调查

在丽水超马赛道边,遇见几位户外运动参与者,交流得到的信息:(1)喜欢户外的人是越来越多了;(2)每年都会远足,但选择城郊户外的多;(3)喜欢不太累的户外;(4)每年户外消费主要在吃和汽油,装备消费约千元光景;(5)活动消费以 AA 制为主,也有某个人请客的。

(2022-09-09)

"越来越野"

据说,缙云猛峰尖汽车越野小镇,国庆假日每天客流在 680～800 人。大部分人是来越野乐园休闲玩耍的,真正去体验山地汽车越野的不算多。但小众引领大众,在哪行都是铁律。一个离县城 50 分钟车程的小村庄,靠汽车越野引流,也是"运动振兴乡村"的一个典型案例。

(2022-10-06)

制造消费

以往的需求,主要是消费者驱动。在消费社会,越来越多的消费需求由市场、媒体、企业或生产者制造。当下,如何刺激或拉动体育消费?健康生活激动,时尚场景触动,赛事活动带动,场地设施拉动,体育装备联动,大众传媒搅动。制造体育消费,需要社会方方面面的合力。

(2022-10-21)

四推四共

浙江大学郑芳教授谈浙江体育产业实现高质量发展路径:(1)推动要素共生,构建产业新生态。(2)推进价值共创,叠加产业附加值。(3)推广收益共享,培育产业共同体。(4)推崇助力共富,激发产业新情怀。个人理解,就是坚持新发展理念,做好聚合整合、协作协同、共创共享文章,抓紧体育产业新发展风口,用新场景引领新消费,繁荣体育大市场。

(2022-11-04)

体育培训

利用周六时间,组织全省体育培训管理者和从业者,一起研讨交流浙江体育培训产业高质量发展,商讨推动"浙里体培"管理服务数字化平台构建工作。"双减"背景下,体育培训面临的挑战与机遇,培训产业链中的长项与短板,培训管理中的监管与服务等,成为体育培训产业健康发展亟待破解的课题。

(2022-11-05)

户外趋势

在第三届浙江省户外运动大会论坛上,浙江大学周丽君教授用"五化"描述户外运动产业发展趋势:(1)户外场景数字化。场景数字化感知,运动体验和运动社交数字化。(2)参与人群全民化。户外运动成为全民生活方式。(3)户外产品个性化和品质化。人们对户外运动装备追求多样化,硬核质量。(4)户外项目集聚化。越来越多的运动项目聚合,形成户外运动公园,满足多样性需求。(5)产业融合化。多业融合发展,催生新场景新模式新业态。

(2022-11-10)

体育招商

有领导自述:原辖区有个民间越野赛,先前不以为然。有一回到香港招商,与一客商见面。对方一见面就说,不用介绍,你们那儿我熟,每年我都去参加你们那儿的越野赛。回内地后,我才关注这项赛事。没想到民间赛事可以办得有那么大影响,没想到体育活动可以有那么强的交流活力。看来,体育还真可以是个招商平台。

(2022-11-22)

竹海露营

生产户外装备的泰普森公司,在德清县象月湖畔新打造了一个叫"休闲谷"的户外运动生活平台。竹海中,露营、马术、水上、山地等空间交织,运动与休闲齐备。如能有更多时尚运动业态和消费场景植入,更能激发山谷空间的活力,就更好了。

(2022-12-07)

不止足球

有媒体称,2022年足球世界杯不仅仅是29天的体育赛事,它把卡塔尔推向世界,也改变了卡塔尔。一是带来了2200亿美元的城市基础设施投资;二是直接增加 300 万游客、30 亿人的关注;三是旅游收益及相关经济活动将增加 1.5% 的 GDP;四是一次全方位的国家营销;五是推动访问签证制度改变。体育带来流量,带来创新和改变。

(2022-12-10)

嵊泗海钓

从体育视角看,如何服务海钓运动发展?有海钓专业人士认为主要有六个维度:船艇,必备工具;人员,活动主体;安全,前提设项;鱼获,业内规矩;赛事,体育内核;监管,管理服务。专用码头添建、社会组织培育、赛事活动打造、海钓运动普及等,都是需优先考虑的基础性公共服务供给。

(2023-01-12)

山川运动

安吉县山川乡有六个村,约 6000 人口。近年来,围绕山川运动乡镇建设,山地户外运动项目日渐集聚,"运动振兴乡村"的雏形日益显现。近期,云上草原滑雪场日接待 9000 人。村里依托项目建设运营的山下停车场,共约 2000 个车位,小车每车次收费 20 元,年营收约 700 万元。透过停车场的拥堵,可见山上运动项目的繁荣。

(2023-01-29)

巨隆机械

在宁波市江北区参访中国自行车零部件领域专精特新"小巨人"。企业年生产脚蹬约 5500 万副,占全球 40% 份额,单品价格从几元到千元不等,还出产车头碗、中轴等配件,也占有 20% 左右份额。据说,巨隆是浙江省自行车零部件行业的老二。

(2023-02-02)

体彩见喜

今天上午,来自宁波的体彩大乐透 23017 期大奖 2.4 亿元中奖者,现身浙江省体育彩票管理中心。据悉,这是超级大乐透史上开出的第 25 个亿元大奖,在亿元大奖排行榜位列第八。2020 年 10 月,浙江体彩史上中出 2.69 亿元大奖,中奖者来自舟山。今天这个是第二个亿元大奖。感谢这位幸运儿向浙江省体育基金会捐赠100万元。

(2023-02-12)

体育投资

  2023—2027年,浙江省文化和旅游投资"双百"计划重大项目(实施类)120个总投资3772.2亿元。其中涉及体育、水上运动、户外运动、冰雪、游泳、自行车、航空运动、步道、越野、露营、赛事等概念元素项目16个、总投资516亿元。在100个总投资2574.5亿元的谋划类项目中,有体育概念元素项目21个,总投资621.1亿元。计划项目中,体育概念元素还不够突出。可喜的是,谋划类项目中有体育概念元素的项目个数、总投资占比都高于实施类项目(21%、24%与13.3%、13.7%)。其中涉体投资额占比最高的是滑雪,六个项目总投资约377.5亿元。

(2023-02-14)

体育项目

  浙江省公共服务"七优享"工程2023年重大项目(省级)共90个,总投资4779亿元,当年投资666亿元。其中,涉体项目12个,总投资225.6亿元,当年投资27.5亿元。另有市级项目5个,总投资21亿元,当年投资4.3亿元。总体看,体育项目占比不高、投资不大、思路不宽。有的设区的市竟然全域空白。体育人的融合发展理念,项目为王的意识,谋划项目的能力等,还有很大差距。

(2023-02-24)

乐观户外

  运动可以替代很多药物,但药物不能替代任何一项运动。近年来,美国人的户外运动消费需求还在增长。有几个数据表明:2021年,6岁及以上的美国人中有1.642亿人(占54%)至少参与过一次户外休闲运动;2020年3月以来,户外参与者基数增长了6.9%,65岁及以上老年人参与户外活动的增幅为16.8%,为增长最快的年龄组;通常,有孩子家庭的参与率明显高于没有孩子的成年人(46%~61%)。

(2023-03-27)

闲聊消费

促动消费,总是买车买房消费券的老套路。不是老套路不管用,但老套路常用,边际效用一定递减。消费兴旺,本质就是就业收入。从消费需求看,是供给和激发问题。就当前体育消费分析,全社会运动空间和时间的供给最关键。政策制度的核心是:有更多的体育场地设施,有更多的山地水域空域向体育开放。给体育一片天,还你满地消费,还有健康。

(2023-03-17)

潮动天下

浙江有"潮新闻",还可以有"潮运动"。"潮运动",大约就是当下年轻人喜欢的时尚运动方式,特点是青年主体,非大众、非主流,尤以小众年轻人在玩的运动项目为甚。各个时期有各个时期的"潮运动",如飞盘、潜水、壁球、滑雪、轮滑、滑板、溯溪、攀岩、自行车、棒垒球、赛艇、帆船帆板、水下曲棍球等,都曾为"潮运动"。"潮运动"可为大众运动。为"潮运动"开路搭台,是推动全民可持续健身特别是扩大青年健身人群的关键。

(2023-04-03)

田野之声

有赛事服务业主发声:一是希望政府部门有更开放的心态,多走出去看世界(赛事)。二是建议真正以跑者为中心,持续提升越野赛和道步道的建设水平。解读:(1)有关部门还不够开放。(2)我们的步道质量还有待提高。对来自市场企业的呼声,得有符合创新改革开放要求的有权部门回应。

(2023-04-14)

突出体育

从体育项目视角看,有许多被冠以体育之名的活动,并非真体育。比如,采茶比赛、挑担挑战、螃蟹赛跑等。是人的活动,必有体力付出,但不是所有产生体力付出的活动,都可冠名体育。群众体育或全民健身,是通过体育的运动项目来增强体质并促进健康的一种锻炼方式。在融合时代,人的活动方式能够融合结合,但不能混同。以专业论,群众体育不能搞成简单的群众活动。否则,体育就被庸俗化了。

(2023-04-23)

体育制造

最近,国家体育总局发布两个名单。其中,全国体育领域国家级"专精特新"企业共49家,浙江企业有7家,占14.28%。制造业单项冠军企业共9家,浙江的有3家,占33.33%。这说明,浙江的体育制造业是强的。这也表明,总局已关注到体育制造业在体育产业中的重要性。

(2023-05-07)

兰溪轮峰

兰溪轮峰车料有限公司,是刚刚公布的国家级体育领域"专精特新"企业,主产自行车链轮曲柄及变速器控制、后飞轮等。目前是中国最大的自行车传动系统生产企业,销量占全球25%,占国内市场30%。公司是捷安特、迪卡侬、崔克等知名自行车企业的合作伙伴,年产值约4亿元。原本以为,运动类自行车多为洋货,想不到其中许多重要配件也是国产。据说,浙江能够生产品牌车的多数零部件。问题是,啥时能整出几款叫得响的好车?

(2023-05-11)

场馆运营

这是个世界性难题,也事关体育产业未来。华南师范大学谭建湘教授认为:支撑体育消费的核心是高水平竞赛。场馆消费主要是观赏型、服务型消费。由赛事而场馆,由观赏而运营,场馆管理成为焦点。目前,存在四种场馆运营管理模式:第一种传统事业型;第二种事业企业双轨型;第三种委托运营型;第四种企业自主经营型。从未来看,本着专业人干专业事的理念,委托运营是方向。被委托方,可以是专业公司、企业、协会等。路径,可以是由场租式管理转向投资性运营。

(2023-05-20)

共创未来

在2023年中国体育产业峰会(厦门)上,有专家提出推动体育产业高质量发展的十个着力点:(1)健全完善体育市场的体制机制;(2)推动体育供给侧结构性改革;(3)培育壮大市场主体;(4)加速科技赋能体育;(5)打造多元消费场景;(6)对接重大发展战略;(7)提升体育装备制造水平;(8)做优做强人才队伍;(9)强化法治保障;(10)拓展多元资金渠道。

(2023-05-25)

体育博览

2023年(第40届)中国国际体育博览会在厦门开幕。浙江省参展企业369家,数量位居第一,占全部参展企业的23.54%。目前参与企业最多的是健身器材制造服务类。从高质量角度看,企业的品牌建设还有待提升。

(2023-05-26)

体育运营

长沙市谷山体育公园占地约240亩,由一个公园,一座健身馆,五片标准篮球场、八片标准网球场及部分户外运动设施组成。现由一家公司运营维护。负责人介绍了一些很独到的运营体会:(1)真正的健身不需要免费。因为吃饱饭后的健身,需要与之匹配的专业场地。这就需要市场力量介入维护。(2)社区体育服务不能止于设施。现在已有不少社区服务机构重视社群营销。如有商场酒店饭店理发店开张,借用一场成本不高的篮球赛来志喜。(3)营业性泳池必须打开一扇可以让家长看透游泳训练实况的"窗"。这可以大大提高客户转化率。(4)羽毛球场地得有18片才比较好运营。这规模一般的赛事就可以安排了。

(2023-06-28)

彩票数据

数据表明,2023年1—4月全国彩票销售同比增长49.3%,创五年来新高。有报道称,2021财年绝大多数国家和地区的彩票机构都创造了有史以来的最高销量。最新数据是,今年上半年浙江体彩销量143.62亿元,同比增幅80.81%,半年销量也创历史新高。专家分析,国内彩票销量与经济规模、人口规模尤其是外来人口数量呈正相关。需要关注的是,彩票销售的增长可能暗示存在某种程度的"口红效应"。

(2023-07-02)

亚运体彩

浙江体彩"迎亚运,动出彩"嘉年华活动在杭州大运河亚运公园启动。趁杭州亚运会东风,今年浙江体育彩票销量已突破200亿元。其中,亚运主题即开票省内销量逾3亿元。亚运会期间,中国体彩将开设足球、篮球两个项目赛事的竞猜活动。

(2023-09-08)

亚运消费

9月8日上午,西子湖畔启动亚运火炬接力,拱宸桥旁在开启迎亚运促消费活动。文旅部产业发展司、体育总局经济司主办的2023年文体旅融合促消费交流活动在杭州小河公园举行。融合,不是联合也不是合作。融合,是一体化。文体旅融合,其实就是"跟着赛事去旅行",就是"让旅行成为运动方式"。

(2023-09-08)

亚运旅游

火炬传递启动,标志着浙江全面进入杭州亚运时间。据大数据预测,亚运会期间外地游客量将超过2000万人次。省体育、文旅部门联合推出"看亚运游浙里"浙江十大亚运文体旅精品线路,全面启动"跟着赛事去旅行"活动。目标是:运动串联景点,体育赋能景区,赛事激发消费,亚运助力发展。

(2023-09-12)

黄龙急救

体育场馆人流大,紧急救护如何保障?今天,中国红十字会总会领导专程向黄龙体育中心授予"红十字示范救护站"牌子。这是全国公共体育场馆首家示范救护站。愿景是:有空间,有器材,有人员,有技能,有情况能急救。运动意外,"救"在身边。

(2023-09-24)

理理遗产

回味梳理杭州亚运,从大体育视角看遗产:(1)领袖倡导的"以体育促和平""以体育促团结""以体育促包容"的体育思想。(2)城市达成地对"办好一个会,提升一座城"的体育共识。(3)城市建成的各类基本完善的体育设施。(4)民众激发地对体育大赛运动项目的体育激情。(5)社会孕育地对现代体育多功能的体育认知。(6)赛时呈现的争金夺银勇于拼搏的体育精神。(7)赛场展示的活力四射激情昂扬的体育文化。(8)赛季留存的鲜明时尚简约现代的体育符号。(9)赛事磨炼的大型活动组织运营的体育人才。后亚运会时代的最大挑战是，如何变"遗产"为"资产"，推动体育持续赋能服务于浙江高质量发展。

(2023-10-11)

户外追风

2023年中国户外运动产业大会，在号称风花雪月的云南大理洱海举行。这是首届全国专题性运动产业聚会。目前，全国户外运动人数已逾4亿。越来越多的人热衷于"用脚步丈量万水千山，用激情体验春夏秋冬"的户外生活。户外运动，气象万千，风雅时尚，前景广阔。

(2023-10-27)

赛事经济

一场赛事，不止于户外运动赛事，要有经济味有产业味，必须想好四件事：一是想办啥赛事？即赛事项目选择；二是赛事准备办多长时间？即赛程谋划设计；三是想让谁来参与？即参与者甄选；四是有啥可供消费？即消费基础条件。办好赛事是社会系统工程，不能只有体育。

(2023-10-28)

户外趋势

《中国户外运动产业发展报告(2022—2023)》发布。它概括了户外运动产业政策持续发力，户外运动标准化建设快速推进，户外运动市场强劲增长，户外运动相关企业数量增加，"90后"成为最大参与群体，女性成为户外运动主力人群，各类户外运动精彩纷呈，户外运动场地设施加快建设，户外运动企业盈利能力不断增强，户外运动领域融资保持活跃等10个方面的发展态势。受限于统计基础，《报告》部分存在现象描述、数据不够扎实等局限，但中国户外运动及其产业现状仍可见一斑。

(2023-10-28)

骑行经济

骑行，看似自由自在、随风浪漫，其中也有经济。观察千岛湖骑行活动，感觉到骑行经济的星星点点：骑道和驿站建设，赛事组织及服务，骑行装备及配件，运动防护及美妆，运动住宿及饮食，骑行组织及交流，运动文化及娱乐，体育展示及传播等。专业公司，是骑行传播推广普及最有效的主体。

（2023-11-08）

洛克兄弟

没想到在偏远的磐安山区，会有一家集研发制造销售为一体的自行车企业。创办者是两兄弟，大学时爱骑行，早些年做贸易搞电商，也是捷安特的代理。2010年，兄弟携手成立洛克兄弟（ROCKBROS）公司，从零配件和用品着手，到自己制造自行车，据说年销售已近20亿元。现又开始涉足户外装备行业。浙江自行车行业，做零配件的多，造出整车的并不多。

（2023-11-15）

产业协作

据长三角体育产业协作秘书处统计研究，2021年长三角地区体育产业总规模12956.1亿元，占全国比重41.56%；体育产业增加值4371.8亿元，占全国比重35.7%，体育产业增加值占GDP的比重为1.58%，体育服务业增加值占体育产业增加值比重为64.24%。2019—2021年，该地区体育产业总规模、增加值年均增速分别为26.99%、14.05%，均高于全国平均增速。同期，该地区共有体育产业市场主体超过11.5万个。目前该地区共有28家体育企业在A股、港股及美股上市，其中浙江占12家，多为体育用品制造与销售企业。

（2023-11-17）

会展重启

时隔两年，长三角体育休闲博览会终于在金华重新开展。来自长三角三省一市的150余家企业和体育主管部门一起交流研讨，洽谈合作，共促体育产业高质量一体化发展。无论何种博览论坛，都是一个服务体育企业产业发展的平台。

（2023-11-17）

体育统计

浙江省体育局、统计局联合发布 2022 年体育产业统计数据：全省体育产业总产出 4648 亿元，增加值 1444 亿元，同比分别增长 8.8％、6.0％。体育产业增加值占全省 GDP 的比重为 1.86％。其中，体育制造业总产出 2978 亿元，增加值 693 亿元，占全省体育产业增加值的比重为 48.0％。体育服务业总产出 1540 亿元，增加值 726 亿元，占全省体育产业增加值的比重为 50.3％。

(2023-11-18)

共富体彩

"共富浙江"赛事助力篇，即开型体育彩票上市首发。浙江体彩将杭州马拉松、绍兴皮划艇水上马拉松、台州柴古唐斯括苍山越野赛、舟山群岛帆船跳岛拉力赛、横店马拉松、湖州环太湖国际公路自行车赛、"一带一路"中国宁波国际攀岩大师赛、衢州亚太汽车拉力锦标赛中国（龙游）拉力赛、杭州·国际网球名人赛等九个品牌赛事搬上彩票票面，旨在丰富彩票品类、助力赛事经济、支持地方发展。

(2023-11-20)

场馆难题

后亚运时代，体育场馆的持续运营备受关注。面临的难题主要是：(1)社会对体育场馆公益性的认知误区。(2)场地使用人群客观存在的朝夕起伏。(3)国有场馆市场化运营的内生动力和活力不足。(4)场馆多元化经营的道德风险。(5)人群集聚性活动的过度安保责任。(6)场馆综合开发、能耗减免等扶持政策中的玻璃门现象。(7)专业运营机构、人才的支撑能力。(8)体育场馆运动的社会文化缺失。体育场馆是群众的场馆，人文的场馆，产业的场馆，更是城市的场馆。解决问题，不在场馆，需要城市侧综合改革施策。显然，场馆运营方向只能是市场化、多元性、综合体。

(2023-11-23)

闲聊篮球

与老篮球专家聊大球振兴，说了四点：(1)篮球水平是靠赛事打出来的。关键是各年龄段要有有机衔接的金字塔形赛事体系架构，人人有球打、时时有赛比。(2)要让有文化的人来打球。毛主席说过"没有文化的军队是愚蠢的军队,而愚蠢的军队是不能战胜敌人的"。作为集体项目,篮球人要有脑子。(3)打好篮球,个人要有好的体能、好的技能,团队要有好的技战术配合、好的策略战略,两者缺一不可。(4)篮球教练要懂哲学。篮球强国需要浓厚的篮球文化支撑。训练、技战术的谋划,需要体现和养成篮球的哲学思维。

(2023-11-24)

器材运输

运动自行车究竟能不能带上高铁?今天,一位骑行了百余公里的骑手在高铁雁荡山站得到亲历答案。车站称:只要将车子收拾装袋,可以上。问题是,这位骑手没带袋子骑行,一时也找不到可装车的箱子,错过班车。看来,运动器材运输还不够便利化。建议:运动自行车无须拆装直接上车;各车站提供装车的袋子或箱子服务。

(2023-11-26)

龙舟消费

体育消费如何助力经济发展?杭州有历史案例:1050年,浙江闹饥荒,朝廷不济。时任杭州知州范仲淹出人意料地下令举办龙舟赛。因领导重视,赛事规模宏大、持续时间长。史载"自春至夏,居民空巷出游"。有钱人天天拖家带口去看龙舟,西湖边的茶楼饭馆客栈及小摊小贩生意火爆。事后,当年各地因饥荒死不少人,杭州受灾人数最少。众人不解,范仲淹笑称:来看龙舟赛的多为达官显贵,他们一人出游就可养活10个百姓。

(2023-12-08)

景区转型

《浙江省旅游景区转型提质行动计划(2023—2025年)》,值得体育人研读借鉴。但感觉在跳出传统的小文化及旅游视角,理念思路变革重构,业态场景创新重塑等方面,计划还有拓展空间。从"体育+旅游"角度看,无论景区转型还是旅游转型,还需更关注体育文化、运动元素、户外场景、赛事活动等,还可尝试"跟着赛事去旅行"与"变旅行为运动"并举共享。运动,一定是一种强体验、激活力的可助力景区提质的玩法。

(2023-12-26)

第三辑　体育场地探究

骑行绿道

　　千岛湖环湖骑行绿道,全长 150 公里。有骑行驿站服务,串通 15 个景区景点,130 个村庄,年接待 80 万游客。有业者打趣说:骑客远胜于钓客。钓鱼的,钓走湖鱼,留下垃圾,无住宿,少餐饮。最可恶的,钓上来的鱼又卖给淳安,带走了 GDP。

(2016-09-26)

畲乡绿道

　　景宁县城的绿道,沿大均溪延伸,全长 13.14 公里。趁假期体验了一把。蓝天白云下,青山绿水间,体育运动与旅游休闲相结合,自由自在,自得其乐。

(2016-10-05)

文化礼堂

　　文化礼堂叫文体礼堂更贴切。借全省推进会,参观了永嘉县三个村的文化礼堂。感觉户外健身广场和篮球场、门球场等,比礼堂本身更受用、更惠民,如基层文体干部所说:近年来群众体育设施是越建越缺,源于群众体育需求的喷发。

(2016-10-31)

体育用地

　　如何解决群众体育健身活动热情与体育活动场地稀缺之间的矛盾?从永嘉县滨江公园一带体育设施的布局和现状看,答案可能会是"三地三边三头":充分利用公园绿化地、社区边角地、建设闲置地,着力建设湖海边、江河边、道路边和村头、田头、门头的体育活动设施,努力丰富群众身边的公共体育服务供给。

(2016-11-01)

绿谷攀岩

　　松阳县民族中学攀岩馆的岩壁面积约 800 平方米,包括难度岩壁、速度岩壁、攀岩岩壁三个攀岩板块。一个山区小学校,有高大上的攀岩场馆,全靠该校的一位美女教练,有赖于国家登山运动管理中心的全力支持。

(2016-11-29)

龙港体育

苍南县龙港镇,号称"中国农民城"。农民城,不简单。农民城有大体育,更不简单。2016年,投资2.8亿元建成的龙港体育馆,总建筑面积4.15万平方米。体育馆集竞赛、训练健身、娱乐于一身,包括体育馆29319平方米,游泳馆12180平方米。体育馆拥有3800个座位,游泳馆拥有10条标准泳道650个座位。

(2017-02-03)

樱花大道

为传说中的樱花大道,走了不少冤枉路。毕竟功夫不负有心人,在复兴大桥南岸与樱花相遇。或许是季节关系,大道边的樱花已没有太多的粉黛。白白的花瓣,拥抱着一小撮还带有那么一点粉红的花蕊。红蓝色骑行道(慢行道)上的人流倒是五颜六色的,着实给樱花大道增了色。其中最靓的,还是奔跑中和骑行中的运动人。

(2017-04-02)

户外运动

易进入,低成本,受限小,大众化。户外运动是绿色体育、经济体育,也是农村体育、时尚体育,是普通体育、军事体育,是休闲体育、全域体育。浙江山水资源丰富,应当成为户外运动的天堂。

(2017-05-15)

体育工艺

体育工艺也叫体育设施工艺,包括体育建筑、体育设备等工艺,是体育场馆设施符合体育活动、赛事要求的方法和技术。它主要解决体育场馆建筑及其设施、设备与体育活动、赛事和运营开展的合规性、适宜性问题。体育场馆建设,不仅要美观、大气,更重要的是要便于和适于举办赛事,赛事后场馆的综合利用。

(2017-06-10)

宁海步道

　　花最少的钱,办最好的事。宁海县国家登山健身步道就是代表作。投入1000余万元,实现全县域环绕覆盖、标识标牌清晰的千里步道系统。值得点赞的是宁海提炼的步道建设方针:确保安全,坚持生态,减少人为,杜绝机械。一条步道连百村,越野千里霞客风。

(2017-06-21)

宁波赛车

　　占地1000余亩、投资逾10亿元的宁波梅山国际赛车场,雄姿初现,预计将于年内开场。据业主铭泰集团称,赛车场建成后,将举办系列国际级车赛,为丰富浙江体育赛事添彩。

(2017-06-24)

航空小镇

　　建德市寿昌的航空小镇,是国家第一批航空飞行营地示范工程。依托千岛湖通用机场,发展培育航空服务、航空旅游、航空运动和航空制造等产业。跳伞项目服务,每天可安排20余人体验。空中旅游也已开始运营。期待更多的运动项目落户小镇,引领我省航空运动产业。

(2017-08-31)

亚帆中心

　　投资7.6亿元的中国·浙江海洋运动中心(亚帆中心)项目在象山签约。项目落户象山县松兰山,包括比赛训练中心、水上运动基地和1000个泊位的港池等。建成后,这里将是2022年杭州亚运会帆船帆板项目比赛赛场,是浙江省帆船帆板运动的训练场,是发展海洋体育运动产业的基地。

(2017-09-16)

开放绿地

　　推动体育设施进公园、进绿地,一直找不到一个合适的概念来说服有关部门。"公园、绿地有保护,体育设施不便进",貌似冠冕堂皇。感谢规划专家支的高招:鼓励用"可进入绿地"取代"观赏性绿地",以激发街道社区与城市活力。绿地不仅要绿,还要多彩搞活。体育人当理直气壮、大张旗鼓、扎扎实实地把体育设施挤进公园、绿地,多建(改)有体育功能的开放性、混合性公园、绿地,让群众在家门口感受新时代的体育。

(2017-10-19)

登山步道

10月29日,国家体育总局领导对宁海"一条登山步道,造福一方百姓"的做法予以肯定。他说,登山健身步道建设,资源多、投入少、利用率高、容量大、便利性强,是全民健身的理想设施。要完善国家登山健身步道规划,建设国家步道系统。要通过步道把户外运动串联起来。将步道建设与房车、自驾车营地及山地滑板、攀岩、山地自行车等运动项目相结合。要培育山地户外运动俱乐部和企业,组织群众参与户外健身,带动产业链发展,实现可持续发展。要建立互联网大数据和人工智能服务系统,实现实时监测、数据上传。要围绕步道开展全民健身赛事,做到经常有赛事。要结合美丽乡村、体育特色小镇建设,为户外健身群众提供吃、住等服务。

(2017-11-02)

建德经验

建德市更楼街道盯上过境高速公路高架桥下的闲置地,建设农村体育设施,为全民健身占领空间。一来解决桥下空间脏乱差的问题,二来提升相应社区的体育文化品位。此举一箭双雕多赢,可以有。

(2017-12-02)

粮仓健身

龙游县全民健身中心,由十几栋旧粮仓简单改建,国资的体育发展公司管理,社会力量分项经营。20:00左右夜探,周边停车不少。各项目的热度不同,游泳、旱冰轮滑清淡,太极拳有练,乒乓球、羽毛球、台球尚好。场地档次质量一般,缺少的是职业教练。

(2017-12-08)

学习德国

据调查,德国西部城市约58%的体育休闲活动在非正式的体育空间进行,最受欢迎的是城市公园、森林、田园小径以及开放水域。海德堡市的经验是:通过规划和管理,在森林里建设用于徒步、跑步、自行车等运动的森林小径(连成网络,设置路标)。在农庄农田间建设用于徒步、跑步、滑轮、骑车等运动的田园小径。开放内陆河道,发展水上运动(船只需登记)。城市公园大部分面积要配置室外体育设施(小型篮球场、沙坑、体操杆、秋千等),并完全开放。海德堡这种变城市绿色空间为市民体育空间的做法,在保持原有生态及让市民受益的基础上,创设了一种可持续的城市体育模式。

(2018-01-07)

桥下空间

1月12日《浙江日报》第9版《万亩桥下空间将建公益设施》的小报道里有体育大文章。全省还有6146亩以上的公路、铁路桥下空间待利用。其中,建设群众性体育健身场所,值得全省体育部门高度关注,需抓紧谋划"占领"。

(2018-01-16)

临安滑雪

今天的临安大明山万松岭滑雪场还是冰天雪地。滑雪场建于2010年,有5000平方米嬉雪区和7万平方米初级滑雪区。据介绍,目前这里是全省最大的露天滑雪场,雪季一般为2.5个月,2017年接待滑雪14.9万人次,直接营收4000余万元,占大明山景区全年营收的50%。可见,浙江滑雪场的效益还是不错的。

(2018-02-07)

戴村步道

杭州市萧山区戴村利用良好的山地资源,嫁接1200余万元的林道建设资金,建成长度为80公里的标准国家登山健身步道。步道简洁、生态、自然,导视系统完善,将乡村景点串珠成链,为人们运动休闲提供了选择,也为郊野运动开展奠定了基础。

(2018-02-28)

景宁步道

入夜，疾步畲乡步道。这是我走过的弹性最好的县城步道。长约6公里，幅宽4米，每平方米铺设造价约160元，色彩艳丽且极富畲族特色。与原先的绿道不同，不再使用彩色沥青铺设路面，改用塑胶。路更软，更适应群众科学健身。什么叫以人民为中心？这就是。

（2018-03-05）

仙居绿道

仙居县规划了近500公里"叶脉型"城乡绿道，已建成70余公里，投资1.2亿元。绿道贯穿连接全域，既是生活通道、旅游通道，也是体育运动通道、全面小康通道。

（2018-03-08）

铁索栈道

铁索栈道即"飞拉达"，位于仙居县神仙居景区的这条高空攀岩体验道，由法国户外专家高宁设计。通过扶手、梯级、脚蹬、铁索及安全带等设施装备，让人安全体验在悬崖峭壁上行走舞蹈的感觉。项目一经推出，便得到市场响应。目前，业主已在谋划第二条线路。

（2018-03-09）

电竞小镇

中国（杭州）电竞数娱小镇，位于杭州市下城区石桥街道。已建成15万平方米的海蓝·国际电竞数娱中心，拟建万人电竞赛场。小镇以电竞产业为核心，赛事为重点，文化为支撑，发展电竞＋体育、＋动漫、＋影视、＋娱乐、＋文创、＋教育等业态。电竞小镇，正在学习探索中抢占先机，引领时尚，拓展电竞。

（2018-03-13）

帐篷营地

露营基地如何建？怎样减少占地？德清县莫干山久祺童路营地提供了一

个参考样本：利用山地，架空设置，不扯表层，客居、餐厅、淋浴、厕所均以帐篷方式解决。据说，这里客源不断，周末尤甚。

(2018-05-15)

单位坪效

单位坪效，或单位平效，是每坪（平方米）场地产生的效益。体育培训受限于场地及场馆的承载能力，从产业计，要算单位坪效。若撇开公益性，场馆利用、培训项目选择都需要计算比较市场盈利。有了"单位坪效"概念，场馆与场馆间的经营水平，项目与项目间的盈利能力，就有了比较的基础和坐标。

(2018-06-03)

长汀沙滩

云和县长汀村，原是偏僻的库区小村。跨库大桥通车后，村班子想办法投资130万元改善基础设施，花费100万元从福建购沙建设了山区独一无二的沙滩。2016年沙滩维护费收入110万元，去年又收入120万元。一堆沙，引来一群人。一群人，带活一个村。玩沙，可以玩出景观，玩出体育，玩出乡村振兴和致富奔小康的获得感。

(2018-06-09)

越野穿越

衢州市柯城森林运动小镇有了一条专业的汽车越野赛道——徐莫岩路赛道。全长38公里，有山谷、山脊和泥地、碎石等各种复杂地貌，难度系数较高。利用原有山地地形地质建设，投资少。据介绍，越野赛道体验性强产业链长，联通各个山地区块，已在周边产生了重要影响。

(2018-06-13)

骑行绿道

全省大花园建设工作动员部署会要求：加快建设一万里骑行绿道网。依托全省山脊、山谷、海岸、河流等自然廊道，结合各地特色文化，推进万里绿道网建设，重点建设由环杭州湾、环南太湖、沿钱塘江、沿瓯江、沿海防护林带等构成的"两环三横四纵"骑行绿道网，使之成为共享大花园建设成果的普惠线。

(2018-06-14)

开发步道

公益性的登山健身步道,如何发挥溢出效益?象山县茅洋乡白岩下村发动230户农户投资入股(户均8000元),在步道旁建设一条惊险刺激的玻璃栈道。试运行约一周,毛收入2.5万元。步道为藤,道上开花。这会不会是延展健身步道价值的一种有益探索,值得关注。

(2018-06-27)

海塘体育

世纪之交,浙江人民"砸锅卖铁"兴建的近1400公里标准海塘保障了沿海地区的安全。今天,人们希望海塘赋能运动健康。象山县提出利用200余公里海塘,沟通连线,并联成网,铺织沿海骑行步道网。一堤两用,多用综合,或许会是个创新的点。昔日,千里海塘御台风;今朝,沿海绿道助健身。

(2018-06-30)

健身设施

健身去哪儿?国家体育总局总结了"十个一批"的建设破解之道:一是建设一批健身步道。二是建设一批体育公园。三是建设一批社区健身中心。四是建设一批智能健身房。五是建设一批"双改"体育场馆。六是建设一批群众体育业余俱乐部。七是建设一批街边镶嵌式的健身点。八是建设一批商场、旧厂房改造的体育设施。九是建设一批共享健身服务平台。十是建设一批体育运动休闲综合体。

(2018-08-03)

设施建设

发展体育、全民健身,群众身边的体育场地设施是一个短板。设施咋建?总结全省各地做法,大体"套路"是"增、加、唤、变、争、嫁、换":(1)新建——放眼长远"增"设施,政府大手笔新建。(2)改建——改旧换新"加"设施,利用旧建筑改建。(3)创建——创新创业"唤"设施,依靠新理念创建。(4)共建——群策群力"变"设施,联合大社会共建。(5)插建——见缝插针"争"设施,社区绿化地插建。(6)借建——绿水青山"嫁"设施,依托好生态借建。(7)合建——引入民资"换"设施,制定合建新政策。

(2018-08-09)

公园盒子

感谢《钱江晚报》"两个共享健身房,命运为何不同"的疑问,赞赏杭州市江干区住建局、区文广新局对新鲜事物的包容。群众身边的健身设施少,我们是消极等待,还是积极创造?是扼杀创新,还是鼓励挖掘?共享健身房可不可以有?有专家是这么说的:支持社会力量增加体育等非基本的公共服务供给,满足人民多层次消费需求。非基本民生服务孕育着大市场大产业,要把这个富矿有效地挖掘出来。

(2018-08-15)

气膜场馆

黄龙体育中心新建设的气膜馆,4500余平方米的场地面积,投资约800万元。据说,每年的能耗在40万元左右。在场馆内,感觉通风良好,保温性也不错。临时建筑,看似是体育场馆建设的一种可行选择。

(2018-08-28)

野趣营地

南京市江宁区的野趣国际营地占地430亩,植被覆盖率80%,主要面向青少年提供户外运动、生存体验、自然博物、STEAM课程和幸福课堂五大主题课程。营地有运动湖泊、丛林穿越、足球棒球场、射箭场、体育馆、攀岩壁及小木屋、小食堂和玻璃房等设施。

(2018-08-30)

运动湖泊

运动场馆少,全民到哪儿去健身?上山入水,全域户外。浙江省十大运动休闲湖泊评选,在于向全社会推出水上运动的概念。江南清丽水乡,处处运动沙场。首批出炉的运动湖泊有淳安千岛湖、宁波东钱湖、杭州湘湖、衢州信安湖、绍兴瓜渚湖、泰顺飞云湖、嘉善汾湖、云和仙宫湖、湖州太湖、仙居永安溪。

(2018-09-16)

湖泊休闲

运动,让湖泊活起来。宁波市东钱湖湖泊休闲嘉年华项目有桨板瑜伽、龙舟、帆船、赛艇、皮艇、水上摩托艇、水上飞人及岸边露营、露天音乐会和餐饮等。湖泊运动休闲，生机勃发，极具产业味道。

（2018-09-18）

舟行之都

杭州，湖泊天下、水网密布、湿地遍野，发展都市水上运动条件优越。因缺乏相关的标准、设施和管理办法，居民无法下水游戏运动。近日，浙江大学联合杭州市河道管理相关部门，围绕"未来城市河道发展理念和水上运动标准制定研讨会"，迈开了水上运动和城市"联姻"的第一步。有人说，希望杭州成为"大航之洲"。我说，杭州要成为"舟行之都"。

（2018-09-30）

房车露营

一种是在露营的房车，一种是以车为房露营。这里显然是后者。这个正在建设的基地，借用一条岔道，以路为露营地的主要公共空间，房车沿路布设，离地架空搁置。不知此创意能否化解体育产业中的"土地困惑"？

（2018-10-01）

竹林骑行

在竹林中开出一条蜿蜒曲折起伏的小道，设置一些小障碍，设置几个小标识，奢华一点，再架设一座小木桥，这就是竹林骑行体验道了。设施不复杂，内容是关键。体育场地、场景的融合性很强，不必死死纠缠于土地。

（2018-10-01）

公园体育

国外的体育公园，可能更准确地应该叫公园体育。体育设施、体育活动进公园，好像没有那么复杂，一切都是天经地义。比如这个澳洲的 Lyne Park，可健身锻炼，可滑板玩耍，也有许多教练自备器材带着学生在练足球、橄榄球。草地可踢球，公园有体育。多么富有活力！

（2018-10-31）

他乡步道

新西兰箭镇(Arrow Town)是早期华人淘金的聚居地,如今成了具有完整的步道系统和户外运动设施的体育小镇。小镇的步道系统标识清晰,运动项目丰富。步道、骑行道及登山道等,生态、古朴、原装,少有特别的建设痕迹。在步道方面,我们存在的主要问题是过度建设,指示标识缺失。故道土路生态路,应当成为我们乡村步道系统的主体。

(2018-11-03)

泡泡小屋

看到泡泡屋,不觉眼前一亮。对户外运动爱好者来说,泡泡屋便捷、透明、光鲜、时尚。坐在家里就户外,躺在床上看星星。一家人住进这样的泡泡屋,一定能吸引眼球,也一定能泡出美美的文艺范。

(2018-11-06)

宁波动作

"新建小区按规模配套室内体育设施5‰的建设指标",这是宁波市政府加快体育设施建设的重要举措。解决城市群众健身场所的短板,一靠转变观念发展户外,二靠千方百计挤进公园,三靠深入挖潜开放场馆,四靠政策配套依法配建。

(2018-11-07)

攀岩公园

位于宁波市海曙区鄞江镇的鄞江攀岩公园,利用古采石场的岩壁资源打造而成,是以攀岩为主题、户外运动为主体的综合性体育公园。公园设有栈道式攀岩、自然式攀岩和标准人工岩壁攀岩等项目。亚洲攀岩锦标赛、国际攀岩大师赛等相继在这里举办。各地多有采石场,改建成攀岩设施,投入少见效快也时尚,利民便民可借鉴。

(2018-11-12)

一山多虎

据说,新西兰皇后镇的鲍勃峰山高坡陡,建了号称南半球最陡的天空缆车。登峰后,除可欣赏小镇全景及瓦卡蒂普湖外,还能参与滑板车、越野自行车、蹦极和跳伞等山地运动项目。

(2018-11-14)

宁波体科

在宁波市重竞技训练基地,科学运动的元素在增加。价值30余万元的人体整脊床,体姿体态评估、足底压力评估等都已装备到位。基地在服务运动训练的同时,可以服务群众,服务健身康复。

(2018-11-15)

马术马业

第二届国际马产业峰会在杭州召开,来自全国150家马术俱乐部300余位嘉宾及国际马业的大咖莅临。据说,目前全国大约有1802家马术俱乐部,6万余匹运动马。浙江有23家马术俱乐部,180余匹运动马。在马业快速发展的大背景下,浙江的马术赛事、马术培训、马术用品、马术表演、育马驯马、马匹贸易及马术运动场馆设施建设等业态逐渐呈现,并逐步走在全国前列。马不停蹄,马肥人壮,马到成功。与人民对美好生活的向往相适应,浙江马业的春天正在逐渐开启。

(2018-11-15)

村棒球场

在平湖市林埭镇徐家埭村俞家浜棒球场举行的小鹿联盟第三届秋季棒球联赛,引来江浙沪14家俱乐部的24支球队、300余名队员。村里建时尚棒球场的理由:村子毗邻有一定棒球基础的上海。周边有众多日本客商喜爱棒球休闲。市里已有六所小学将棒球纳入体育课程。希望把体育作为村文化特色品牌进行打造。小村庄建棒球场启示:运动需要训练比赛的场所。城里有的,农村也要有。城里没有的,农村也可以有。体育不仅给村里带来精彩的赛事,更有农业的增效、农民的增收。

(2018-11-19)

帆船基地

还在建设中的海口国家帆船基地公共码头,总泊位610个。码头由原中石化5000T油码头改扩建而成,也算是从二产转而三产。预计将开展帆船帆板运动项目,并提供海上观光,包括游艇观光、摩托艇、皮划艇及冲浪板体验等体育休闲项目。

(2018-11-20)

室内滑雪

"看雪不再飞北方","喜欢公园在楼下"。位于广州市花都区的万达(融创)滑雪场,建筑面积7.5万平方米,设4条滑雪道(雪橇滑道、中级滑道、初级滑道和初学者滑道),滑道最大落差66米,最大坡度21°,初级滑道长460米。这是个大体量的体育产业综合体。除滑雪外,还有戏水、体育乐园及商业中心等项目。

(2018-12-12)

亚运场馆

2022年第19届亚运会将在杭州举行。杭州奥体中心区块,亚运场馆、亚运村建设正抓紧进行。亚运会仅仅是一个短时段赛事。对于城市而言,亚运会就是一次赋能发展、转型升级的机会。体育之于城市,有政治、经济、生态,更有精神、文化、活力。

(2018-12-17)

梅山沙滩

全长1.88公里,位于宁波市北仑区,系人造沙滩。2018年7月16日试开放,半年游客65万人次,最高日客流(10月2日)4.6万人次。其中体育元素有游泳戏水,水上运动,沙滩排球,房车露营及海钓等。发达地区,交通便捷,人流密集,必定有助于"北仑港"转型"北仑体育"。

(2019-01-23)

街头篮球

一堵墙面,一个篮筐,就可办体育。一只篮球,几个"球员",就可锻炼。体育就那么简单、单纯。看到龙泉市城区一家三口,兴致勃勃地在巷口整"街头篮球",我就想:打篮球并非一定得室内、整场。街头巷尾,社区边角,公园绿地,随时随地,便捷便民。群众基础好了,竞技水平自然会强。篮球框架子多了，运动自然普及。建设群众身边的体育设施，也可以有新的思路。

(2019-02-07)

骑客驿站

千岛湖的骑行客流达到 120 万人次/年，得益于环境，得益于绕湖骑行道建设，也得益于骑行驿站的运营。这里的驿站大多依骑行道布局，大多利用公路、林业、水利和村集体的老房子改建而成，大多租赁给专业人士经营，大多有吃饭住宿交流及骑行等相关服务。驿站的装修也有浓厚的骑行风，价格实惠。

(2019-03-20)

小路大道

一条绿道，或许能改变一座城市。有专家总结了绿道建设的七大功效：改变城市格局，放大活动半径，沟通美丽乡村，提升生活品质，增强区域活力，彰显文明气息，培育运动产业。以绿道为藤，藤上再结好瓜果，更多地设置各类体育场地设施，需要城市建设者的远见卓识。小路大道，勾画的是一幅从"绿水青山"通向"金山银山"的美好蓝图。

(2019-04-05)

室内冰雪

挪威奥斯陆市郊有一家在建的冰雪运动综合体，叫 SNO。由地产商投入约合 10 亿元建设资金。馆内设室内高山滑雪、越野滑雪、现代冬季两项等运动项目。由图片推测，场馆内空间并不特别高，越野滑雪道是架空设置，也不特别复杂。可借鉴的是，在既定能耗条件下室内空间的最充分利用。

(2019-05-27)

旧厂改造

生产静电除尘设备的老厂房，改造变身为健身房。金华市婺城区 74 岁的蒋总说：厂房原先出租，纠纷不断。因儿子喜欢体育，周边也没多少活动设施，就投资改建了。我要办群众愿意来、项目最齐全的体育综合体。我准备五年不赚钱，大家来锻炼，我就高兴。纠结的是，退二进三过程中因为历史原因，网上办证麻烦。希望政府能够支持。目前，健身及篮球、乒乓球、羽毛球等场地已基本到位，还在谋划其他配套设施。

(2019-05-30)

温州桥下

　　体育场地缺,桥下找空间。温州市鹿城区在七都大桥下,利用桥下空间建设2.7万平方米的体育综合公园。公园有篮球、羽毛球、足球等项目场地,政府规划协调建设,由体育企业运营管理,向社会提供培训、赛事和活动组织等服务。这种场地设施所有权、经营权相对分离的做法,走得快、行得通。

（2019-06-12）

俯瞰横店

　　托福长三角运动休闲体验季,乘机升空观光"东方好莱坞"。空中俯瞰明清宫、秦王宫、圆明新园等,别有一番风景。横店通用机场已经通航,今天自德清飞来的五位旅客刚刚落地。横店有家航空体育运动培训学校,航空跳伞、三角翼飞行等运动项目也已入驻机场。

（2019-06-15）

体育公园

　　近期,全省各地建设体育公园成为新时尚。江山虎山运动公园开建,占地402亩,总投资15亿元,包括体育中心、体育公园两项内容。北仑青年体育公园建成,占地3.8万平方米,有11个篮球场、一个8人制足球场、三个5人制足球场、5米宽环形跑道及配套设施。海宁学林体育公园建成,占地6000平方米,有塑胶跑道、两个网球场、一个5人制笼式足球场、一个标准篮球场和六个篮球训练场等。

（2019-07-09）

河道赛道

　　日本重视体育产业。2012年,成立日本体育观光推进机构(JSTA)。2017年,提出体育文化旅游口号。东京早稻田大学原田宗彦教授说:"体育可以将自然资源很好地利用起来,创造新的消费需求。比如一条河流,没有皮筏赛事它只是一条河而已。"依此,一个湖泊,没有水上运动赛事它只是一个湖泊而已;一条道路,没有马拉松赛事它只是一条道路而已;一座青山,没有户外运动它只是一座山而已;一个场馆,没有足球赛事它只是一个建筑而已。河道变赛道,绿道变跑道,广场变赛场。一个"变"字,道出了体育赋能的秘密。

（2019-07-18）

冰场这事

目前,浙江共有九家冰场,杭州有七家。看了世纪星、喜悦两家,大体情况:都开在商场,与商场相互引流,生意尚好;冰场面积不小,1200~1450平方米;通过冰场送教送器材到校,冰雪运动进校园已有突破;都开展冰球、花样滑冰等项目;冰上运动人数增加不慢,冰场有通过花样滑冰国家等级测试者,2018年两人,今年23人;通过俱乐部,组建了数支青少年冰球队并与外地球队有交流;不计场地、人工服务、管理等成本,每个冰场投入在1000万元左右。

(2019-07-22)

抗台一线

台风"利奇马"已远去,受灾地区还在忙碌。不是眼见,很难相信有那么大的损失。在永嘉县楠溪江,总投资4000万元的航空飞行营地,三角翼飞行器、伞包装备及草坪、游艇、码头等损失逾800万元,影响开业。投资2000万元的房车基地,损失几乎是毁灭性。已经营6年、投资1000万元的露营基地,组织几十人已清理9天,还不见样子。航空模型飞行营地里的草坪及已建跑道被毁,正在抢修重建,迎接9月6日中国国际飞行器设计挑战赛(温州站)。在乐清,温州市水上运动中心900平方米码头被冲走,8000平方米架空层淤泥淤积20厘米,损失220万元。大荆镇分管镇长说,这几天镇里来不及清理,单被淹汽车损失达六亿多元,全镇损失约30亿元。接待60%雁荡山漂流游客的五虎山龙溪漂流起漂点设施毁损损失70余万元。当地人说:这次台风带来的雨太暴、风太大,这辈子没见过。水边很多场地设施几乎被冲毁,公路沥青被剥光。死掉的树还站着,许多活着的树却被冲倒了。

(2019-08-20)

丽水山系

有从事汽车越野运动的专业人士说,要为丽水谋划打造"丽水山路"的区域品牌。如果既有的"丽水山耕"负责的是山区农产品的市场化,"丽水山居"负责的是山区农居的市场化的话,那么"丽水山路"可以负责山区农村各类闲置道路的市场化、运动化。通过"丽水山路",引流更多喜爱山地越野的人车进入丽水,既推动运动又助力发展。这是大好事!过"丽水山路",吃"丽水山耕",住"丽水山居",这不就是实现"绿水青山就是金山银山"的现实路径之一吗?

(2019-08-11)

攀林公园

望文生义,攀林就是利用绳索、铁链等各种设施在森林里开展的各类攀爬穿越运动,大体就是我们常见的森林穿越。近年来,神仙居景区重视"体育+旅游"的融合,一批登山、高空扁带、攀岩等体育项目和赛事进景区。日前景区投入1000万元打造攀林公园项目,包括巨石训练区、成年飞拉达、青少年飞拉达、瀑降和湖上休闲活动等,项目一期已建成开放。2018年,景区旅游人次215万,比未举办体育赛事前同比增长13.7%,外籍游客旅游人次5万、增长率32.5%。增加景区的体育元素,或可为旅游景区的转型升级辟出一条新路。

(2019-09-13)

首钢转型

2008年北京奥运会后,首钢独守孤寂。2022年北京冬奥会申办成功,给十里钢城带来新生机。2016年冬奥组委入驻首钢。2018年6月首钢正式成为冬残奥会官方合作伙伴。现在,钢城转型为首钢园运动中心。原先的原材料堆场现在是冬奥组委办公地,3号高炉改成发布会场地,除尘器车间变身星巴克,冷却池转身为秀鱼池。厂区内架空工业烟囱及通廊变成了空中步道系统,巨大的冷却塔将被改造成为礼堂或多功能厅等。国家冬季运动训练中心也落户精煤车间,集中布局了短道速滑、花样滑冰、冰壶、冰球等4个冰上项目训练场。据介绍,仅2.91平方公里的北区总投资将达到238亿元,目标是打造中国城市复兴的新地标。

(2019-09-24)

台阶问题

看到《公园适老,台阶一级不能少》一文,有点惊讶。认真查询了住房和城乡建设部发布的《公园设计规范》(GB 51192—2016),还真有如此规定:公园主路不应设台阶;梯道台阶踏步数不应少于二级。早上游走身边公园,发现还有不少的"公园一级台阶"存在。高差不足二级台阶时咋办?专家意见,应按坡道设置。从走路健身安全的角度，无论是公园主路，还是健身步道绿道，走坡道的体验感要比走台阶的体验感好。多些坡道设计，省心也省钱。

（2019-10-16）

后岸体育

天台县街头镇后岸村，在建设美丽乡村过程中，不忘体育。在村头花园里建起有4片气排球场、1片门球场的村体育馆和1片室外灯光篮球场、1个卡丁车场，还把传统的武术元素突显出来。体育既彰显了村庄活力，也大大丰富了村庄旅游的项目内容。

（2019-11-08）

勇峰骑行

建德市乾潭镇的陈建军，自2015年起由床寝用品生产转行骑行服务，累计投入近2000万元改建骑行驿站、建设山地自行车公园。其中自行车公园有黑线、蓝线、绿线等10余公里线路，最高落差700余米。驿站有30多个房间，设4条自行车泵道。据说，是驿站养公园，驿站生意不错。

（2019-11-09）

步道问题

针对眼下步道建设热，有权威人士指出要警惕四大问题：(1)健身步道不健身。步道运动强度、运动保护、运动指导不够。(2)休闲步道不休闲。人行、车行混搭，有安全隐患。(3)功能单一无产业。只有行走的功能，缺乏步道产业基础设施配套和功能集成。(4)以建代找难为继。过度侧重于建设，不注重寻找、挖掘和发现。步道除部分连接步道外，最多的应该是景观步道和历史文化古道。

（2019-11-22）

泳池深浅

有经营游泳培训业者反映，游泳池建设存在用途不清导致资源浪费问题。如培训用的游泳池，就不需要像赛事池那么深。池建深了，池底还得垫一层。因培训人头多，泳池的更衣喷淋龙头反倒要比赛事时用得要多一些。泳池的深度应因用途不同而异。在体育场馆建设中，如何让建设者和使用者早对接、早融合是个效能大问题。

(2019-12-05)

洞穴攀岩

位于浙江千里岗山脉衢州市衢江区段的两头洞攀岩场，被业内人士誉为中国少见的全天候自然岩壁攀岩场。溶洞长 100 余米宽 20 余米高 60 余米，洞内岩壁类型丰富，现有各种难度系数的攀岩线路 50 余条。2019 年中国户外极限运动公开赛自然岩壁攀岩总决赛就在这里举行。

(2019-12-28)

潘火体育

宁波市鄞州区利用城市高架桥下空间添建体育场地设施，走出一条好路。潘火体育公园就建在长约 1 公里高架桥下，近万平方米桥下空间，设有 1 个轮滑场、2 片笼式足球、10 片羽毛球、17 片半场篮球场和 1 个群众广场舞场地。羽航体育参与政府公开招标取得 20 年使用权，要求一次性设施建设投入不少于 600 多万元。政府出空间搞体育，既解决居民身边体育设施不足，又减少城市高架桥下管理维护投入。体育企业则得到宝贵的体育训练经营场地。这是市场导向解决公共体育服务问题的好案例。

(2020-03-19)

小路大道

近年来越来越多的地方开始重视步道建设。为什么？小步道里有大文章。(1)步道串联山水。步道，可以低成本串联贯通区域内的山水景观、景区景点、古道村落、人文历史等，整合出新。(2)步道激活资源。山区还有不少沉寂的自然资源、历史遗产等有待唤醒。如乡村公路可转型为乡村骑行道，林区防火道可变身越野探险道。(3)步道推动健身。全民健身，除体育场馆设施外，对户外运动场地的需求日益剧增。建设群众身边的慢行步道系统，可连接城乡引流运动人群，发展"全域运动"。(4)步道助力发展。实践表明：步道承载着新的生活方式，步道里面有经济。步道可展示自然生态景致，畅通农产品出山进城，支持区域绿色发展，拉动户外运动消费，促进体育交流。(5)步道涵养文明。步道，不仅是一条小道小路，它集旅游休闲、运动健身、自然教育、村落文化及生活方式重构等于一体，是一套全新的公共服务体系。

(2020-03-30)

探索营地

　　浦江县越野吧探索营地,是2019年由杭坪镇16个村共同投资600余万元,利用山谷废弃采石场建成。目前有飞拉达、高空索桥、攀岩、悬崖速降、露营及露天蹦床等6个项目。引进专业户外公司管理团队,主要服务于企业团建、工会疗休养、亲子研学、义乌客流等,半年时间近200万人流,200万元营收。现正在谋划二期项目,包括航空运动、水上运动、露营基地等。这又是一个"运动振兴乡村"的案例。

（2020-04-09）

奉化步道

　　2014年10月,宁波市奉化区开始建设户外健身步道。2015年,该区启动三年步道建设规划,迄今里程达963公里。奉化步道贯穿全域,主要由一条经过40余个村庄、20余个山峰的长约202公里主线,和一条长约75公里辅线组成。步道类型包括,原始土石路(50%)、古道(30%～40%)、机耕路及少部分的公路和村道,部分城区景观路段、绿道也纳入其中。据介绍,奉化步道建设促进了全域户外徒步、越野跑、骑行等运动项目开展,推动了全民健身。

（2020-04-17）

城北公园

　　谷雨时节,北骑十里,误入杭州城北体育公园。公园比较大,占地45万平方米,有体育培训、游泳、门球、水上运动等设施。最大特点是,和人防应急避难等功能相融合。公园里体育场馆设施不少,有水面,绿化面积也大,但公园味还是浓于体育味,室外各类球场似乎可以布局更多,现代色彩及体育运动标识还显落后。

（2020-04-22）

蜗牛营地

　　探访坐落于杭州市西溪湿地的房车营地。该营地主营房车销售租赁、房车露营旅游、房车管理、营地活动、营地婚纱摄影和婚礼策划等。据介绍,近期房车销售增长20%～30%。客户群体以50～70岁的高中收入人群为主,主打50万元左右的国产房车。往年暑期旺季,营地房车保持40%出租率。惊奇的是,营地内有五组家庭全年常住房车。总体而言,限于营地及网络建设滞后,房车尚属小众消费,但前景看好。

(2020-04-28)

一路多带

今天,在全线贯通的衢州市美丽沿江公路上骑行了一把。美丽沿江路,不仅是活力风光带、绿色生态带、产业聚集带,更是很好的运动休闲带。这条长215公里的新通道,一头连着城市崛起,一头接着乡村振兴,覆盖衢州约1000平方公里的区域,勾连20余个景区、60多个村庄。沿江路有了,可不可以谋划谋划衢州山上的步道,再整出一条登山健身的山路?

(2020-04-30)

户外径山

周末骑行余杭径山,有路有花有景。骑友介绍,当地正致力打造全域5A级景区。闲骑半天,感觉这里更像是一个巨大的城市郊野体育公园。双溪绿道两旁,有骑行者、跑步者、烧烤者、露营者、漂流者,还有更多的游戏者。倘若植入更多的体育项目、户外运动设施,从全域景区走向全域户外、全域运动,借以服务杭州、服务青年、服务未来,前景看好。

(2020-05-15)

金顶飞行

在德清县莫干山镇与杭州市余杭区黄湖镇接壤的王位山顶,有号称浙江省起飞场、降落场面积最大的滑翔伞飞行场地。山顶上建有2片起飞场,一片飞向余杭,一片飞往德清。业内人士说,这是个全风向场地,上山道路顺畅,还设有直升机停机坪。目前,飞行的培训、体验等项目均已展开。

(2020-05-21)

桐洲户外

钱塘江上,杭州市富阳区、桐庐县交界处的桐洲岛,是个户外运动项目比较聚集的区域。4平方公里岛域内,现有皮划艇、帆船、动力伞、骑行、步行、马术、露营、房车等多个时尚运动项目,结合小岛树林、耕地、草地等资源,还可开展团建及野外烧烤、水果采摘等活动。周末时节,各个场地人头攒动。让更多人走出来，动起来、嗨起来，不仅是体育运动，更是健康快乐。

（2020-05-24）

浙南冰雪

温州引进社会力量，创造性地在国有污水处理厂顶部建设冰雪运动中心。项目面积约 37 亩，由民间资本投资，拥有 27 年经营使用权，每年上交少量土地租金。目测中心室内近万平方米冰场、雪道和冰壶道等开始制冰，服务用房还在装修，外围游乐园和停车场雏形初现，预计 7 月开放。

（2020-06-04）

屋顶足球

在温州，同样是污水处理厂屋顶，国有城投公司投资兴建了一片 11 人制足球场和一个近千平方米室内气膜馆。场地由民企瓯雁足球俱乐部承包运营，主营足球培训、赛事等。污水厂嫁接足球场，也算是富有想象力。

（2020-06-04）

运动高山

若干年前，我曾在遂昌县高坪桃源尖看杜鹃，留下《万亩杜鹃红遍天》的赞叹。时过境迁，再次来到龙游庙下绿葱湖眺望桃源尖，才知道这片杜鹃花海的主体在龙游。为咬住杜鹃，龙游大手笔投入，架设高差 897 米、全长 3 公里的缆车，铺建高标准游步道，开发六春湖。以此为基础，谋划打造以嬉雪滑雪、星空帐篷、丛林探险等内容的高山运动休闲小镇。期待这片绿水青山花海，成就运动休闲乐园。

（2020-07-29）

楼塔篮球

"巴西的足球，楼塔的篮球。"看到这句话，就觉得杭州市萧山区楼塔镇的篮球真是牛。一个 2.5 万人的江南小镇，有 43 片标准篮球场，其中灯光球场 32 个。12 个行政村，村村都有标准灯光球场。农家院里，篮架篮筐随处可见，成为时尚。男女老少，走亲访友，讲究以球会友，流行拿球说话。据说，该镇已连续 9 届拿下萧山区运动会篮球项目的冠军。真不愧为"篮球之乡"。

（2020-08-04）

龙游步道

2018年起,龙游县投资三千万元建设百公里的国家登山健身步道,终于见效。在龙山段,聊起建设的难,参与者说:其一规划线路走向时的探路,无路可走要走出路,断头路要通道。其二建设期间的群众工作,建步道没有政策处理费用。其三相关建设材料及工具器械上山,人工成本高。接下来,山上步道的维护也是难题。

(2020-08-05)

壶镇体育

深入其中,发现缙云县壶镇镇域的群众体育设施真不错。据称,该镇布有4个社区运动中心,之间通过绿道步道勾连,村村都建有篮球羽毛球气排球场。苍山村通过农户入股投资300万元,建成拥有1片小足球场、1个网球场、1个篮球训练场、3片羽毛球场及1片综合训练场的乡村体育综合体。其中,部分出租运营,部分免费开放。

(2020-09-21)

天路探堵

"堵是正常的,不堵来干什么呢?""许多人就是冲着堵车来的,这里的堵是一种景观。""一条皖南川藏线,激活了沿线四县乡村振兴。"有记者到安徽宁国体验这里的秋堵后,说:真切地感受到了一条山区小路对乡村振兴带来的巨大作用。原先路沿线都很穷,路上一年也见不了几辆车。约6年前,这条路几乎一夜蹿红。"现在过往的车过万,把村里的民宿推动起来了。"红板桥村村主任介绍:现在全村有50多家民宿,外出打工年轻人也开始回乡。有车流,当然"添堵"。但有风景,堵也可以接受。小路大道,浙江有先例,皖南也有案例。

(2020-11-15)

"水上丽水"

一直认为,丽水体育产业的最大发展平台在山地,最有活力平台在水上。左右拥城的南明湖,如何从简单的市民休闲健身的小步道升级为水上运动赛事活动的大舞台?从2020年全国皮划艇静水锦标赛中可以得到许多启示。18个项目、23支队伍、687人、719条艇,算是专业大赛。以在建的水上运动中心基地为龙头,推而广之建设面向社会开放、面向运动体验的国民水上运动中心,支持组建各类水上运动俱乐部,水上运动项目进学校,把引进专业赛事和开展群众性活动结合起来,有助于调动全民健身热情和推动体育产业发展。长远看,也可以有以南明湖为龙头、多项目组合的瓯江水上运动带。

(2020-11-18)

体育设施

场馆设施是一切体育的基础和舞台。从高质量现代化发展角度看,浙江省未来的主要任务是增加体育设施有效供给,加快提高体育设施质量。(1)消灭标志性体育设施的空白县。(2)加快提高全省人均体育场地设施面积。(3)注重运动项目专用场地建设。(4)推动多元化运动场地设施建设。(5)发展普及体育文化专用设施。

(2020-12-07)

步道调研

全省体育局局长会议结束,奔袭170公里调研奉化步道。在笔架山步道偶遇三伙步行者,搭讪聊天:你们哪里走过来?答:山后面,已走了两小时。你们穿那么多衣服不热吗?问:你们工作日怎么有时间爬山?答:哈哈,我们的工作就是爬山。问:你们在山里走步道会不会迷路?答:迷啥路?我们都是本地的。看来,步道的规范建设,至少为本地居民拓展了健身锻炼交流的平台和场所。

(2021-01-19)

解码奉化

2014年,奉化启动建设步道。当年以奖代补的标准是一类步道(新建)1万元/公里,二类步道(新建+借道)0.5万元/公里,三类步道(维护+修复)0.2万元/公里。3年时间,以财政补助10万~20万元、乡镇村筹资2000万元左右,基本建成963.5公里全域步道网。在延展提升步道系统的同时,通过第三方评估、宣传利用、经费补助等方式做好步道日常维护(年投入60万元),形成步道建设、使用、管理闭环。

(2021-01-20)

他乡游泳

有泳界朋友在广西柳州市滨江东路溜达,发现江中有不少漂浮平台。据岸边保安介绍,这是给江中游泳的人歇息用的,平台四周装有上台的铁扶手,方便上下。在柳江,哪儿都可以下水游泳。江上不禁游,还设置了专用的游泳小平台,多么休闲的城市,多么暖心的细节。朋友问:你知道浙江有几条可以让市民自由游泳的河流?我被问住了。

(2021-02-24)

三邻体育

上海市三邻桥曾经是一家保温瓶胆厂,因体育文化的植入,老厂房重获新生,成为周边居民"发展体育爱好,保持身体活力,体验运动魅力"的平台。入场运动项目有健身、篮球、少儿运动培训、潜水、智能高尔夫、马术、搏击、攀岩、跑酷、轮滑等。这是老厂房变身体育综合体的案例。

(2021-03-31)

草地足球

晨起,1片草地为场,2棵小树做门,3口之家绕着足球动起来,就是一段美好的运动时光。其实运动并不复杂,也不需要长期准备,玩起来就是活动,有强度的活动就是运动。从体育视角看,房前屋后、田头地角都是可运动的场地。

(2021-05-01)

跑者驿站

很多城市健身步道旁建有很漂亮的跑者驿站,里面有卫生间、淋浴房、书吧等设施。但建设易开门难。谁来管理?对谁开放?如何开放?逻辑不明,终归虎头蛇尾,如花瓶摆设。跑者驿站须服务路跑,为跑者而立才可持续。

(2021-06-18)

古道蛇舞

为"环浙步道"系统建设,身入江山、遂昌交界的深山古道探究。这段石砌山路,是先民往来的古道。今天,它应该成为富裕起来的人们的休闲体验道、喜欢户外的人们的运动越野道,也可以成为山区百姓加快发展的乡村振兴道。当地政府和村民的觉醒觉悟,增添了我们打造一个人与自然和谐共处共生的"山上运动空间"的信心。

(2021-07-31)

体育面积

人均体育场地面积,是衡量区域体育事业发展水平的一个重要指标。数字指标除数量概念外,还应有质量内涵。从单纯"有没有""多不多"角度看,人均体育场地面积有比没有的好、多比少的强。但若从"好不好"角度细究,至少可以从室内体育场地面积的占比、器械体育场地面积的占比、时尚体育场地面积的占比等细化指标方向深化衡量。自然,体育场地面积最终得为百姓运动健身服务,其核心质效是在"有""多""好"的基础上的场地开放使用率。这个问题,在高水平现代化体育强省框架下,值得深思。

(2021-08-14)

丽水山路

山路,终于纳入山区生态产品品牌建设体系。这是丽水市委《关于全面推进生态产品价值实现机制示范区建设的决定》透露的好消息。作为相对闲置的山区资源,山路多且长,纵横交错、遍布山野。从户外运动视角看,山路是生态步道,是运动天堂,更是打开山野,串联山岭山景溪沟河流的经脉通道。"丽水山路",恰为环浙步道的重要节点,值得路人期待。

(2021-08-31)

丽水水路

绿水青山如何转化为运动的金山银山?答案是:打造长三角全域户外运动天堂。目前,"丽水山路"品牌正在发力,"丽水水路"也蓄势待发。在市区南明湖畔,占地50余亩、投资约6.5亿元的市水上运动中心已初现规模。这是一个以水上运动为牵引的体育综合体。期待它牵引出一个充满运动活力的南明湖、一座充满体育魅力的丽水城。

(2021-10-04)

足球场地

　　陪同北京专家督查调研社会足球场地。为啥我们总踢不好足球,还搞不太清。但从场地设施看,专家点醒了不少:(1)场地建设,球场少、标准球场少。(2)场地维护,有的场地缺乏日常维护。(3)场地运营,市场化社会化运营主体少,利用率差。社会力量是最亲民、最高效的力量,但我们缺少吸引市场参与球场建设的政策。

(2021-10-15)

老景新观

　　云和县浮云溪上新建了一条步道。从前,人们都在溪左边公路上行走,留在脑际的是一路疲惫的老风景。建了新步道,可以从溪右边看"新世界",也有了许多新发现。山水依旧,人文依然,但视角一变天地新。这也算是步道建设的特别赋能。

(2021-10-17)

亚运公园

　　位于杭州市拱墅区的综合性城市体育公园——亚运公园,是杭州亚运会曲棍球、乒乓球、霹雳舞比赛场地,也是目前建得比较认真的全民健身公园。公园设施集中诸多时尚运动项目,呈现了运动无障碍,适合青少年体育活动等特点。其中的露营地设置,值得关注。

(2021-10-25)

公园建设

　　10月29日上午,国家发展改革委在北京召开推进体育公园建设专题新闻发布会,我们已在杭州西部的大径山地区为"环浙步道"建设寻点探路。体育公园,当然也包括山地步道网。若一个区域的步道系统能够容纳除登山、越野外更多种类户外运动项目,如骑行、速降、露营、越野车、溯溪、攀岩等,那就是真正的体育公园了。

(2021-10-29)

绿色公园

国家发展改革委等七部门印发《关于推进体育公园建设的指导意见》，有"三个是、三个不是"的导向：一是支持建设把绿色作为鲜明底色的体育公园，不是钢筋水泥堆砌的体育公园；二是支持建设与自然生态融为一体的开敞式的体育公园，不是体育场馆聚合在一起的封闭式的体育公园；三是支持建设健身设施有机嵌入绿色空间的体育公园，不是健身设施过度侵占绿色空间的体育公园。

（2021-10-30）

河道体育

见到一篇2018年的网文《日本足球为什么比中国足球强，几张卫星照片告诉你答案》，说得真好。核心观点是，运动场地严重不足是制约足球发展的原因之一。日本的做法是：(1)大规模利用城市河道两边的用地，包括绿地、滩涂地等。(2)在河道两岸集中规模建设足球场、篮球场、棒球场等体育场地设施。(3)建设的体育场地设施不需要都很奢华，平整的泥地照样可以踢球玩体育。体育场地缺失，不是没办法，而是我们的观念陈旧，有些政策制度设置落后。找出这几张卫星图片看看，值得我们反思的东西还真有很多。

（2021-11-17）

海天文体

这是一个由民企海天集团投入1.6亿元建成的文体中心，坐落于宁波市北仑区小港街道，占地70亩，建筑面积3万平方米，设有足球、篮球、羽毛球、网球、乒乓球、健身房等各式场馆，环馆跑道以及小影院小剧场等文体设施。其模式是政府出地、企业投入、公益开放、市场运营。

（2021-11-19）

咸祥飞行

昔日象山湾海边的造船厂，如今被"装修"成为一个航空飞行营地。营地设有飞行跑道，BOX亲子房，以及大片可露营的花草地。营地现主打航空运动培训、航空航海模型训练、青少年科技体育和汽车露营等时尚体育项目。

（2021-11-20）

运动绿地

为增加城市体育设施,公共管理部门绞尽脑汁。倡导体育设施进公园,建设体育公园、体育综合体等高招迭出,但见效不快。有人提出"运动绿地"概念,即在制度政策层面,将体育场、各类球场、运动健身设施等占地定义为"运动绿地",并将其视作一种特殊类型的绿地,可计入绿地率,让人耳目一新。如若顺利,或可改善、改变抑或解决目前各地体育场馆设施建设落地面临的土地指标、绿地率等诸多难题。

(2022-01-05)

跑步中心

位于杭州市临平区的杭州跑步中心,占地700亩,是以跑步为主题的现代体育公园。3.5公里的彩虹跑道,串联起篮球馆、足球场、健身中心、卡丁车场、露营草地等体育设施。如能兼顾健身与竞技,紧扣路跑场地、交流、服务、训练、装备,乃至竞技和科研,深化拓展中心功能,打造纯正一流的跑步中心,那就更完美了。

(2022-01-12)

运河体育

时隔30多年重访杭州市半山地区,老杭钢雄风犹存。这里将以杭钢工业旧址公园名义,打造为杭州运河文化新地标。据说,作为城市活力标识的诸多体育元素,如游泳潜水、球场健身、步道骑行和水上运动,以及体育产业科技孵化等项目会被引入公园,成为园区一种时尚的生活方式。体育赋能城市发展,也赋能城市的有机更新。

(2022-02-09)

径山露营

周末,阳光明媚的杭州市余杭区径山河道两岸露营者可谓人山人海。露营者笑道:花了最少的钱,享受了最昂贵的大自然。但从露营地视角看,感觉区域内还相对缺少露营标志,相对缺少帐篷搭建规范,相对缺少烧烤和垃圾管理。服务缺失,削弱了户外活动营地产业的效能。

(2022-02-28)

霞客公园

宁海县霞客体育公园,利用旧厂区改建而成。公园占地约80亩,建有3片网球场,5片各式足球场,8片篮球场,1个车间改造成的羽毛球馆和环绕公园的塑胶跑道。国外有"无体育不公园"一说。体育公园作为生活新场景,也是推动城市有机更新和高质量发展的新选项。

(2022-03-09)

李宁体育

李宁体育园坐落于杭州市上城区七堡,占地87亩,投资8亿元。主要项目包括一个文体健身中心、一条空中跑道和户外各式运动休闲区。中心建筑面积7万平方米,有游泳、乒乓球、篮球、足球、排球及羽毛球和攀岩、蹦床等项目场地。这是一个体现了山水特色的活力体育公园。

(2022-03-15)

体育项目

3月17日上午,总投资23亿元的浙江省全民健身中心项目在微雨春风中动土开工。这里是浙江体训大队旧址,代表了浙江竞技体育辉煌。现如今将建设全省一流的全民健身综合体。这是浙江体育强省建设的一件大事。用游泳冠军汪顺的话说,"昔日浙江竞技体育的象牙塔,将变成浙江全民健身的大舞台",意义非凡。

(2022-03-17)

学点"道"理 1

走路的道,也是运动健身设施。有位张博士对各类"道"的解读是:步道指用于休闲的小道、小路,或未被硬化的路,它是户外运动休闲的重要基础设施。绿道,顾名思义是绿色的林荫道,指专为非机动车出行提供的交通道(欧洲绿道协会2000年9月)。绿道偏重景观、植被,常被人工硬化。绿道、步道都为休闲道,但步道更强调自然,注重"修"而非"建",类型更多,更注重满足运动进阶性需求。健身步道是指以健身为目的,按照科学的健身理念修建并具有一定健身设施的步道。登山健身步道指以登山为基本方式,按照科学的登山健身理念在山地上修建,并具有一定健身设施的步道。健身步道、登山健身步道都是步道,区别在于是否属于山地。国家步道指国家层面为促进具有欣赏和享受价值的国家自然资源、历史资源的保护、利用(运动、休闲、旅游)而修建的步道。

(2020-03-23)

学点"道"理 2

步道可从不同角度分类:共用步道,即混合步道,步行和其他通行权合用的步道,如乡村公路。森林步道,即森林里向步行、骑车和骑马者开放的步道。铁轨道,即可用于徒步等使用的废弃铁道。纤道,即适合走路、骑行和骑马的水路岸边道。城区道,即城市的非机动车道、多用途道等。隔离道,即那些有特殊指定用途的步道。步行道是专门为步行者提供的城乡道,如公园步道、景区步道、跑步道等。自行车道包括共用步道、越野道、DH(down hill)道等。马道指专供骑马使用的道。越野滑雪步道,即休闲性越野滑雪道。水道指在河流、湖泊、运河以及海岸线上,为人们使用小型非机动船只(皮艇、独木舟、橡皮艇或漂流等)开辟的水路。机动车道,如越野房车、四轮驱动车、全地形车(ATV)等运动机动车道。

(2020-03-23)

学点"道"理 3

美国农业部森林管理局按表面特征和利用方式把步道分为三类:"标准/陆地步道"步道的表面主要由实地构成,设计和管理实地表用于步道建设。"雪道"步道的表面主要由冰、雪构成,设计和管理冰雪地表用于步道建设。"水道"步道的表面主要由水构成(但也包括陆地上的水间小道),设计和管理地表水用于步道建设。绿道可分为五种:城市河边(或其他水体)绿道,通常是再建项目的一部分,或重建项目。休闲绿道,是基于各种自然的通道,如运河,废弃的轨道路基及各种公共道路。生态意义的自然通道,通常是沿着小溪流,少量沿着山脊,用于动物迁徙、科考和徒步。景观和历史绿道,沿着公路或水路的观光小道。综合绿道体系或网络,通常是基于自然地形、城市不同开放空间的区域性绿色通道设施。

(2020-03-24)

学点"道"理 4

步道搞多了,就有所谓的步道系统。其大体类型有线状系统,从一点到另一点的步道,如轨道步道和长距离步道。短的线状步道一般是支线步道,经常是连接一些特殊的点,如瀑布或者山顶。(单)环状步道,环状步道的终点就是其起点,步道距离最小,没有重复。经常围绕湖泊、湿地或者其他地貌呈现。网状(多环)步道,步道体系常混合了很多线状步道和环状步道。线状步道与环形步道连接,形成网状步道。

(2020-03-24)

学点"道"理5

美国1968年10月通过的《国家步道法案》中,国家步道分三种类型:国家景观步道(national scenic trails)、国家休闲步道(national recreation trails)、连接和分支步道(connecting-and-side trails)和国家历史步道(national historic trails)。按照步道整体开发程度(路面和交通流量、障碍物情况、建筑特点及步道元素、标识、典型休闲环境和体验等五个指标),该国农业部森林服务局将步道划分为最小开发、适度开发、开发、高度开发、完全开发五个等级。

(2020-03-24)

学点"道"理6

目前,各国步道概况:美国——国家步道总长约9.66万公里,里程超过州际公路。由国会命名的11条国家景观步道、19条国家历史步道和超过1000条美国内务部或农业部命名的国家休闲步道等。著名的有美国东部的阿巴契齐亚步道、太平洋山脊步道。步道管理部门有国家公园、森林、土地管理局,州县公园管理和城管部门,土地信托等及商业机构,土地所有者等。英格兰和威尔士——国家步道里程逾4000公里,由"自然英格兰"(社会组织)、威尔士农村事务管理局和英国政府法定机构管理。苏格兰——最受欢迎的是一条总长153公里的"西高地步道",由苏格兰自然遗产(Scottish Natural Heritage)(社会组织)管理。欧洲——最重要的长距离步道是"阿尔卑斯沿线步道",2000年由阿尔卑斯山附近的八个国家的社会和私人组织创建,目标是支持荒野山区可持续发展,提升文化与交流。中国——2009年国家登山运动管理中心推动浙江宁海建设第一条"登山健身步道"。2015年2月10日,《人民日报》刊文《一条登山步道改变一座城》,推动了各地步道建设。目前浙江省建成9条1300公里的国家登山健身步道,三条400公里在建。2016年10月,八部委联合发布的《山地户外运动产业发展规划》提出"打造国家步道系统"概念,并提出"三纵三横"的山地户外运动布局。

（2020-03-25）

学点"道"理 7

从登山健身步道看,其建设内容大约包括:"步道路面系统",如类型、等级、设计参数等。需注意的问题:一是不追求步道等级一律。二是以寻找、修缮山道为主,尽量减少新施工。三是注意多设出入口,利于进出。四是加强与地方文化、景点、居民点连接。五是注意避开滑坡、泥石流等地质灾害易发和坡度过陡、路面湿滑及环境脆弱、野生动物活动等区域。"步道服务系统",包括标识标牌、路书、服务站、营地、避难所等。"步道环保系统",贯彻生态环保理念,包括宣传劝导、垃圾回收、公共厕所等设施。步道建设倡导"生态施工法","步道管理系统",日常管理维护制度等。

（2020-03-25）

学点"道"理 8

步道建设应遵循的原则:一是以人为本,坚持以人民为中心,满足人民对美好生活的向往。二是以找代建,或以修代建,减少投入,降低成本。尽量利用已有道路(古道、登山道、生产道、防火道等),依据标准加以改造。三是最少干预,坚持生态文明理念。必须新建的,做到"三尽":尽量减少施工,尽力就地取材,尽力促进自然和谐。四是勾连成网,以构建区域步道网络体系为目标,支持步行、骑行等山地户外运动便捷通达,广泛开展。

（2020-03-25）

学点"道"理 9

2016年11月体育总局等八部委印发的《山地户外运动产业发展规划》明确提出:要"打造国家步道系统",建设一批户外营地、登山道、徒步道、骑行道等户外运动场地及相关服务设施。浙江是长三角地区山地户外运动资源的富集地、运动人群的聚集地,需要也可能建设山地户外运动的示范地。在已建部分国家登山健身步道基础上,有理由推动"环浙江国家步道系统"项目建设。理念:绿水青山就是金山银山;运动浙江、户外天堂。设想:一是规划一条环绕全省的步道主干道。二是围绕规划,各区域依既定标准各自为战,建设各种特色步道区段。三是整合各地既有的各种山路古道、文化村落、景区景点及绿道等构成系统。四是因地制宜整合社会力量资源,设置开发步道相关服务设施。五是设计开展环步道系统的各类户外运动项目赛事活动,添加步道活力。六是开发步道产品,发展步道经济。愿景:步道里有运动健康,有户外装备,有旅游休闲,有历史文化,有体育消费,有生态文明。可以说,小步道里有大文章。结论:建设国家步道,激发户外经济。

(2020-03-29)

六个一批

无场地,不体育。实施全民健身国家战略,构建全民健身公共服务体系,需着力推动体育场地"六个一批"建设:新建一批现代化体育场馆设施,配建一批社区全民健身设施,改建一批公共活动场地,挤建一批公园绿地体育设施,兴建一批户外体育公园,构建一批社会健身锻炼空间。

(2022-04-20)

径无止境

环浙步道,径无止境。2022年4月22日,位于杭州市余杭径山的"环浙步道"西段零号起点及连接线工程项目完成验收。该项目不仅为余杭径山镇发展户外运动创设了一个绝佳场景,也标志着全省"环浙步道"系统工程项目建设进入落地展示新阶段。感谢余杭区,感谢径山镇。

(2022-04-23)

浙里步道

雨后阳光缝隙,行走体验全程6.8公里爬升约420米的余杭径山"环浙步道",累并爽。步道,作为自然环境下的运动场景、乡村振兴的人流通道、体验型的生态文明路径和新型的基础设施,得到国家层面的关注。在浙江,建设国家步道已先行启动落地。

(2022-04-27)

步道有道

从杭州市余杭区径山"环浙步道"西段零号起点及连接线工程实施过程,看步道建设之道:(1)领导明白,地方重视;(2)自然生态,因势谋划;(3)宣传给力,群众支持;(4)政府主导,社会用力;(5)以找代建,最少干预;(6)规划引领,应景变通；(7)清晰标识，智能智慧；(8)体旅融合，激活山水；(9)服务健身，运管并举，等等。

(2022-04-28)

步道上桩

经过规划设计、现场勘察、数据收集、规范培训，"环浙步道"建设进入落地布桩阶段。小小桩基，承载步道编号指向、地理方位、海拔标高及周边环境服务等信息，是步道建设的关键内容。布设线形的桩基，是步道建设工程中最大最艰苦的工作。感谢为延展步道行进在山路上的户外劳动者、奉献者。

(2022-04-30)

步道善德

步道是路，也是一种工具、载体。杭州市余杭区径山镇的同志说：这次修步道，村民一致说好。借修路机会，村里搞了卫生，整了村貌，移除了一批路边土坟。步道，为村里营造了健身氛围，方便了村民上山劳作，也为发展服务业提供了新空间、新平台。

(2022-05-02)

棒球公园

杭州市萧山区瓜沥镇的棒球公园，有1片棒球场、1片11人制足球场兼垒球场及附属设施。这里原先是废弃的工业用地，垃圾成堆。2021年4月，政府用3个月时间打造，现由社会俱乐部负责运营，省棒垒球协会落户。公园建成，引来了青少年棒球训练、赛事及部分企业的团建活动，也为在杭的日资企业提供了进行体育交流平台。

(2022-05-17)

手作步道

handmade trail，由台湾千里步道协会徐老师命名，意思是"用手修缮的步道"。它提倡尊重自然，敬畏自然，不大兴土木，减少大型机械、水泥等材料进入自然，减少对环境造成的破坏，就近取材为人提供一条连接人与自然的小径。其核心理念是"像山一样思考"。让我们成为山的一部分，行走在山路上，抚摸着它的一切，听它歌唱，同它一起呼吸，倾听它的故事，带出我们的思考。

"环浙步道"，就是希望打造这样一条手作步道。

(2022-05-24)

桐庐马术

亚运会虽延期，但马术中心如期建成。中心包括 3000 个观众席的主赛场、室内训练场、越野赛道以及马僮村、马诊所、饲料仓库和钉蹄间等相关设施。中心周边还初步配套了马主题公园、马产业集聚区。可惜当下"中心缺马，赛场缺赛"，需要招引各路"神马"及马术"神仙落户"驰骋，共育马业。

(2022-07-05)

场馆功能

有专家谈及对体育场馆功能的认识：(1)体量巨大、造型独特的城市客厅；(2)平赛结合、功能综合的社区服务中心；(3)场地广阔、平战转换的社会安全阀；(4)存量建筑、改造更新的区域地标。

(2022-07-24)

步道安桩

近日，看到临海市登协的伙伴们冒着盛夏高温，徒步负重攀登，为境内"环浙步道"线路安桩立柱的小视频，十分感慨：是全省沿线各地登协、户外运动协会的参与、支持和推动，成就了"环浙步道"。这样一条部门牵头、连通全域、社会共建、全民共享的"步道"，一定是国内领先的。

(2022-07-30)

龙泉打卡

顶着酷暑，成功登顶海拔 1929 米的江浙之巅黄茅尖。通过扫码打卡，自助获得了登顶电子证书。入口建设，设桩立柱，扫码打卡，自助服务领取登顶证书等，都是"环浙步道"系统工程项目建设的重要内容。

(2022-08-10)

步道定义

建设国家步道，先得定义步道。步道应主要是指山道、小道、乡村道，与户外运动关联。它可包括绿道及健身道、游步道、骑行道等,但这些一定不是步道的主体。否则,构建步道体系的意义就难以厘清。为户外运动创建提供一个新场景,是国家步道体系建设的初心和使命。

(2022-08-19)

海埂基地

云南省海埂体育训练基地,占地 580 余亩,大约有 15 片足球场、14 片篮球场、12 片网球场、3 个游泳馆和 2 个体能训练房及各类配套设施,是中国规模化的高原体育综合训练基地。偶遇浙江游泳队、U17 足球队在训练。高原训练,是专业队赛前调节的重要环节。

(2022-08-23)

红塔体育

云南红塔体育中心建于 2001 年,占地约 500 亩。现有 11 块足球场、11 片网球场以及冰上运动中心、游泳馆、羽毛球馆、乒乓球、壁球、沙滩排球等专业比赛、训练的场馆设施。目前,有几家足球俱乐部入驻。作为国企投资建设的训练基地,规模不小,但运营似乎不易。

(2022-08-24)

全民支持

嘉兴市秀洲区王店镇中学搬迁后,留下占地 45 亩老校区。镇里设想了开发地产、办企业等多种用途,最终决定建设一个健身中心。镇长说,没有哪个项目像这个一般顺利,几乎无人反对。很快,一个有 400 米塑胶步道、百姓健身房及 1 个 8 人制足球场、2 个 5 人制足球场、3 个标准篮球场、乒乓球馆、羽毛球馆、门球场、气排球场等健身设施的镇级全民健身中心建成,成为镇里的新地标。全民健身,全民健康,全民得益,当然得到全民支持。

(2022-08-28)

高校设施

浙师大(金华校区),大约是浙江高校里体育设施最多的校园了。据说,有 16 万平方米体育场地,其中室内体育场地 3 万平方米。校园内大致有 48 片篮球场、15 片网球场、20 多片排球场以及 3 个标准足球场、2 个五人制足球场,还有游泳馆、攀岩壁、拓展训练基地等。

（2022-09-13）

场馆大小

有机会溜进杭州体育馆,观摩CBA常规赛天津先行者vs.上海久事。相对黄龙,杭州体育馆显小,座位5000个。小的好处是亲近、聚气,便于席上观赛者与场上运动员之间沟通互动、展示氛围。当然,大赛得有大场。从运营看,大场有利于功能完善、保障到位及更多的商务合作。小有小的精巧,大有大的气势。

（2022-10-20）

步道难题

雨天,走在"环浙步道"主线临安段的纵深处,一不小心就触碰到山核桃落叶和清凉峰自然保护区的边界。目前,步道建设遭遇的难题:一是走不通,山路古道被高速高铁及其他现代交通、建设项目隔断;二是走不过,通道被各类自然保护地及其管理制度阻断。隔断的道可以连通,阻断的路不易接续。漫步雨中想,步道建设最大难题不是物理或制度的阻隔,而是人心里的结和观念上的桎梏。

（2022-10-27）

房车营地

千岛湖畔,新建了一个大型房车自驾车营地。营地提供自驾露营全方位一条龙服务,包括房车租赁、装备租赁、自行车租赁以及营地团建、广场活动、户外烧烤、洗衣晾晒等。业主介绍,下步将沿湖配置若干小营地,构建完善的营地系统,服务户外运动爱好者。

（2022-10-30）

杭州经验

群众健身去哪里？2022年以来,杭州市大力推进嵌入式体育场地设施建设,让城市"金角银边"变身群众"健身乐园"。全市已新增体育场地面积55万平方米,群众"家门口"健身的获得感大大提升。其实质,一是不以为事小,政府牵头推动;二是不止步于难,破解用地空间制约;三是不自以为是,让用的人来谋、用的人来管。有人引领，有人跟上，难事不难。

（2022-10-31）

亚运红利

　　杭州市拱墅区的亚运公园，成为城市居民的露营公园，小孩嬉戏的乐园。午后，目测日人流量过万。从心底里为管理者的包容、开放和现代理念点赞。群众要有获得感，公共设施得开放。群众想干啥，公共部门得搭好平台，助力群众干成事。

（2022-11-26）

古镇古道

　　据说，仙霞古道是古时重要的入闽通道。北边南下的人货，经钱塘江航道至江山市清湖镇码头上岸，再行120余公里山路，翻越仙霞崇山峻岭到福建浦城。这120公里山路，就是仙霞古道的核心。这"清溪锁钥"码头，成为仙霞古道的起点。如果浙闽联手，好像可以开展"仙霞越野赛"。单向路远，也可以创新尝试相向越野。

（2023-03-31）

未来乡村

　　村里的路是四通八达沥青路，房是带有花园和菜园的院子。村里有民主议事的礼堂，有访客接待的地方。村里有网球足球沙滩排球的场地，有通向群山的自然步道。更重要的是，村里生活着一群年轻的"新村民"。他们崇尚自然，热爱生活，富有创意，愿意公益。在杭州余杭的青山村，大体上可见未来乡村的模样。

（2023-04-09）

体育街区

　　城乡新消费场景很多，体育也在列。乡村，有山野户外运动消费。城里的传统体育消费，多落于运动场馆设施。借鉴城市一条街的概念，如小吃一条街、女装一条街、数字一条街等，体育消费也可以有一条街或街区的场景设想。创设体育一条街、运动街区，或是未来城市不可或缺的活力功能区块。

（2023-04-25）

李宁公园

　　南宁的李宁体育园，是由广西李宁基金会捐建的公益性体育公园。占地500余亩，其运动区包括1个室内游泳馆、1个室外游泳池、4个综合训练馆、8个网球场、6个篮球场、5个足球场和各种休闲运动设施。主要服务游泳、乒乓球、羽毛球、网球、篮球、足球等运动项目，有自己的俱乐部和体育培训机构。因为公益，这里的价格亲民。

（2023-04-27）

平急两用

　　最近一次中央政治局会议提出：在超大特大城市积极稳步推进"平急两用"公共基础设施建设。"平急两用"是个新概念，是指在遭遇重大突发公共事件时可立即转换为应急场所的基础设施。结合方舱医院建设实战案例，城市体育基础设施不仅是公共体育服务设施，也是应急处突的重要基础设施。

（2023-04-30）

步道调研

　　5月11日，来自上海的"大王派我来巡山"队，经水路安抵温州瓯海穗丰村，用100天完成2300公里徒步。这是第二支完成"环浙步道"挑战的队伍。在欢迎仪式后的座谈中，队员们抒发真情实感。杨亮（队长，电视工程）：我参与户外，不是喜欢，是热爱。这定会是一条惊艳世界的经典步道。建议构建步道分级体系，完善沿线标识和交通服务。韩磊（律师）：风景最美的一定是临安清凉峰的癫痫尖那段。顾海峰（药物研究）：我虽为浙江人，但80%的步道均未走过。最峻秀的是千里岗、雁荡山两段。建议增设下撤线路及危险路段的辅助设施，加强户外教育培训、推广。袁泉（软件工程）：没想到国内有这么美的线路，徒步完全不用去国外。国内不缺路，缺的是走路的人。沈聪慧（体育培训）：走过多条欧美线路，这次再走浙江步道，感觉那些路都只是迷你型的。徐敏（药品营销）：步道得常有人走，建设才有意义。解俊妮（智能穿戴）：在泰顺县境内，一位村里的党员让我们留宿在家里，我很感动，体验了浙江人的淳朴。郁建忠（62岁，设计工作）：建议做好宣传手册，便于大众步行。周大恩（外企营销）：建议深耕户外项目的综合开发，培育绿色健康理念。玩也是正经事，也是生活的一部分。

（2023-05-11）

小球中心

新昌县小球中心项目总投资19亿元,占地87亩。项目包括主体育馆、羽毛球练习馆、运动员酒店等,除羽毛球外还设有乒乓球、足球、网球等运动场地。目前,已完成约1/3工程量,预计年底完成土建施工。

(2023-05-14)

瓯海桥下

温州市瓯海区挖掘城市桥下空间资源,让社会力量参与建设,多快好省添建体育场地设施。这是一个拥有5片篮球场、12片羽毛球场,以及啦啦队场、共享健身房、环绕步道等设施的大型桥下体育空间利用案例。政府协调各方拿出空间,是发展桥下体育的关键之一。

(2023-05-19)

运动街区

运动街区大约就是一种社交方式的轻运动场所,类似于室内时尚运动馆。有别于传统场馆,一般选择准入门槛较低的项目,如保龄球、桌球、射箭、壁球、桌游、飞镖等。突出"潮运动",叠加小酒馆等场景。推而广之,可能就是"体育一条街"或者说是"体育街区"。

(2023-05-21)

还河于民

城市河道向水上运动开放,杭州开始尝试。6月5日,杭州市城管局发布十条城市水上运动河道:上城区引水河、丰收湖,拱墅区西塘河、阮家桥港、南黄港,西湖区蒋村港、沿山河、紫金港,滨江区小砾山输水河,余杭区五常港。据说可预约申请皮划艇、桨板、赛艇、龙舟等4个项目。这些"定点"开放河段,将由第三方运营公司运营、河道管理部门监督。尽管还是有限开放,运营开放,但毕竟已走出开放的第一步,值得跟踪关注。

(2023-06-06)

电竞中心

蹭兄弟体育局考察之便,总算深入了被人叫作"星际战舰"的杭州电竞中心。作为杭州亚运会电子竞技项目的赛场,杭州电竞中心不仅外观炫酷,里头也是科技感满满。据说,关于赛后利用,地方已与相关公司机构达成共识,场馆将主要服务于区域电竞产业培育。

(2023-06-26)

屋顶体育

云栖小镇不简单。不到十年,一片曾以三头(石头、鱼头、猪头)为代言的区域,成为三高(高新企业、高等级人才、高能级平台)的聚集地。小镇客厅配套建设的空中运动场一亮相,就惊艳天下。体育设施建于屋顶,节地、便民、时尚、大气,需要创新理念变革制度,可学可鉴。

(2023-07-13)

西湖赛艇

走在湖边,望着泛舟湖上的场景,常想:要是赛艇能够划到湖上该有多好,哪怕划出一个偏僻的水域。实际上,西湖就是早些年浙江省水上运动队的训练基地。有回忆称:1955年10月,国家体委发文要求沿海城市开展赛艇运动。次年11月12日,全国赛艇表演赛(新中国第一场赛艇赛)就在杭州西湖开赛。看来,西湖天生运动,只是后来慢慢变得休闲了。

(2023-07-14)

避难小屋

丹麦的江河湖海边密布可供户外露营者使用的Shelter。Shelter,即收容所、庇护所、避难所。它们多为木制,低矮,遮风避雨,免费使用,网上即可搜寻到。有人说,浙江的户外设施如能达到人家这水平,就算是户外运动强省了。从设施建设看,我们的确需要搞点公共的、友好的、简单便民的户外运动设施。比如,环浙步道上就可布设这种公共避难小屋。问题是,谁来建合适?谁来管有效?

(2023-07-17)

营地设施

除避难小屋外,丹麦各地还设有设施简洁、功能齐备的露营服务营地。据说,这些营地地点相对隐秘,水电及厨具设备周全,甚至有冰箱、热水、电话等配置。有徒步者发现,有的营地卫生间还配有卫生纸。这些营地是谁在打理?是政府、社团,还是慈善组织?

(2023-07-17)

操场更新

暑期看着对面杭州高级中学运动场改造,除却雨天,场地是每日一新。新学期,有新跑道。我们这辈人,上小学时的操场是泥地+煤灰,中学时用的是全煤灰操场,到了大学才闻到塑胶跑道的味道。10年前,到了西藏那曲,发现那儿的学校操场大多是塑胶的,不输浙江山区。在体育领域工作了,才知道运动场有竞赛与训练、专业与健身的区别,才知道即便是塑胶跑道也有预制型、全塑型、混合型、复合型以及透气型等类型。

(2023-09-05)

健身魔盒

一片亲民公共场地,几只集装箱,一堆健身器材,加上几位健身教练,有机组合起来就是一个便民服务的百姓健身房。这是乐刻健身在当地政府支持下推动的创新项目。首个项目面积约160平方米,目前已落地萧山杭州湾信息港,开始试运营。其关键词在于:政策宽容,市场运维,全民健身,就近便民。

(2023-09-07)

羊山攀岩

它位于绍兴市柯桥区,是为亚运会攀岩项目比赛建设的场馆。据说,设计理念源于蚕茧。一直以为,这蚕茧形状是由金属材料架构的,跟着2023年中国攀岩联赛到实地感受后才知道场馆外立面是用UHPC高强度混凝土材料拼接的。中心设有速度、难度、抱石三片人工攀岩场地。"蚕茧"外,还有大量自然岩壁可供开发。亚运会后的挑战是,如何最大限度发挥一流场地作用,打造一个国内乃至世界攀岩运动的高地。

(2023-11-13)

官媒点赞

11月24日《人民日报》第5版《守护户外运动的蓬勃热情》一文点赞"环浙步道":以浙江为例,数千公里长的"环浙步道"依山而建、顺水而行,将山路古道、健身步道、骑行绿道、户外穿越路线等整合连通。徜徉其间,游客可品察"一曲溪流一曲烟"的湿地生态,纵览奇伟瑰丽的云上山间,领略诗人魂牵梦萦的天姥盛景,享受风光旖旎的健身路;依托步道,沿途地区发展住宿、餐饮、体育赛事等产业,也踏上了融合发展的致富路。

(2023-11-25)

富阳打卡

从杭州市富阳区的林峰村走到五岭村,用约1.5小时打卡3公里"环浙步道"。纯野生的3公里山路仅遇见3个人,一位是在保养村里小段水泥路面的青年,两位是爬到竹山挖笋的老农妇。徜徉村里山间,感觉村民友好。路途中步道桩等指示标识基本清晰,步道脚感自然,但路面杂草竹木清理有待加强,部分路段也需进行基础整治。

(2023-12-01)

第四辑 体育活动观察

闲话赛事

体育离不开赛事。有效的赛事与市场,如鱼和水,相得益彰。何谓有效赛事?安全与精彩共存,职业与健身互动,品牌与营销双赢,体育与产业相融。有意思,益健康,强美誉,可持续的赛事,才是金牌赛事。

(2016-09-19)

马拉松+

2016年杭州马拉松开跑在即,我和承办赛事的智美体育总裁交流:关于体育产业——瘦田没人耕,耕好有人争。产业需要有心地培育、经营。关于城市马拉松——它是城市的节日,群众的嘉年华,也是个平台,关键在添加或融合,要义是"马拉什么"。开心、成功的马拉松要具备五要素:跑得欢、玩得嗨、吃得香、看得美、带得走。

(2016-09-24)

学斯诺克

2016年中国台球协会(CBSA)中巡海宁国际斯诺克公开赛在海宁体育馆开赛。得益于专家指点,一局下来对斯诺克总算有了最初了解:斯诺克就是阻碍、阻挡的意思;斯诺克就是规则略微复杂的台球;斯诺克是集合力学、几何学和美学的时尚运动;斯诺克的学习培训、场馆运营、赛事操办、用品经营及运动服务都是产业。

(2016-10-17)

杭马开跑

跑过风景,跑过你。跑出健康,跑出美。2016年杭州马拉松今天开跑。黄龙体育中心人气旺盛,3.2万余名来自全国各地的各式路跑选手"盛装"参与。

(2016-11-06)

永康赛车

2016年中国全地形车锦标赛(永康站)比赛在特色体育小镇——永康市

龙山镇鸣枪。永康是中国全地形车的生产基地,产量产值约占全国四成。永康赛车,形在体育,意在车业。

(2016-11-19)

篮球联赛

2016—2017赛季中国篮球职业联赛(CBA)职业联赛浙江广厦控股 vs.山西汾酒股份在广厦体育馆举行。第一次接触篮球,主要看个热闹:(1)谁赢?(2)看客多吗?(3)篮球市场在哪?(4)如何培育市场?

(2016-11-25)

衢马开跑

衢州马拉松,是浙江省2016年最后一场马拉松赛事。5000人参加赛事,其中2300人参加半马。半马参赛人员中,1600人来自外地。外地参赛选手按每人一名陪赛,人均每天消费800元计,1600人带动消费近500万元。

(2016-12-11)

登高致远

新年登高,健身望远。"中国体育彩票"2017年新年登高健身大会在浙江江山的江郎山如期拉开序幕。中华全国体育总会领导出席,奥运冠军孙杨、石智勇及部分世界冠军参加,央视直播团队出动,新年第一缕阳光"履约"。元旦的美好,掀起全民健身、全民健康的新一年热浪。

(2017-01-01)

赛事路演

浙江首届十佳商业体育赛事评选总决赛举行。赛场上,项目赛事纷呈,主持人路演精彩,嘉宾拉票给力,现场热闹。参演赛事中,赛项丰富(路跑类5个,大球类及自行车、水上、钓鱼各2个,拳击、武术、排舞、轮滑、斯诺克、电子竞技和汽车拉力各1个),但比较新鲜(运营30年以上1个,10~15年6个,5~10年2个,5年以内11个)。其中,纯市场主体运作的5个赛事,有故事、有亮点、有潜力。浙江体育赛事的商业市场之旅,路还长。

(2017-01-18)

安吉冰雪

省首届冰雪嘉年华安吉站活动在天荒坪江南天池举行。这里的滑雪场已运营11个年头,"3亿人参与冰雪活动"的号令让南国浙江的冰雪活动迎来生机。参与体验,是浙江冰雪活动的主旋律。据从业者介绍,冰雪产业的季节性强,但盈利模式鲜明,对区域旅游经济带动力大。浙江冰雪产业,可尝试,可期待。

(2017-02-10)

体坛十佳

2016浙江体坛十佳颁奖盛典在G20主会场如约举行。不出所料,也是众望所归:最佳男、女运动员花落孙杨、傅园慧,最佳教练员冠落张亚东,浙江游泳队被评为最佳团队。体育产业领军人物首次在盛典上亮相,值得庆贺。

(2017-02-15)

浙马接力

今早,别具一格的浙江马拉松接力赛在杭州市滨江区的"最美跑道"开赛。虽然天不太作美,但参赛选手的热情依旧。赛事规定,每支队伍必须有女性队员,由此大大提升了赛事活动的颜值。路跑接力,颜值接力,区域马拉松实力接力,成就了今天的雨中赛事。

(2017-03-05)

武林中人

受邀参与太极宗师牛春明诞辰136周年暨牛春明太极拳申遗成功的活动,感受了武林高手的精气神。"拓展视野放平心,立定脚跟树正脊。"一副弟子献给老师的对联,道出了太极拳术的真谛。学武习武,要义在学文。传承中华传统优秀文化,可从武术中汲取营养,陶冶自身的内功。

(2017-03-05)

年度报告

据2016年中国马拉松年会上发布的《2016中国马拉松年度报告》:在中

国田径协会注册备案的马拉松及相关运动赛事 328 场,较上年增加 194 场,覆盖除西藏外的所有区域,总参赛人次达到了 280 万。共计 147 个城市举办了跑步赛事,其中 138 个城市举办了全程和半程马拉松的路跑赛事。全程马拉松共计 243131 人次完赛,半程马拉松共计 454320 人次完赛。

(2017-03-20)

中国棋院

第一次走进中国棋院,偶遇正在进行中的世界围棋公开赛。赛事冠军奖金 180 万元。上届冠军柯洁、亚军李世石等 16 人为种子棋手。业内人士介绍,目前围棋界主力为"90 后"。江山代有人才出,棋界如此,体育如此,世界也如此。

(2017-03-29)

龙坞车赛

四月江南雨,龙坞飘茶香。2017 年环浙江自行车公开赛在杭州市区的龙坞何家村首发,39 支车队 120 余位车手参赛。今年的车赛,将陆续在泰顺、海盐、缙云、义乌、仙居、文成、遂昌、松阳和龙游等地展开。

(2017-04-09)

元老会聚

2017 年中国围棋甲级联赛暨水口杯中日韩围棋元老赛,今晚在浙江长兴县开幕。中国围棋界元老聂卫平、华以刚、刘小光、曹大元、马晓春、俞斌,韩国围棋界元老徐奉洙、梁宰豪、金秀壮、白成豪、徐能旭,日本围棋界元老小林光一、武宫正树、山城宏、小林觉、依田纪基等悉数到场参赛。长兴县大场面大,围棋赛事元老多。

(2017-04-24)

滑翔天空

省航空运动协会滑翔伞及悬挂滑翔委员会在缙云县壶镇举行成立大会。会议期间,组织参观考察羊上飞行营地。老手们穿伞飞翔,翱翔天空。据说,嗜飞者视天空为"蓝色海洛因",飞起来都会上瘾。

(2017-04-29)

人机大赛

回味人机大赛,有几点启示:(1)AlphaGo 有强大的精准计算能力,非人类棋手能及;(2)"阿老师"的棋无定式,没有什么地方不能下;(3)围棋世界的奥秘,我们还知之甚少;(4)AlphaGo 是工具,是机器,无情感亦无情趣;(5)在强人工智能状态下,下棋只是"显摆",意在突破世界面临的难题;(6)AlphaGo 虽然"退役",Al 研究定将加速,须高度关注。

(2017-05-29)

时尚车赛

极速先锋系列赛登陆绍兴市柯桥区。在刚刚建成的浙江国际赛车场,一辆辆原型赛车风驰电掣,轰鸣震天。除赛车外,乔波滑雪场、直升机、高尔夫球场、水上冲浪等时尚前卫的运动休闲项目已在柯桥落户。真正的"酷玩小镇",不日可期。

(2017-07-02)

武术赛事

第十二届浙江国际武术比赛在杭州黄龙体育馆举行。武术,是中国传统文化,也是传统体育。深度挖掘武术的文化内涵,宣传弘扬武术的体育精髓,办好壮大武术的群众赛事,让武术为全民健身、全民健康服务,是浙江武林界重要的时代责任。

(2017-07-08)

大球见金

今天在第十三届全运会群众体育项目男子笼式足球、男子气排球决赛中,浙江代表团拿下两枚金牌,创造浙江大球见金的历史。等待,是焦虑;结果,是喜悦。大球见金,印证的是浙江群众体育走在前列的好气象。高兴之余,涂写《浙江大球·傲立天津卫》四句:大球见金喜讯到,钱塘潮涌海河闹。津门破壁圆长梦,手舞足蹈尽欢笑。

(2017-07-11)

国际跳棋

全运会的国际跳棋,是最"没大没小"的项目。赛场上,老少对弈多见。最小参赛选手来自江苏,仅八岁。浙江队的整体年龄最低,最"年轻"的赵柯俊八岁半岁,赢了棋还需要奖励玩玩游戏。

(2017-07-14)

拔河运动

在衢化,看到最专业的拔河运动装备。据说,拔河也是最受衢化女工欢迎的美体瘦身项目。2012年1月1日《钱江晚报》曾刊登《衢州女子拔河队叫板大老爷们》一文,说衢化女子拔河队设奖5000元挑战社会青年,取得成功。五年过去,如能旧闻新发,重新设擂挑战,当是宣传拔河运动、叫响衢州女子声音的好由头。不知《钱江晚报》是否还记得?是否有兴趣?

(2017-07-26)

科技体育

全国青少年电子制作锦标赛在嘉兴市举行,来自17省市的1300名选手参赛。在儿童太空探测车组装赛中,各式"错误"五花八门。有脚装反的,有忘记装盖的,有只能后退的。对于"犯错",小孩坦然,老师、家长"上火"。但在有意思的"犯错"中,小孩的科技素养是实实在在提高了。

(2017-08-04)

轮滑海宁

中国·海宁国际速度轮滑公开赛,在世界一流的海宁国际轮滑馆开赛。来自七个国家、地区97支代表队的577名运动员、教练员参加。开幕式上,来自老家缙云的小朋友表演了《轮滑葫芦娃》,节目精彩灵动,惊艳赛场。浙江省海宁的速度轮滑、丽水的自由式轮滑的实力,在全国领先。

(2017-08-05)

学生体育

天津,全运会。杭州,学运会。中华人民共和国第十三届学生运动会开幕式在杭州黄龙体育馆盛装亮相。一场"奔竞不息,追梦中国"的文体展演,充满浙江元素、青春气息、体育氛围。

(2017-09-03)

草根英雄

第十三届全运会群众比赛项目,今天全部结束。浙江省 5166 人参加选拔,858 人参与 19 个大项、122 个小项预赛,377 人进入 18 个大项、85 个小项决赛。群众体育健儿共获得 9 金 9 银 8 铜的优异成绩,金牌数位居全国第四,奖牌数、总分数列全国第五。其中,男子笼式足球、男子气排球摘取桂冠,女子气排球夺得银牌,均创我省参加全运会大球项目的历史。这真是:吃瓜群众虽草根,竞技赛场比智勇。洪荒之力使出来,摘金夺银胜英雄。

(2017-09-04)

当湖十局

乾隆四年,范西屏、施襄夏应邀在浙江平湖对弈十三局,其中十一局棋谱留世。这就是棋界奉为经典的"当湖十局"。今天,第二十九届亚洲电视围棋快棋赛在平湖开杀。首局由日本新锐井山裕太对阵韩国老将李世石。业内人士说,快棋赛的第一场就会是血拼。

(2017-09-15)

环太湖赛

2017 第八届环太湖国际公路自行车赛在江苏省无锡市冒雨开赛。这届赛事共分无锡、武进、湖州、吴江、南通、姜堰、句容 7 个赛区,8 支洲际职业队、16 支洲际队共 144 名职业选手参赛。10 月 13 日,赛事将移师浙江境内,在湖州吴兴至长兴间举行。

(2017-05-07)

山地救援

伴随山地户外运动的发展,山地救援应运而生。据称,2016 年全国发生 311 起登山户外运动事故,其中受伤事故 114 起 146 人,死亡事故 54 起 64 人,失踪事故 3 起 3 人,无人员伤亡事故 140 起,比上年有较大幅增长。中国登山协会每年举办山地救援交流赛。今年,来自全国 12 支民间救援队在桐庐县进行救援技艺交流活动。

（2017-06-14）

松阳路跑

2017年中国·松阳国际天空跑挑战赛暨全国积分赛在田园松阳开跑。赛事包括50公里升降、登高两个项目，分两天进行。松阳不仅是千年古县，有成规模的生态古村落，也是各类田园路跑、自行车赛事的新区。

（2017-10-14）

武义运动

浙江省第六届运动休闲旅游节暨武义第十一届温泉节在蒙蒙细雨中开幕。航空飞行、汽车漂移等运动项目表演、体验，成为本次活动的亮点。体育+旅游，大大助力了武义旅游生态的转型和提升，让武义的绿水青山动起来，时尚起来。

（2017-10-17）

运动达人

2017年"体彩杯"浙江省运动休闲旅游达人出炉。他们既爱运动，也会休闲。每个人都有一堆"浙江体育故事"："玩了34年皮划艇"的潮叔蒋卫民、"一路清走"的设计师章芝君、"拉风酷炫"的女老师潘益维、"一直都在玩"的登山者胡清、"最会玩海"的海钓人徐斌立、"疯狂田豆"的女经理田洪琴、"外婆军团"的餐饮人吴国平、"带着千人跑动"的投资人来罡、"不老骑士"的方姥爷方一民、"最爱自驾游"的老者周建武。

（2017-10-21）

天空越野

"江南之巅2017天空越野赛"在江浙最高峰龙泉山开跑。来自国内外606位越野好手参加35K、55K、M36三个项目竞技。赛事须翻越三座海拔超1800米山峰（凤阳山南峰、烧香岩、大天堂）并穿越江浙之巅1929米黄茅尖。这场商业运营、政府支持的赛事得到沿线乡镇村的欢迎。起点的大赛村、终点的横溪村村民全村出动、烧茶做饭，鸣锣开道、打鼓迎客。一场越野赛事，成就了一个山村的团聚，演绎了一场深秋山地的嘉年华。

（2017-10-22）

定向运动

　　定向运动,即利用地图、指南针到访陌生环境下图示的各个点标,以最短时间为胜的运动项目。定向,常设户外,现已移植拓展到城市街道、景区景点及校园等。该项目锻炼的是智力、体力、毅力和地理阅读能力。说白了,定向就类似于我们小时候玩的寻宝游戏。

（2017-10-27）

闪亮海亮

　　惊讶海亮集团运动会号称"全运会",却也名副其实。集团下属的包括美国、越南、泰国等34个企业代表团、1000余名运动员将参与14个大项、43个小项的比赛。难能可贵的是,集团全运会4年1次,已坚持3届。在产业上出彩的海亮,也"出产"体育教育。海亮教育已引进橄榄球、射击等时尚项目。

（2017-10-27）

鼓舞大海

　　浙江省第三届体育大会于10月28日晚在舟山市普陀保利大剧院降下帷幕。舟山人民为体育大会闭幕式奉献了一场颂扬大海的打鼓剧,以艺术的形式展示了渔民的生活。会上,舟山和衢州进行了会旗的交接仪式。第四届体育大会将于2021年在衢州市举行。

（2017-10-28）

杭马完赛

　　人勤奋,天帮忙。2017年杭州马拉松顺利进行。这是党的十九大后,浙江省举办的最大规模的全民健身体育赛事。赛后五位参赛选手诉说参赛体验:赛道美,服务佳,跑得畅,还想来。马拉松,是个赛事,又不仅是赛事,它是城市的嘉年华。没有什么比赛事的安全更重要,没有什么比参赛者的体验更重要,没有什么比宣传杭州的文化更重要。感谢所有的参赛者,感谢杭州为马拉松的付出,感谢杭州人民的大气、开放和热情。

（2017-11-05）

小金属球

　　绿水的源头、青山的故乡，被习近平总书记赞誉为"好地方"的浙江开化，今天成了世界小金属球的赛场。2017世界青年暨女子小金属球锦标赛吸引了44个国家和地区76支代表队的500余名运动员、裁判员来到开化国家公园，为开放的开化注入了国际体育的活力元素。开化是个好地方，体育是个好东西！

（2017-11-05）

衢州运动

　　打造运动健康城，建设美丽大花园。衢州市第五届运动会在雨中开幕。近年来，衢州的排舞广场舞、健美操、攀岩、地掷球及拔河等项目在全国及省内有较好的成绩、较高的知名度。2019年，全国第四届智力运动会将在衢州举办。

（2017-11-10）

越马当先

　　2500年历史的吴越古城，42.195公里的水城古道，53座绍兴古桥，加上政府逾30亿元的赛道环境整治投入，可谓感天动地。1.5万名运动员在最适宜的气候条件下，跑过越国故土，跑过知章乡园，跑过鲁迅故土，跑过乌篷船茴香豆，跑过新时代绍兴大花园。

（2017-11-11）

丽水轮滑

　　2017年国际轮滑公开赛在丽水市开幕。得益于多年的资源积累，丽水与杭州、海宁并驾齐驱，已成为中国乃至国际轮滑的重要赛事之城。在第十三届全运会轮滑比赛中，丽水运动员的成绩走在全国前列。

（2017-11-17）

骑行运动

　　2017年中国山地自行车公开赛总决赛在常山自行车公园举行。除竞速外,儿童平衡车项目也吸人眼球。观赛和服务的大人比参赛的小选手还多,还忙乎:背包带水,拿车整装,戴帽拍照……这样的"1＋X"的体育赛事,明了地诠释了啥叫体育产业。

(2017-11-24)

新年登高

又是元旦伊始,还在江山登高。2018年全国新年登高健身大会中心主会场活动在江郎山景区举行。新年登高,是国家体育总局主推的1号全民健身品牌活动。新年新气象,登高步步高。今天,张健、马建和朱启南、钟齐鑫、张春艳等体育明星与群众一起登山健身,喜迎新年。

(2018-01-01)

扁带运动

在江山的新年登高健身现场,发现新项目。扁带运动也叫走扁带,是行走于固定在两点之间的扁带之上,保持身体平衡,甚至完成各种技巧动作的新运动。它起源于登山攀岩训练,由运动者在25毫米宽、3毫米厚的尼龙扁带上自由活动并完成各种规定动作。

(2018-01-01)

青田冰雪

第二届冰雪运动嘉年华在青田乐园室内滑雪馆进行。前篮球国手丁锦辉和大家一起"嗨雪",感受滑雪的乐趣。听老板介绍,现在室内雪场不断增加,玩雪的人也越来越多。滑雪以亲子玩为多,以女性为多。男女雪鞋比大体是1∶2。

(2018-01-07)

赛事IP

国际管理集团亚太区高级副总裁克里斯·吉尼斯谈打造体育赛事顶级IP的黄金法则:(1)完善的系统管理;(2)完美的赛事体验;(3)统一的视觉管理;(4)动人的故事讲述;(5)强大的传播力量;(6)最新的科技运用。这几条黄金法则,也可以是体育管理工作的六个重点考量。

(2018-01-13)

排球联赛

　　看排球,是很久很久以前的事了。在排球超级联赛(嘉善大云赛区)观摩浙江女排 vs. 广东恒大时发现,现在的排球规则与 30 年前相比有了很多的创新:设置自由人,取消固定发球区,每球得分制,发球擦网有效,身体任何部位都可触球……不看不知道,一看吓一跳。

(2018-01-19)

马术运动

　　马术是"贵族"运动,花钱项目,涉及马匹、骑手、教练、兽医及场地、装备、粮草等环节。骑手和马的默契,马的技巧、速度、耐力和跨越障碍能力都是马术的关键。马术比赛有盛装舞步赛、障碍赛和三日赛等项目。浙江马术队已参加五届全运会,并连续三届获团体铜牌。据《钱江晚报》消息,马术项目已开始进入杭师大附中、杭二中、建兰、崇文等学校。

(2018-01-20)

又见扁带

　　扁带运动源于欧洲,是集平衡技巧和极限挑战竞技于一体的时尚山地运动。仙居县神仙居景区 2014—2017 年连续举办高空扁带挑战赛,参与者从 4 人扩大到 11 人、16 人、32 人。随着扁带赛事的传播,景区收获了体育＋旅游的神奇福利,逐步提出并着力打造中国户外运动窗口的愿景方向。

(2018-03-08)

廊桥赛事

　　茅以升曾说:桥是经过放大的一条板凳。庆元一带叫作"廊桥"的这种"板凳",不仅便利了山区人们的生产生活,也留下了乡愁信仰和文化记忆。今天,喜见一个叫江南 100 庆元廊桥国际多日越野赛的赛事正在酝酿筹备中。梦幻廊桥,已被放大为一种体育的板凳、运动的板凳。

(2018-03-10)

观赛有感

　　连续认真看了 CBA 季后赛浙江广厦 vs. 深圳马可波罗的两场球赛。对广厦外援福特森的体力、技艺和灵巧的印象愈加深刻。身边一位业内人士也感叹,国内要有一个福特森就好了！搞出几个中国的福特森,需要更多的牛肉,更多的赛事,更多的幼儿篮球,更多的球场,更多的好教练,还是要改我们的体育赛事机制？

（2018-03-18）

龙舟共赛

浙江大学和清华、北大、牛津、剑桥、麻省理工、斯坦福等 15 所国际知名高校的龙舟队,在杭州下沙金沙湖展开国际学霸龙舟赛。下沙高校集聚,学霸竞舟湖上,彰显"划力",体现活力。学霸龙舟赛,真是好赛事。

（2018-03-27）

赛事球事

晚上,广厦主场取胜,由此与山东"抢七"。看完比赛想起三句话:(1)赛事赢球市好。赛季初,场馆上座率多在 2/3 以内。季后赛,上座率满满。(2)赛事多城市活。场馆有赛,市民喜欢,会极大地带活街区,繁荣文化,触动城市。(3)竞赛闹产业旺。竞赛是体育之根。没有赛事带动,体育不成产业。因此,办好赛事,培育球（体育）迷,带动消费,才能引领产业。

（2018-04-09）

体育春运

有人把 4 月 15 日称作中国马拉松的"春运"日。今天,丽水半程马拉松开跑。据不完全统计,今日浙江同时有 6 场,全国有 43 场马拉松。有人说,马拉松太多了。其实,与体育强国相比,我们的马拉松并不多,何况咱们人多。国人才刚刚跑起,"春运"刚刚启幕,马拉松一定会更多。

（2018-04-15）

广厦庆功

经过常规赛、季后赛和最后总决赛,广厦男篮猛狮赢得 2017—2018 赛季 CBA 联赛亚军。虽是亚军,但瑕不掩瑜。13 年,广厦男篮走到这一步不容易。这是浙江职业篮球取得的历史性突破,是浙江体育在社会化市场化探索中取得的重要阶段性成果。庆贺广厦球队,感谢球迷粉丝,新赛季我们一起再战再赢。

(2018-04-25)

杭马签约

  今天,新周期杭州马拉松运营签约。2018—2021年,阿里体育将牵手杭马。阿里体育方面表示,将全力协助主办方办好杭州马拉松,把杭马从最美的马拉松打造成为最智慧的马拉松,把已有不少跑者的马拉松打造成为有更多跑者参与的马拉松。阿里巴巴集团对阿里体育运营杭马予以支持。未来的杭马,如同杭州这座城市,值得期待。

(2018-05-18)

缙云越野

  "今日微微细雨,好过阳光灿烂。"缙云仙都超级越野赛在雨中开跑。900余名跑者在最美景区的田野山地乡村体验21公里、35公里、60公里和100公里4个级别虐人的越野登高行程。县主要领导全程指导,相关部门全心投入,社会群众全域服务,为赛事顺畅进行提供了保障。

(2018-05-19)

湖畔运动

  浙江省第七届运动休闲旅游节即将在宁波市东钱湖开启。立足于天然湖泊,东钱湖探索发展以"四行"为主要内容的户外运动项目,使湖泊好看也好玩。"四行"是:步行,骑行,舟行,车行。我感觉:不管四行五行,只要运动起来,都行!

(2018-07-18)

黄龙先行

  黄龙全民健身节,今日入场人数45689人,在场人数15375人。足球、棒球、橄榄球、篮球、游泳加潜水。热闹的体育活动,精彩的体育赛事,加上刚刚亮相的智能体育,把夜间的黄龙体育中心搞得热热闹闹、红红火火。

(2018-08-08)

滑动丽水

　　2018年全国轮滑锦标赛在丽水市举行。比赛项目包括速度轮滑、花样轮滑、自由式轮滑、单排轮滑球、双排轮滑球、轮滑阻栏、极限轮滑、高山速降、回转和滑板等10项,8天的赛事吸引了全国各地3418名运动员教练员等参加,还有大量家长随队而来。这场赛事生动地诠释了啥叫赛事带动,啥叫体育产业。

(2018-08-11)

赛事选择

　　参加丽水举办的全国轮滑锦标赛运动员有2652人。组织者说,轮滑项目是"一车小孩参赛,两车家长观赛"。如此,有2600名家长抵丽。这对二、三线城市和边远地区的赛事选择有启示:青少年赛事有利于带动人气,有利于发展项目,有利于拉动消费,有利于城市更新。可以说,轮滑让丽水更精彩,更有活力。

(2018-08-12)

浙江泳军

　　真正的浙江"勇"军。雅加达亚运会中国游泳军团共52名选手,浙江占16人,其中15人站上了领奖台;中国获得的19金17银14铜中,浙江获得了12金6银4铜,金牌占了63%,奖牌占了44%;"五金店"店主徐嘉余是中国队的多金之王,4金2银的孙杨是夺得奖牌最多的中国选手。《体坛报》报道,浙江"泳军"成了本届亚运会的金牌收割机!

(2018-08-25)

办好赛事

　　有人说:文化靠会演,体育靠赛事。虽不全然,还是有理。体育的特征就是竞赛、活动。无赛事,不体育。与全球、亚洲、全国体育紧紧相关的就是奥运会、亚运会、全运会。一个地方、区域也是如此。我们的口号是:办好赛事,发展体育。

(2018-08-29)

雅加达标

到9月2日,浙江军团完成雅加达亚运会所有的参赛任务。在本届亚运会上,浙江选手以23金18银8铜共49枚奖牌的战绩,创造境外获得亚运会金牌新纪录,成就历届亚运赛场奖牌最多的新纪录。如在45个参赛国家与地区中,浙江可排第五位(居印尼之后);参赛选手59名(历届参赛选手最多),其中42人登上领奖台,占71%;参加的19个大项中,14个夺得奖牌,其中沙滩排球、网球、桥牌、攀岩等项目,领奖台上第一次出现浙江选手。

(2018-09-02)

轮滑球赛

在宁波体育产业博览会上初见轮滑球。据说,轮滑球源于冰球,也叫"冰上曲棍球"。项目速度快、强对抗、高惊险,融冰球马球特点于一体,进球不易。一节比赛下来,教练老师很着急:怎么打的?都攻不到球门,一个进球的机会都没有。虽没有进球,但边上的观众和家长的气氛还是很热烈。有孩子参与的赛事,一定不是坏赛事。其中体育产业的意味是浓浓的。

(2018-09-15)

省运开幕

浙江省第十六届运动会在湖州市开幕。有人说,雨下得那么深,你们却那么认真。关于运动会,体育人真的很认真。"山竹"大雨之下,全运开幕继续。浙江体育人用体育精神撑起一场完美的开幕式。

(2018-09-17)

智能体育

今日在国家体育总局发布新闻,首届全国智能体育大赛落地杭州未来科技城。个人理解:所谓智能体育,大约就是借助穿戴设备的运动,就是传统体育的智能化、网络化,严肃运动的社交化、娱乐化。于是,人人参赛、时时运动、处处健身成为可能。这也是坚持"社会力量办体育"的浙江体育的创新探索之举。

(2018-09-19)

山水四项

从来就是铁人三项,加上皮划艇就成了山水四项。第二届中国山水四项公开赛在金华市琅琊镇举行。中国铁人三项运动协会主席张健、体操奥运冠军何可欣客串出场,中国农民丰收节如约助兴,吸引众多群众冒雨体验,雨中观赛。

(2018-09-23)

杭马不松

参加杭州马拉松全程、半程项目的跑者都须提交体检报告。这是杭马组委会坚持了 32 年的传统,也是确保"跑马"安全的制度安排。但每年审核都需要面对体检报告造假的问题。《钱江晚报》的快评写得好:马拉松可以等下一场,生命没有第二次!杭州马拉松欢迎跑者参与,期盼和所有的马拉松爱好者共同打造一场健康、绿色、安全、快乐的城市马拉松。

(2018-10-10)

环太湖赛

2018 年第九届环太湖国际公路自行车赛(湖州赛段)完赛,总颁奖仪式在湖州市南太湖的月亮湾举行。据说,因赛道太美,上午的赛事时间比预料的长些。作为线性赛事,一场自行车赛的转播、保障及安保所动用的资源也是厉害。

(2018-10-14)

赛事评价

如何评价一场大型赛事活动?有人从大处着眼,总结了三句话:成功不成功,看安全;圆满不圆满,看接待;精彩不精彩,看宣传。安全运营,宾至如归,持续宣传,真的挺要紧的。

(2018-10-16)

酷玩柯桥

乘 2018 年长三角运动休闲体验季(柯桥站)活动东风,饱了时尚运动赛车、飞行、滑雪、水上及湖畔露营等项目的眼福。柯桥的运动休闲项目，种类较多、摩登前卫、市场引领，值得各地学习借鉴。

（2018-10-28）

杭马开战

今天，天帮忙人努力，2018年杭州马拉松7：30准时发枪。3.5万名跑者在杭州城市搭建的平台上欢乐开跑。组委会为确保跑者体验，在报名、发布、传播、参赛包领取及参赛、赛中、赛后服务、国际化等方面作了提升。感谢跑者，感谢杭州，感谢各部门和合作伙伴、赞助商的协同。明年的杭州马拉松一定会更好。

（2018-11-04）

国际视角

2018年杭州马拉松一结束，国际田联技术代表希拉里·沃克（Hilary Walker）在肯定杭马的同时，从跑者角度为组织者提出了专业的建议：(1)改进精英运动员的服务，设立便捷的专用厕所、男女分享的更衣设施、更宽敞的候赛空间；(2)精英跑者自备饮料的摆放要显眼、科学、便捷；(3)赛事场地的指示、标识、标牌要国际化，要有英文标注并足够显眼（字要大）；(4)增加杭马网站英文信息且及时发布，第一时间发布信息便于国内外媒体传播跟进；(5)赛事的新闻发布会还需增加，赛前赛后要不断发布新闻，推动热点；(6)规划赛道及起终点设置要兼顾组织者和赞助商的需求；(7)颁奖仪式要让更多的人参与、观赏；(8)服务要兼顾好精英跑者和普通跑者。专业人士的真知灼见，值得重视。

（2018-11-04）

数字说话

11月4日，杭州马拉松数字报告显示：10.7万人报名、3.5万人参加；男子组冠军成绩2：10：37，女子组冠军成绩2：25：10；国内男子全程冠军成绩2：24：12，女子全程冠军成绩2：46：47；全程、半程完赛率分别为97%、99%；赛事现场动用50台人脸识别系统，每人完成检录耗时3秒；2000人申请佩戴心率监测设备；赛道设置了10个视频记录点；共有30多个部门、4436名志愿者、399名裁判员、6100名安保人员、1501名交警、1095名医疗保障人员参与赛事保障工作。最重要的是,赛事安全!

(2018-11-07)

持杖行走

"双11",你在网上"剁手",我已在持杖行走。2018全国徒步大会(宁波海曙站)在海曙区龙观乡中坡山森林公园举行。尽管起步时飘起细雨,参与者还是精神饱满、一路开心。都说体育场馆少,乡村的空间不是很大吗?还是毛主席那句话:农村是个广阔天地,在那里是可以大有作为的。

(2018-11-11)

数字马拉

素材:杭州马拉松半程项目中,男子6090人完赛,平均年龄36.97岁(全程10136人完赛,平均年龄40.33岁);女子2817人完赛,平均年龄36.12岁(全程女子2081人完赛,平均年龄39.27岁)。杭州女子马拉松半程项目中,1882人完赛,平均年龄36.67岁。结论:(1)同一项目内跑男、跑女的平均年龄差距不太大(小于1岁),可视为男女均等;(2)无论男女从半程到全程平均年龄差距都在3岁(3.15岁~3.36岁),意味着从跑半程到跑全程大约需要3年的训练时间;(3)跑男的平均年龄一般大于跑女;(4)跑女的年龄一般在36岁左右;(5)考虑到女子马拉松在下沙大学城举办的因素,大学生跑女较少,有挖掘的空间。号外:精英跑者多为少男少女,但作为群体的平均速度,大叔大妈快于少男少女。

(2018-11-12)

卡丁逐鹿

2018年中国卡丁车锦标赛总决赛在金华市开赛。卡丁车运动是赛车运动的基础,"10岁前没玩过卡丁车的,上不了F1赛车道"。玩卡丁车的大都是青少年,且多为子承父业。该运动年消费约20万元。全年6站赛事每站3万元左右,赛期每天需2套轮胎(4只),每套1500元,车价1万~5万元。卡丁车需要场地配套及俱乐部组建,浙江约有40家俱乐部。其产业链包括汽车制造、维修、调试和汽车销售、文化、寄存、培训、广告、媒体等。

(2018-11-17)

巴马印象

运营巴黎马拉松的 ASO 爱德华·卡西尼奥尔先生在观摩杭马时给我们介绍了巴黎马拉松：(1)巴黎市政府每年仅有两天封闭香榭丽舍大街，都为体育(巴马、环法)。(2)巴马赛道一直坚持通过香榭丽舍大街、协和广场、卢浮宫、巴士底狱、新桥等多个巴黎地标性路段。(3)赛事每年4月上旬举办，报名费约100欧元。(4)每年参赛人数在5.5万~6万，分区分段分枪出发，总时间约需1.5小时。(5)马拉松博览会的人流量在9万以上，跑者中约35%来自国外。(6)每年分3个时段推出参赛名额，报名费依次加价。(7)赛道沿线设100个互动点位，有偿提供给相关组织、企业开展慈善、音乐等宣传。(8)着力打造低碳环保的马拉松，通过第三方计量、项目化方式为举办马拉松增加的碳排放买单。(9)巴马的所有权归巴黎市政府，经营权由企业付费取得。

(2018-11-17)

赛事真经

2018年杭州西湖跑山赛风雨无阻激情开跑。人在跑山，我和风雪户外的罗先生在聊跑。聊出些赛事组织的经脉：(1)赛事要全周期经营，开幕对跑者是出发，对运营者是下周期赛事的起点。(2)赛事不仅分享运动体验，也是分享运动装备。(3)倡导"山地运动，生态环保，垃圾下山，补给自带"理念。(4)山地赛事不是越大越好，深耕细作才能出精品。(5)赛事要培养忠实客户，培育赛事文化。(6)赛事要懂得和赞助商、品牌商、设计公司、志愿者组织等共享。

(2018-11-18)

互动盈利

眼下，盈利的体育赛事不多。赛事要赚钱，得全方位运营。在西湖跑山赛看看问问，所谓的赛事商业模式大概有：企业赛事冠名，商家品牌露出，赛事物资赞助，赛事装备销售，专用产品开发，赛事衍生品营销，赛事报名费及组织方式市场化等。自然，模式是模式，渠道是渠道。要渠道流水，还得靠赛事设计与商业智慧的融合，还得靠体育人与商业人的互动。

(2018-11-19)

久事真经

赛事运营应该注意啥？上海久事老师的经验是：(1)赛事安全是第一位。工作的漏洞包括但不限于赛事本身。(2)提升观众的体验。好的体验源于运营的细节，好的体验只能增不能减。(3)关注企业客户的回报。要给予大客户"适合"的回报。(4)做好危机公关。运营危机一旦出现，要做到"快报及时""慎报原因"。

(2018-11-23)

赛事大餐

无赛事不体育。浙江省第二届十佳商业体育赛事评选大赛，是体育赛事的评选活动，也是体育情怀和体育故事的分享会、赛事组织和赛事运营的共享会。15个闯入总决赛的赛事，个个棒棒个个精品。做好赛事，不仅收获体育，也收获文化收获价值观收获商业模式。体育，加码浙江。

(2018-11-24)

越跑越马

2018年绍兴国际马拉松赛鸣枪。一如首届越马，在浓墨重彩展示绍兴文化、最美水乡，央视直播的同时，今天的赛事在便利跑者、互动助力、生态环保和提升国际化等方面继续创新提升。

(2018-11-25)

赛事执行

在温州，有机会与来自法国的国际铁人三项联盟亚洲及中国事务顾问埃里克(Eric Le Lostec)交流赛事组织运营经验。他们的铁人三项赛事，执行手册涉及组委会组成，竞赛（安保、医疗、志愿者）组织、场地设置、物料设施、后勤、市场开发、媒体传播、奖金设置和赛事展示（开幕式、颁奖）等。赛事组织细节均条目化，执行手册及时更新。现代化、标准化的赛事，必然规范化。一本赛事执行手册，就是赛事的文化积淀积累。很显然，这是我们的短板。

(2018-11-26)

城市赛事

10月,由法国人埃里克任执行总监的温州国际铁人三项(游泳2公里、自行车80公里、跑步20公里)赛在温州市洞头区举办,影像在126个国家和地区落地。埃里克在温州与我们分享了城市运营赛事的经验:(1)有利于宣传城市,吸引投资。(2)有利于改变城市形象,促进城市发展。(3)赛事的效益,取决于城市运营的能力。(4)成功的赛事必须借助专业的人员、公司和专业的知识。(5)要重视赛事可能对环境带来的破坏,执行赛事环境标准。(6)要最大限度动员当地居民和志愿者参与,激发文化自豪感,推动居民参与体育运动。

(2018-11-28)

赛事故事

好赛事都有故事。体育赛事传播的故事、涵养的文化、宣扬的价值观,比赛事本身更重要。"在柴古唐斯括苍越野赛沿途,有位96岁的'地瓜奶奶'会拿出自家晾晒的香甜地瓜干,招待过往的运动员。"据中国越野跑圈"女神"珊瑚讲述,这是位日本跑者回国后发表的参赛见闻。老奶奶、地瓜干、免费、括苍山、越野赛,一连串的元素构成一个完美的体育故事。"普通真实的赛事故事,让世界了解了一个更加美好的临海,更加美好的中国。"有故事的赛事才真心是好的赛事。

(2018-11-28)

五有赛事

2018年浙江马拉松精英赛,于12月9日在伯温故里文成开跑。在新闻发布会上,有人谈及好赛事的标准。无赛事,不体育。有赛事,要办好。从产业角度看,好赛事可以"五个有"概括:热闹有人气(关注者众)、经典有年限(持续性久)、展现有活力(创新性强)、传播有故事(文化味浓)、运营有市场(营利性好)。

(2018-11-30)

自愿自虐

志愿者:你们辛苦了。跑者:我们是找"自虐",你们才真辛苦。这是在2018年莫干山国际越野跑挑战赛终点的一段真实的对话。12月1日晚11

时,60公里项目开跑。12月2日早晨8时左右,跑者陆续抵达终点。问女子组冠军大宝:一年跑几趟?答,每个月都跑。生命不息,跑步不止。

(2018-12-02)

闹猛湖州

12月1—2日,小小湖州,一天7赛。中国男子排球超级联赛(德清赛区)、浙江省男子篮球超级联赛、足球超级联赛、青少年柔道冠军赛(安吉)及湖州市第五届市民运动会公开水域游泳比赛(德清)、莫干山国际越野跑挑战赛(德清)、太湖图影国际半程马拉松(德清)。与其说是省运会的后续效应,不如说是湖州体育人的强赛事意识。有赛事龙头,体育产业的强大也就自然而然。有体育,才会有生机。有赛事,才会有生计。有产业,才会有生态。

(2018-12-03)

泳动杭州

2018年世界游泳锦标赛(25米)落幕杭州小莲花。中国队共获3金5银5铜。其中浙江运动员获1金3银4铜,2个第四、1个第五、3个第六、2个第七,破1项世界纪录、创1项亚洲纪录、平1项亚洲纪录。

(2018-12-17)

谁在越野

以2018年宁海越野挑战赛为例:100公里项目593名跑者中,上海人占31%,江浙沪合计占60.2%。50公里项目有996名跑者参加,上海人占42.8%,江浙沪合占74.8%。两项目中,"70后""80后"为主力跑者,分别占88.5%、84.6%;女跑者占比分别是17.5%、27.6%。另,赛事直接动用车辆62台,衍生品销售10万元,直接参与赛事5000人,直接消费1000万元,人均约2000元。

(2018-12-22)

智能体育

首届全国智能体育大赛总决赛在杭州未来科技城开幕。事非经过不知难。尤其是有别于传统的新事,每走一步都会面临观念认识文化制度的"隐形门"。大赛虽顺利开张,但要让体育插上新科技的翅膀,打出新旗帜,点亮新火炬,生出新形态,长出新业态,征程漫漫。期待智能体育在推动全民健身实践中,能够建功,能够立业。

(2018-12-29)

年终赛事

年终假日,雨雪骤起。全国智能体育大赛在寒冬中有序进行。这次大赛600万人参与,230万实名注册运动员,13个大项21个小项1400人晋级总决赛。智能体育,意义何在?推动全民健身活动,探索新型体育项目,创新体育竞赛方式,搭建体育与智能融合平台,引领体育产业升级,展现智能生活方式。

(2018-12-30)

篮球诸暨

本赛季CBA浙江广厦主场移师诸暨。周末,赴诸暨观赛(浙江广厦 vs. 山西汾酒)。听当地人介绍,作为篮球之乡的诸暨,人们热爱篮球的原因有二:第一,篮球场多。2014年统计,全市有篮球场2251个,几乎是每平方公里就有一个。"小时候,我村里有八支球队。一个生产队就有一支队伍。"第二,看球赛冲突多。"外出看球赛回家,人家碰到不是先问谁赢谁输,而是问有没有产生冲突。"当然,这些都已经是过去时了。

(2019-01-05)

搞定基本

今日,随着外地选手占82.12%的厦马开跑。对组委会的吐槽之声也在扩散:领装备排队一个半小时拿不到,几千人排队毫无应对方案,领物大厅备案严重不足等。老实说,组织马拉松赛事不易,极具技术功夫。但在马拉松高度竞争、增值服务满天飞的背景下,专家意见值得重视:"组委会要做的,是先保证基本的服务,如赛前信息服务、现场选手领物、赛时服务,赛后快速分流等等,然后再做锦上添花的增量。"今日厦马启示:全力保证保障基本服务到位,余力创新添加更多非基本服务。

(2019-01-06)

再探电竞

借英雄联盟LPL春季赛常规赛浙江主场赛第一场(LGD vs. BLG)开赛,学习电子竞技。现场观赛(门票80元)人不少。据介绍,网上观赛约2500万人,主打年龄18～35岁。本次赛事的赞助商包括奔驰、英特尔、戴尔和蒙牛等。目前,电竞俱乐部主要有版权收入、商务赞助、主场线下门票、软饮及衍生品销售等相关收入。一支高水平俱乐部的年成本超过5000万元。国内俱乐部队员最高转会费约3000万元。

(2019-01-15)

万村篮球

初一早起,看一本介绍广西万村农民篮球赛的书(《断裂与重构》)。据介绍:广西万村农民篮球赛创办于2006年,迄今已五届,是目前全国参赛人数规模较大的乡村体育赛事。赛事分预赛和总决赛,赛期约10个月。虽说参赛自愿,参与的村却有上万个,被民间称为"中国农民NBA"。专家称:这个赛事,实践了政府理念,搭建了社会平台,吸引了民间投入,弘扬了传统文化,激发了干事创业热情,创新的基层管理,塑造了文明村风。可以想象,这个万村篮球不简单!若搞好,会是推动农村群众体育乃至乡村振兴的重要抓手和经典案例。

(2019-02-05)

接力赛跑

2019年浙江马拉松接力赛在杭州滨江最美跑道开跑。接力赛创办于2017年。2018年有137个跑团参加赛事,今年参赛跑团达256个。这从一个侧面反映了浙江路跑事业的兴盛。

(2019-03-09)

围棋赛事

中国围棋协会有专家提出:让围棋赛事成为广大棋友的生活方式。中国的围棋赛事是举办最频繁的体育赛事之一。无赛事不体育,这也是我们这些年来不断加强赛事举办工作的理由。从产业角度看,赛事体育就是竞赛表演业,极具产业龙头性质。体育赛事生活化,就是体育现代化,就是体育产业化。

(2019-03-28)

超马力量

明天,丽水超级马拉松开跑。丽水建设者在极短时间向世界奉献了一条50公里的最美山水跑道。据市水发公司负责人介绍,他们负责建设的20公里新铺设路面、4座新架设栈桥,仅有74天工期,其中50天雨、一个春节。超马创造奇迹,让不可能变成可能。丽水超马的奇迹力量,就是体育力量。丽水超马赛道,又一个"体育赋能城市"的经典案例。

(2019-03-30)

冠军回家

自1984年中国恢复参加奥运会至今,浙江共产生了12位奥运冠军,夺得18枚金牌。他们是吴小旋、楼云、吕林、占旭刚、朱启南、罗雪娟、孟关良、周苏红、江钰源、孙杨、叶诗文、石智勇。4月4日,12位浙江奥运冠军回家聚会,拍下了第一张全家福,种下了"浙江奥运冠军林",并齐刷刷出席了年度浙江体坛十佳颁奖盛典。

(2019-04-04)

水上滑板

准确地说,是电动冲浪板。据来自武义的生产企业介绍,该滑板以锂电池为动力,电机带动轴流喷泵的叶轮旋转产生的推力驱动滑板滑行,冲浪时速可达55公里以上。它不仅可作为专业冲浪赛事用板,也可以作为平时冲浪训练以及冬季项目夏训跨项训练的器材。水上运动器材,可作为冰雪运动的训练器材。这点,让人耳目一新。

(2019-04-06)

乐清运动

谷雨时节,第六届长三角运动休闲体验季活动在乐清雁荡山拉开序幕。今年共设浙江乐清、东阳、宁海三站,上海奉贤站,江苏武进、铜山两站,安徽亳州、黄山两站,时间从4月延续至10月。新体育,新生活。运动休闲,助力全民健身,助力体育旅游,助力经济社会转型。

(2019-04-21)

森林运动

首届全国森林极限运动论坛在衢州市柯城区开锣。个人觉得,森林运动就是把体育引入森林,让运动激活生态。她包括并不仅限于徒步、登山、越野、攀岩、滑雪、滑翔、定向、溯溪及骑行、露营等。当年,从"砍树"到"看树""护树"，为的是生态。如今，通过发展森林运动，变"山场"为"赛场"，变"林道"为"赛道"，变"农事"为"赛事"，实现"空气"变"人气"、"绿水"变"流水"、"青山"变"金山"，为的是健康发展，为的是践行"绿水青山就是金山银山"的理念。森林运动，使"活树"变"活钱"、"叶子"变"票子"，是新时代的林下经济、森林产业和生态文明。

（2019-04-23）

柴古唐斯

收到刚刚收官的2019年柴古唐斯·括苍越野赛图册，被赛事运营者的高效所惊讶。赛事21日结束，今天成书。今年的这场越野赛设110、80、50公里三个组别，吸引了2511人参赛，其中境外选手208人。赛事收视点击量达7286.7万人次。更可喜的是：一是推出了赛事主题歌《天生狂野》，二是赛事文化及衍生品迈出新步伐，三是赛事商业运作引进了新品牌。据称，三天赛事产生直接消费逾1200多万元。

（2019-04-29）

跑酷运动

跑酷的英文是parkour，它被认为是一种当代极限体育运动。跑酷多以日常生活的城市环境为运动场所，无既定规则，在各种日常（屋顶、公园、地铁出入口及楼道等）设施间随意快速跑跳穿行，自由表达。酷跑运动具有一定危险，但被认为是城市自由式体育项目，展示人的自信、活力、强壮、敏捷，挖掘身体潜能。国际体联已连续两年举办世界杯跑酷赛。

（2019-05-09）

户外开会

户外天地广阔，户外造就未来。浙江省首届户外运动大会将于6月1日在德清县莫干山启幕。大会以"运动浙江，户外天堂"为主题，活动贯穿全年，主要有攀岩、山地骑行、马术、高空滑索、丛林探险、热气球、摩托艇、皮划艇、桨板等体验项目；露营大会、后备箱美食节、草坪音乐会等互动项目；莫干山越野赛、少儿平衡车联赛、竹海马拉松等竞赛项目。目标是打造浙江户外运动的新品牌，推广户外运动生活方式，推动户外运动产业发展。

（2019-05-21）

体育上课

六一节前夕,黄龙体育中心推出青少年大型体育公益活动"黄龙体育课"。体育课分体育培训课、体育赛事课两类。培训课以学习运动技能、形成体育特长、养成运动习惯为重点,赛事课以学习竞赛规则、增强团队意识、锤炼拼搏精神为重点。首期推出课程有足球、棒球、橄榄球、网球、羽毛球、击剑、壁球、高尔夫、游泳、体适能等10个项目。体育是最好的教育。黄龙体育课,是体育公益课,也是青少年强身健体的人生必修课。

(2019-06-01)

户外大会

体育是最好的教育,户外是最好的学校,大自然是最好的老师。六一节,浙江省首届户外运动大会在莫干山启动。大会以"运动浙江,户外天堂"为主题,活动贯穿全年、水陆空俱全,山地运动嘉年华、高端论坛、项目体验、草坪音乐和露营大会等六大门类陆续推出,旨在推广户外运动,展现浙江全域户外的美好。

(2019-06-01)

百村万帐

为助力乡村振兴,也为推广户外运动,一项名为"百村万帐"的活动在浙江启动。所谓"百村万帐",就是利用浙江的好山好水资源,植入帐篷露营活动,结合运动及餐食、文娱等时尚,创造一种新运动生活。我们设想,通过组织户外露营活动,传播户外生活理念,增加户外运动人口,普及户外运动项目,发展户外体育产业。有人说,由"百村万帐"而"百村万账",可以千村示范。我们在探索,有期待。

(2019-06-02)

美式台球

杨梅成熟季节,2019年CBSA美式台球泰顺国际公开赛在泰顺县百丈时尚体育小镇举行。据说,美式台球比较随意,对场地要求不高,规则也简单。本次赛事是女赛,一群女选手因赛事集聚,给山区小镇带来时尚,带来生机活力,也带来一丝美丽经济。

(2019-06-11)

千人比武

浙江省第十四届国际传统武术比赛在绍兴开战。时下,广场舞排舞人多,习武尚武者也不少。主办方说,报名参与本次赛事逾4000人。若不及时"关门",远不止这数。据业内人士观察,现在类似武术、国际标准舞、围棋、国际象棋、幼儿篮球等赛事的人气、产业带动效应让人惊讶,值得关注。

(2019-07-13)

滑动丽水

到丽水,观摩正在进行中的2019全国轮滑锦标赛。赛事有来自全国各地的34个代表团382支队伍3625名运动员、教练员的参与,实现了轮滑赛事全域全覆盖。连同参与的裁判员及家长逾万人。一个赛事,一周时间,一万客人,搅动一座城市。如有更多高等级专业场地设施、更普及的青少年轮滑活动、更浓烈的轮滑文化氛围,"轮滑之城"可期待。

(2019-07-31)

出国办赛

早就听说江南100公司要在日本富士山举办越野赛事。不想这场"3776 FUJI 100"的越野赛已悄然于7月14—15日成功完赛。据组织者透露,赛事有100公里、42公里两个组别,共有100多名选手报名参赛,其中国内选手占90%。跨国办赛尝鲜,虽历经艰难,却收获了文化的交融,收获了走出去办赛的经验,也收获了对富士山的深度体验。"中国人在富士山办赛,是关于想象力的一次尝试。"

(2019-08-05)

壶镇篮球

一年一度的缙云壶镇年度篮球联赛本周五即将登场。壶镇篮球协会会长介绍说,壶镇篮球群众基础雄厚,篮球联赛已经办了十余届。每年大约有七支队参赛,参赛队员由在镇篮协注册的本土运动员组成。为增加比赛对抗性,每支队队员由"选秀"(排队依次轮流挑选)产生。赛事由企业赞助支持,参赛队也由企业冠名。赛事时间都在暑期,便于镇在外地就读的大学生参赛。比赛在村里举办,由各村向镇篮协提出主办申请,篮协最终决定。镇篮球联赛,自称是草根 NBA。轮到主办的村,家家户户都把亲戚朋友请过来观赛助阵,比过年还热闹。看了小镇赛事资料照片,的确很震惊。谁说农村体育不如城市?谁说只有城里人才会办赛?

(2019-08-14)

花丛绿叶

8月14日,《钱江晚报》消息:10月底开跑的杭州国际女子马拉松招募"兔子",1200个小伙竞争50个名额。女子马拉松配男子官方配速员,这是一大风景。小伙子竞相参与竞争,这是一大风情。4%的"中签率",不能不说这是一大风向。现在,马拉松不少,有特点特色和有风景、有风情的马拉松不多。看好杭州女马,点赞女马男兔。

(2019-08-16)

壶镇好球

不到现场还真不知道一个镇篮球联赛的闹猛。一夜比赛打两场:冠亚军决赛,三、四名争夺赛。一次比赛三个场:露天球场2500人,球场外场2500人,网上看场约10万人。赛事加上简短闭幕式持续四小时,现场全程几乎很少人离场。满场上下一气,锣鼓喧天,斗志昂扬,秩序井然。最是一批年轻女球迷,叫得响,挺得闹,搞得欢。什么是农村体育,什么是群众体育,什么是全民健身,什么是浙江篮球,在壶镇篮球联赛中可以找到答案。

(2019-08-25)

又是越野

2019年灵鹫山第二届(国际)森林汽车穿越大赛暨中国摩托车耐力大奖赛在衢州柯城火热开启。300余辆专业越野车、150余辆越野摩托车参赛。大赛还配套举办了各类赛车的展示交流活动。

(2019-08-31)

松阳运动

浙江省第八届运动休闲旅游节开幕式在松阳双童山景区拉开帷幕。系列活动包括省十佳运动休闲绿道评选、体育旅游高峰论坛、松荫溪绿道AR定向赛、田园松阳运动休闲嘉年华、田园乡村音乐节等系列活动。休闲旅游节旨在践行"运动浙江,户外天堂"理念,推动浙江户外运动产业发展。

（2019-09-06）

汽车越野

长三角运动休闲体验季走进安徽省泾县,遇上全国汽车越野场地赛。场地是一个溪滩地改建的汽车越野公园,依山傍水,大且壮观。来自全国特别是长三角地区的300余台越野车在比赛中参与竞技、交流。越野好像算是重装备体育了。它是户外运动,也是时尚生活。

（2019-09-08）

速度激情

假日,不到12小时,环行半个浙江,只为宁波国际赛车场燃情的这场2019年世界房车锦标赛和中国汽车（场地）职业联赛、国际汽车中国系列赛、本田统一规格赛。参赛的有26辆国际赛车及300人服务团队,赛场各类服务人员2000人,观众逾万人次,赛事传播信号在163个国家、地区落地。据观察家介绍,本赛事级别高、有技术含量,为宁波市北仑区引入时尚汽车文化,也给地区旅馆餐饮业带来客流,但观众的成熟度稳定性有待提高,赛场离市区路途略远,周边道路系统也需改善。

（2019-09-15）

公园赛事

9月14日,一场国际撑竿跳高邀请赛暨首届海峡两岸撑竿跳高邀请赛在海宁市鹃湖广场举行。一个田径赛事走进公园、走近百姓身边,海宁人并不惊讶。海宁曾探索着把举重赛事、激光射击赛事办进大型商城,深受百姓欢迎。此举折射出的办赛观念思路办法套路转变,值得深思。有的赛事投入巨大,场地观众却寥寥无几。何不学学海宁,试着办办商场赛、公园赛、街头赛。铺上移动装备,装上灯光音响,那儿就会是体育竞技场。这也是"以人民为中心""推动全民健身"动真格的具体举措。

（2019-09-17）

赛事互动

响应长三角一体化国家战略,作为浙江、江苏、安徽三省马拉松赛事体系龙头的杭州、南京和合肥马拉松率先推出的长三角马拉松直通车项目今日启动。杭州马拉松2016年以来完赛的运动员,9月23—30日可通过杭马官网报名,获得11月10日南京马拉松或11月10日合肥马拉松直通资格。报名人数限定50名,报名人数超过50名,以抽签方式确定资格。未中签杭马的南马、合马跑者,同样可通过各自官网报名,有机会获得杭马直通名额。江浙沪皖区域体育产业占全国30%份额。2018年全国共举办马拉松及相关运动赛事(路跑赛事800人以上,越野跑及其他300人以上)1581场,累计参赛人次583万。其中江浙沪皖举办的场次均位居各省市前七,浙江180场、江苏146场、上海83场、安徽53场,占全国的29.2%。

(2019-09-23)

羊上飞行

天空很辽阔,缙云任你飞。2019年全国滑翔伞定点联赛在缙云县羊上飞行基地举行,来自全国各地的70余位滑翔伞好手参赛。据了解,浙江省航空运动发展态势较好、业态初成。全省已有各类航空运动培训体验场所及航空运动俱乐部43家,其中滑翔伞基地15家,国家级航空飞行营地19家,另有航空运动装备制造企业五家。

(2019-10-10)

户外大会

经过一段时间筹备,浙江省首届户外运动大会,今天下午将在德清地信小镇展现。户外运动是群众基础最好的运动,也是最经济的运动,最便捷的运动,最健康的运动。本着"以人民为中心"的思想,"绿水青山就是金山银山"的理念,我们搭建了"户外运动大会"这样一个平台。希望有更多的人走向户外,爱上运动,让自己健康也为健康中国添力。运动浙江,户外天堂。

(2019-11-02)

年年加马

杭马年年开枪,今年涉足赛道。在西湖边,一大群人朝着一个方向"跑过风景跑过你",又是另一种体验。没有红灯,不要"一看二慢三通过"。没有烦恼,只要撒腿开跑。一路相互鼓励,共同目标就是为了健康面向终点。跑到终点赢得加油、奖牌,今年跑不到终点,明年再来加马也有人鼓掌。一位陪伴了杭马大半辈子的老人,穿着已发黄的参赛服,戴着"98 国际友好西湖马拉松赛"的号码布,为杭马加油鼓劲。他说:每年杭马我都来。对于一个城市而言,马拉松就是狂欢,就是健康的嘉年华。

(2019-11-03)

小镇大赛

日前 2019 年凯乐石莫干山跑山赛在莫干山镇上开跑。有专家评价:这是一个可以进入教材的赛事运营案例。个人观察:这是一场在名山办的赛事;办赛三年,每次参赛人数已逼近 5000 人;主办者用心,精心设计参赛装备;让赛事变得好玩,成为秀场;整个小镇都为越野忙碌数天。一个小镇,突然来了 5000 人,该是多大的产业。

(2019-11-04)

缙云首马

仙都国际半程马拉松是缙云首马。一路观察,感觉规模不大却精彩纷呈:(1)绿道就是赛道,山水城景人一体;(2)群众参与氛围浓郁,跑者志愿者大人小孩各得其乐;(3)体育明星助兴,惠若琪、袁心玥、丁锦辉、郑瀚等参跑;(4)赛事体验温馨,"第一秒"服务及起终点和赛道服务为赛事加分;(5)媒体宣传聚焦,"奔跑缙云""畅跑仙都、步步缙彩";(6)县里高度重视,书记、县长等全程参与并为最后一位跑者挂牌。

(2019-11-11)

水下曲棍

现在时尚的、"奇奇怪怪"的运动项目不断涌现。在天台县出差,才了解到有水下曲棍球(Underwater Hockey,UWH)这样的项目。这是一项新兴的水下球类运动。其场地是 25 米×12 米×(2~4)米的泳池,6 人团队(另 2 人替换,2 人候补)对抗项目。看似可以理解为,游泳+潜水+曲棍球。据说,目前有家叫海豹突击的俱乐部在杭州运营、推广这项运动。

(2019-11-13)

杭马非马

今年的杭州马拉松过去了,但话题还在延续。有专业人士一句"杭马非马"的感慨,简洁精辟,说出了马拉松的真谛:当马拉松贴近百姓、跑动全民的时候,马拉松就不仅仅是体育竞技赛事,而是"全民健康的运动,全民狂欢的盛宴,全民科技的演示,全民联播的话题",是发达城市的文化,体育强国的标识。

(2019-11-14)

美丽动人

西施故里在诸暨,诸暨西施马拉松动人。2018年的诸马雪花飘飘,美丽"冻"人。今年的诸马阳光明媚,美丽迷人。据了解,赛事共吸引1.5万名跑者,近1万人服务,至少1.5万人观赛。融合是诸马的亮点特色。诸马不仅有西施,还有袜业、珍珠、香榧和文化旅游美食节。

(2019-11-17)

快闪赛事

"快闪",作为时尚行为艺术被应用于体育赛事活动。最近,主办杭州西湖跑山赛的风雪户外公司,延伸开发了西湖山径"快闪"赛。他们在西湖群山设计开发了日跑、夜跑两条线路,用玩赛小助手App,跑友可随时、多次前往规定的线路自由参赛。完赛后,有指定的民宿店或驿站可领取证书、纪念品或参赛福利。"快闪",本是指一群志同道合的陌生人借助网络平台约定一个时间在一个地点做一件有意义的事,快来闪去,无组织但有纪律。有人认为,"快闪"赛事的组织方式,避免了马拉松等大型赛事对城市治理、自然环境带来的压力和挑战,增强了赛事持续活跃度和专业性,是开展群众身边赛事活动的一种新方式。

(2019-11-28)

把事做足

赛事是体育的龙头、核心。做赛事,一要把赛办好,精益求精地办好参与者最好体验的赛事。二要把事做足,以赛说事、以赛谋事、以赛成事,通过赛事推动城事。有人说"举办体育赛事的城市,往往是醉翁之意不在酒",挺有道理的。

(2019-12-16)

攀浪运动

这是由民间创设的一项户外活动。绍兴市上虞区岭南乡覆卮山的万年石浪,属第四纪冰川遗迹。据说是目前国内低纬度、低海拔地区发现的较大规模的石浪群,有大浪、小浪、梅浪、乌浪、响石浪等12条石浪。攀浪就是在既定的石浪赛道上进行的山地攀爬攀岩竞赛。覆卮山攀浪已开展10余年,活动受到众多户外运动爱好者青睐。慕名到访,细雨蒙蒙,虽难见攀浪,却也真切感受这项运动特别是这片石浪对户外运动爱好者的魅力。山路旁,各地户外运动俱乐部的"留痕"随处可见,如游侠客、宾果部落、盛泽山猫、定向金华、诸暨山猫、上海66、凤新户外等。

(2019-12-19)

户外盛会

2019年中国登山户外行业大会在江山市举行。大会以"攀登新时代"为主题,汇聚全国登山户外运动俱乐部及行业领军人物、体育媒体等,总结过往、展望未来。与会聆听,深感户外天地广阔:(1)户外已来,户外运动当是新时代体育的标志之一。(2)户外够热,全国近500家俱乐部齐聚。特别是江浙沪长三角一带,运动人群、装备销售、基础设施等均领跑全国。(3)短板犹在,户外宣传、培训、设施、基地等建设的堵点还有待破解。(4)信心满满,业内人士对"吃饱了撑起"的户外产业前景普遍乐观。有专家说,体育是场馆的体育,更是户外的体育。场馆支撑不了全民健身,全民健身还得仰仗全域运动、户外运动。

(2019-12-30)

线上体育

顺应人们宅家锻炼需求,体育云课堂、健身短视频、运动赛事汇通过各种公众号、直播平台等"登堂入室"。用媒体的话说是,"宅家让中国掀起直播新热潮"。乐刻运动2月3日上线"宅家运动会",至16日全网参与人次超12亿。2月5日推出"宅家运动"团课,至16日观看人次达231万。杭州等地体育老师也制作推出"居家体育微课"。线上体育,传播体育理念、浓郁运动氛围、教授健身实操、调节家庭生活,也加快带动了市场、网络对体育健身业的关注、试水和投入。经过市场洗礼,优胜劣汰,相信会有一批有内容、有创意、高质量、高颜值的借助视频平台传播的体育健身服务企业脱颖而出。线上体育?

直播体育？智能体育？叫什么名不重要，重要的是瞄准客户需求，创新产业呈现，厘清商业模式，推动业态持续，共创"人人都是运动员，随时随地可健身"的体育中国，健康中国。

（2020-02-24）

路跑赛情

各类路跑是浙江群众性赛事活动的主体。去年，全省各类路跑赛事活动约365场81万人次，其中800人以上马拉松及路跑、300人以上越野的规模赛事共230余场，1—4月规模赛事73场。据初步统计，今年1、2月各地以元旦迎新跑为主题的规模赛事有10余场，大批赛事活动无法开展。预计3、4月被取消或延期的至少有32场。这可能带来三个后果：一是赛事运营面临一个时期无营收的生存压力；二是大量赛事面临下半年扎堆开赛的竞争压力；三是赛事运营公司面临转型提质的发展压力。如何缓解压力、顶住压力、释放压力，化压力为动力，需要企业、政府和社会在市场框架下共同加油发力。

（2020-02-25）

赛事动态

上半年，大量赛事被取消或延期。延期的赛事运营商既面临报名费退款压力，又要承受赞助商解约压力。省内某越野赛由4月延至10月，近千跑者退赛。运营商坦陈：下半年赛事"扎堆"我们不怕，影响最大的是赞助。去年谈好合同未签的都黄了，已签的现在也要求解约或削减额度，我们很理解，但我们着实也难。赛事是体育的核心，也是体育产业的最重要形式和载体，应该得到更多的硬支持。好消息是：3月22日成都双遗传马拉松健康跑大胆开跑，1000人跑6公里，规模不大但体现自信。

（2020-03-22）

越野挑战

关注正在进行的江南百英里赛道纪录挑战赛。地点：浙江宁波奉化山区。事件：一个人挑战赛道纪录，一帮人旁观帮助直播，一群人网上加油呐喊。亮点：一个人，168公里越野，7100米爬升，经过38个江南村庄。影响：今天早上5:30出发，6:30网上关注人数已达71万人，到8:30，网上关注达到127万人。

（2020-04-10）

运动越野

江南百英里赛道纪录挑战赛于今日凌晨圆满成功。来自贵州的赵家驹用时 18:35:45 跑完 168 公里，大幅刷新赛道纪录，451 万网友见证"参与"这场一个人的赛事。如网友所言：时下，一个人的奔跑，代表了勇往直前的体育精神。超 400 万观众的直播，印证了人民对美好生活的向往。一家公司为一个人办赛并直接运营服务近 20 小时，背后的付出难以言表，这也彰显了浙江体育企业的运动越野情怀。感谢家驹的勇敢，感谢"江南 100"的执着，感谢宁波奉化的担当，也感谢 451 万网友的鼓掌，是大家的共同努力成就了这样一场特别精彩的"赛事"。

（2020-04-11）

聊说赛事

大家总把赛事恢复作为体育的标志性事件。东京奥运会延期，引发世界关注。但我们不能将体育狭隘地归结为体育赛事、比赛。赛事、比赛是体育特有标识。无赛事，就无体育。但，仅有比赛不等于就有体育。赛事，是一种代表体育运动的社会现象，是一场你来我往的体育竞技，是一个交流彼此的社会舞台，是一种营销体育的文化展示，是一次聚集人流的城市检阅，是一条健康发展的产业路径。深化赛事认识，有助于办好赛事、比赛，有助于提升竞技、传播体育、发展产业。

（2020-07-12）

健身上街

今天是第十二个 8·8 全民健身日。夜幕下，来自全国各地的 500 余名乐刻运动健身爱好者"占据"杭州湖滨步行街，拉开杭州市首届夜健身活动展示序幕。这次活动的意义在于，健身上街，而且上的是杭州最热闹步行街。

（2020-08-08）

汽摩沙龙

为助力猛峰尖越野运动，省体育产业联合会在缙云展开专业运动沙龙。有专家说，户外运动，包括汽摩越野运动，其发展要素应该包括但不限于：一片风景秀丽的地（设施），一群玩得疯狂的人（达人），一样引领时尚的项目（运动),一种多元融合的生态(配套),一个眼光高远的政府(环境)。汽摩越野,着眼于开山辟地运动,是全域体育、全域旅游的先驱,也是一种有品位的全栖户外生活。

(2020-08-26)

欢畅开跑

杭州市下城区马拉松协会以一场100公里超马接力赛为自己庆生,来自全省各地23支跑团逾百人参赛助兴。本次接力赛意义不在跑,在开。对体育而言,放开是心情,跑开是快乐。

(2020-08-30)

武林对决

一早,杭州城北体育公园,16位(七女九男)来自浙江各地的马拉松精英选手聚会,目标是打破浙江人跑马拉松的历史纪录。有意义的是,两位历史纪录保持者今天也到赛场添力助兴:黄岩人曾启顺,1986年北京国际马拉松成绩2:25:12。郑芝玲,2016年汉城国际马拉松成绩2:33:50。能否打破尘封纪录?可以期待。

(2020-10-18)

尿不湿组

今天的黄龙体育赛事课——黄龙平衡车铁人挑战赛,吸引了150名2～5岁小朋友参加。萌人的是,赛事专门为穿尿不湿上场的小朋友设置"尿不湿组"。组织者称:"尿不湿组是我们的首创,主要针对刚刚接触平衡车的小朋友,每次比赛这个组别都是人气最旺的!"萌娃扎堆的体育赛事活动最上镜,最有戏剧性,也最有产业前景!

(2020-10-18)

户外户外

人有德行,有水至清。莫干很美,户外最好。浙江省第二届户外运动大会如期而至。莫干山水、蓝天白云间,帐篷营地,丽人路跑,水上桨板,滑翔飞行,泵道赛车,天空瑜伽,鲈鱼钓赛等40余项活动陆续展开。推动户外运动,我们是认真的。

(2020-10-24)

萧山篮球

原先概念里有诸暨篮球,楼塔镇浓郁的农民篮球文化为隔壁萧山的草根篮球提供了新注解。今晚启幕的杭州市萧山城镇英雄篮球联赛,两赛区21天赛期23支队伍逾310名草根运动员57场比赛,将一场年度篮球盛宴和盘托出。据称,区篮球协会也将借此推动乡镇街道篮协全覆盖建设。

(2020-10-28)

登顶11峰

11月15日浙江省体育局将携手新蓝网、省登山协会、江南100和11市体育局,开展"环浙·登顶11峰"活动。全省11市登山户外运动达人、爱好者和媒体人联合组队,同步登顶11地最高峰并设置标识,以推广环浙步道项目,推动户外运动开展和全民健身。中国蓝TV直播间将组织全省活动直播大联动。

(2020-10-30)

越野活力

周末,一场"蓄谋已久"的杭州马帮状元谷越野争霸赛,在淳安县宋村乡一个山谷荒地举行。200多辆车、400多人参赛,50多位车模助兴,赛事搅动了寂静山野。今年,当地引入蚂蚁探路团队,打造山地汽车越野运动项目。短短半年时间谋划,一炮走红,引爆越野圈。赛事活动后,多家汽车俱乐部希望来这里举办年会等活动。组织者说,这是"运动振兴乡村"又一典型的"浙江案例"。

(2020-11-09)

赛道无痕

江南100系列越野赛,响应"无痕山林"关于尊重自然、最小冲击的环保理念,践行赛道无痕行动。每次赛事组织都倡导低耗"零废弃"、重复利用、环保材料,赛后组织赛道垃圾全面清理、回收路标等。体育越野,既享用山野美好又传达自然友好。赛道无痕,文明有范。

(2020-11-11)

联动登山

全省11支民间登山队，联动攀登11市最高峰，连续4.5小时融媒大直播，"环浙·登顶11峰"活动圆满成功。这是一次全省登山户外爱好者的大聚会，群众性登山健身活动的大展示，体育与新媒体、运动者与记者的大融合，也是环浙步道系统建设的大宣传。11座山峰总海拔高度14333米。站在浙江最高峰，我们向全社会多渠道传递了"运动浙江、户外天堂"的理念口号。

（2020-11-15）

下城起跑

11月22日小雪，第三十四届杭州马拉松在武林门延安路鸣枪开跑。时间延后，项目减少，人数减少，起点调整，将成为本届杭马珍贵的历史记忆。下城区体育部门的同事说，今年杭马在下城区起跑意义特别。

（2020-11-22）

问题导向

一位北京越野女将，在体验省内某知名赛事后，写了《100个失误》。据说是"一路听着选手吐槽，收集总结了赛事的100个组织失误"，从路线指引、装备和补给、其他细节三方面"吐槽"了34个专业问题。组织者不以为意，反以为得到提升服务的教材："最终用户用钱与脚投票。如果用户提出问题不改进，赛事不会有未来。只满足用户需求远不够，赛事从业者在实践认知上得超过用户，得做出超越用户期待的品质。"

（2020-11-23）

东西交流

周五在浙江第九届运动休闲旅游节上，贵州黔东南从江县加榜小学队与萧山区湘湖小学队展开了一场足球友谊赛。赛事本身不重要，重要的是这是一场对口帮扶的公益赛，一场东西部青少年足球交流会友谊赛。这场比赛，因为体育名嘴韩乔生的主持和"转播"，中国女足队员智杰的参与和互动，一批杭州家长的场边助力和喝彩而生动。

（2020-11-28）

台式排球

在绍兴奥体中心看到这类似乒乓球桌的台子,据说这是从国外引进的台式排球。顾名思义,台式排球就是在桌子上打排球,可以一对一、二对二,可以垫球、扣球。球也似乎有所改进,从几个队员的对打表演看,还有那么点意思。缺陷是对场地的要求有点高。

(2020-12-20)

气排球赛

在中国·绍兴气排球公开赛上,第一次完整看完一场气排球赛(浙江冠军队 vs. 宜春学院队)。有别于一般排球,气排球场地小于排球,网低于排球,球也有区别,俗称软排球。气排球是全民健身运动中,比较适宜多数人群的项目,在我省非常普及。天津全运会上,浙江气排球队夺得冠军。这是浙江赢得的首个大球全国冠军。

(2020-12-22)

浙江最野

据说,2020年全国线上报名的大小越野赛290场左右,其中顺利举办的约一半。《户外探险》以赛事个性、特色、历史、参赛人数等为标准,选出"2020年国内最具影响力的十大越野赛"。其中,浙江独占半壁江山:宁海越野挑战赛——竞赛水平最高,江南之巅天空越野赛——最大百公里爬升,柴古唐斯·括苍越野赛——现场气氛最佳,莫干山跑山赛——"网红打卡"式赛事体验,江南100英里——完赛率最高的百英里赛。浙江越野赛繁荣,要感谢浙江山水,感谢国内外越野爱好者,感谢赛事运营企业。野起来,更奔放、更漂亮。

(2021-01-24)

孤独越野

大年初三,有人还在觥筹交错,有人已在独自奔跑。今天上午 8:00,一个叫王晓林的跑者,开始了一场叫江南330暨环浙国家步道(杭州)挑战赛。这场一个人300公里的超级越野,从杭州临安区浙川村出发,途经临安、余杭、富阳、西湖、上城五区,最终转入西湖风景区,终点浙江宾馆。据报道,今日 18:

38，王晓林已跑过 50 余公里，正跑往天池赛段。预计这场超长距离的越野将在 100 小时内完赛。新春佳节岁月静好，仍然有人为我们越野前行。初六，我们在终点处欢迎"越野英雄"。

（2021-02-14）

牛年牛赛

太牛了！被誉为"高原坦克"的王晓林，大年初三 8:00 从临安出发，历经四天三夜（84:57:39），于 2 月 17 日 20:57 安全抵达浙江宾馆终点。江南 330 暨环浙国家步道（杭州）挑战赛成功举办。这是浙江历史上最长距离的超级越野，是一个人自导航的极限挑战越野，也是"环浙步道"越野赛事的首秀。

（2021-02-17）

越野平台

浙江是全国路跑文化最厚实的省份，也是体育平台最开放的省份。在昨晚结束的江南 330 暨环浙国家步道（杭州）挑战赛这个平台上，跑者来自云南昆明，摄影团队来自青岛、宁波，直播团队来自上海，纪录片摄制团队来自珠海，计时公司来自上海，GPS 追踪来自成都，赛事设计来自北京、香港、中山、宁波，赛事形象模特来自江苏南京，陪跑跟拍者来自全国各地各行各业，直播平台的关注量达到 1090 万人次。浙江越野大家跑，浙江体育大家唱，才能演绎成就绚丽精彩的发展大戏。

（2021-02-18）

赛事挂名

赛事活动，添加了社会生活的体育活力。谁在办赛？常见的有主办单位、承办单位、协办单位、执行单位、支持单位、赞助单位等。有的赛事，挂名单位一堆，但主办的不一定干活，承办的不一定真办，协办的并非出力，执行的也可能挂牌，支持的不一定站台，赞助的也不一定出钱。存在乱象。研究并规范赛事举办标准，架构好赛事赞助体系，是体育赛事经济健康发展的基础。

（2021-03-21）

遂昌开跑

遂昌县首届半程马拉松赛在湖山乡仙侠湖举行，1200 余名路跑运动达人和爱好者参与体验。为此次赛事活动,县里在仙侠湖专设了沿湖跑道。据介绍,皮划艇、桨板及潜水体验等体育运动项目陆续入驻湖中。"运动湖山"助力数字绿谷建设的格局雏形初显。

(2021-04-18)

细节思维

在太原迎泽宾馆,一张"见您带有茶杯,我给准备刷子"的留条让我想到细节。定调谋划往大里想,落地落实从细处抠。这是常理。数字化改革,"微改造,精提升"莫非如此,但要做到做好不易。体育赛事也是。办个赛不难,难的是抠领导引导、办赛者服务、志愿者培训、赛场管理、赛事传播等细节。成功赛事,单一个领导引导,就包括汇报讲话、参与体验、与参赛者互动,以及配合摄影摄像等环节设计,主办者不可大意。抠住并做好细节,成功可期。

(2021-04-23)

汇跑越野

又是一场热闹特色的莫干山越野跑挑战赛。特点:(1)市场主体,五个小项4000人参赛,几乎完全市场化。(2)精英领衔,多位国内越野大咖加盟。(3)现场热闹,户外帐篷集市内容丰富。(4)开场很嗨,主持人现场调动现场,领导不讲话。(5)保障有序,安保救援、补给供应充分到位。有业内人士说,要不是置身其中体验,根本就不懂啥叫体育啥是越野什么算市场。感谢汇跑赛事的精心倾情打造。

(2021-05-22)

冰雪杭州

2021年第35届奥林匹克日杭州站活动在杭州万象城举行。在原中国花滑队花滑运动员张丹及教练的带领下,60余户市民全家上冰,体验学习冰上运动技能,开展冰上互动。每年6月23日为奥林匹克日,旨在纪念在巴黎索邦诞生的现代奥林匹克运动会,传播奥林匹克精神。

(2021-06-20)

"赛"翁失马

一场越野灾难,叫停各路赛事。如何吸取教训担起责任再现越野?有人送上一句:"赛"翁失马,焉知非福?静下心来,反思马失何处,复盘溯源赛事组织运营监督保障,分析整改短板缺失风险隐患,是大事急事。浙江是越野路跑大省,更需要展示专业提升能级,让越野跑马拉松运动赛事繁荣可持续。如能安全重启,焉知非福?

(2021-06-27)

游戏电竞

7月9日晚,全国14个城市分站赛的冠军选手汇聚萧山,拉开2021年实况足球全国大赛总决赛和第二届萧山国际电竞嘉年华大幕。看看问问,可不可以说:游戏是电竞的源头。电子竞技是在电子游戏基础上发展而来的,但并非所有游戏都可以电竞。只有贯穿平等规则并以竞赛方式展开博弈的电子游戏,才是电竞。换言之,作为体育项目的电竞运动,是以电子设备为器械进行的人与人、团队与团队之间的智力对抗运动。就商业模式说,电竞的产业生态大约包括版权、商业赞助、赛事门票、衍生品市场及其他。而游戏的盈利模式主要源于游戏内各类道具变现,这种道具变现极具"氪金"倾向。

(2021-07-10)

一切成真

以"更快、更高、更强,更团结"为新口号的2020年奥林匹克运动会,终于在东京举办。在新冠疫情肆虐的背景下,全世界各地的人们为此付出了智慧、劳动,做出了妥协和牺牲。一场戴口罩的奥运会,更加简洁的奥运会,也可以让人们走得更近。

(2021-07-23)

浙里奥运

东京奥运会至今,浙江省运动员已获得七枚金牌,金牌数和奖牌数均暂列各省市首位。浙江奥运的标志是,有一颗"大心脏"的射击运动员"双金王"杨倩,"石破天惊"的举重运动员石智勇,"头都游硬了"还在坚持的游泳运动员汪顺,填补浙江羽毛球项目奥运冠军空白的羽毛球运动员王懿律、陈雨菲,还有被教练叫作"管小胖"的体操运动员管晨辰。掀起浙江奥运巨浪的城市是宁波。

(2021-08-03)

多元体育

今晚,不确定的东京奥运会确定落幕,"情同与共"主题贯穿始终。体育给世界带来"与共"舞台和魅力。从体育视角看,除运动锻炼外,有一个能汇聚204个国家和地区、两支队伍(俄罗斯奥运队、奥林匹克难民代表团)共11669名运动员的平台,有空场赛事和"气泡式"管理的创变。本届奥运会为拥抱青年,将滑板、冲浪、竞技攀岩、棒垒球和空手道等项目入奥。比赛期间的拼搏与挑战、突破与超越,彰显了对手之间的惺惺相惜、积极向上的体育精神。意大利选手坦贝里和卡塔尔选手巴尔希姆共享男子跳高"双冠军",体现了体育和谐。超级跑鞋和弹力赛道与田径成绩大幅提升,显示了体育科技的力量。瓦楞纸材料的纸板床和电子垃圾制作的奥运奖牌,也凸显了体育环保意识。

(2021-08-08)

越野不息

8月23日,环勃朗峰超级越野赛(UTMB)鸣枪开赛。在一段开跑视频里,组委会请所有参赛者双手举向天空用持续30秒的掌声表达对5·22事件中不幸遇难的中国运动员的哀悼。仪式后,参赛者迈着"坚不可摧"的步伐跑向山野。越野运动,不止跑步。山就站在那,我们得过去。

(2021-08-28)

越野沙龙

以"赛上江南,安全为先"为主题的浙江省路跑及越野跑产业发展研讨会于9月8日在"柴古唐斯"的举办地临海市举行。来自全省的赛事运营企业、体育产业专家和关心这项运动的省内外媒体人,围绕越野赛事的安全监管、运营展开交流研讨。会议发布了《浙江省越野赛事组织安全指南》《浙江省越野赛事安全·临海宣言》,表达了浙江越野人服务全民健康、越野安全先行的共识和自信。因为热爱,我们越野。为了浙江越野,我们必须坚守"安全越野,健康越野,快乐越野"的理念。

(2021-09-08)

浙江羽动

第十四届全运会昨晚开幕,今日各项赛事全面展开。上午,在西安电子科技大学远望谷体育馆,连续举行男女混双、男子双打、女子单打等半决赛,浙江陈雨菲、黄雅琼、郑思维、王懿律、周昊东、王昶等队员悉数登场,结果五战四胜。

(2021-09-16)

男排惜败

在十四届全运会排球男子 U20 组比赛中,浙江男排 1∶3 惜败山东男排(22∶25,25∶22,20∶25,25∶22)。浙江小男排们打得激情萌动但欠灵动,积极主动但欠机动。爱拼才会赢。体育比赛玩的,就是拼搏。祝福小男排。

(2021-09-17)

全运水上

俗话说:苦不苦,看看划船打铁做豆腐。上午行车一个半小时,赶到十四届全运会杨凌赛区观摩赛艇比赛现场。为赛事,主人在渭河岸边的溪滩地整理出约 2500 米×150 米的赛池,岸上建设了部分船艇库场、码头、道路、指挥中心、主席台及观赛台、管理用房等赛事配套设施。从设施看,陕西发展水上运动项目的雄心不小,用心不少。

(2021-09-17)

全运细语

赛事期间,分析盘点常用的体育语言有:(1)拼搏,是体育的核心。好成绩,都是拼出来的。(2)体育竞技,最终还是实力说话。(3)势均力敌时,赢的是精神,坚持坚守,不松劲不放弃。(4)貌似变数大的项目,如射击,不确定中必定有确定性。(5)平时的苦练,扎实的积累,科学的指挥,就是体育的确定性。(6)功底扎实精深,辅之以现场科学应变和技战术应用,就是夺金法宝。

(2021-09-18)

帆船赛事

9 月 25 日下午,第十四届全运会帆船比赛(宁波赛区)在象山落下帷幕。刚刚落成的浙江海洋运动中心,不仅经受住了大赛组织的考验,也成为浙江帆船运动项目的福地。浙江帆船队在这个赛区比赛中获得三枚宝贵金牌。中心的赛事保障工作，得到中国帆船帆板运动协会点赞。

(2021-09-26)

挑战浙马

第二届浙马纪录挑战赛在"富裕富美"的杭州市富阳区富春江畔开赛。参赛的有挑战组 32 人、公开组 20 人、本地组七人。赛事规模不大，但精英好手齐聚。惜因温度湿度原因，挑战组未能突破 2:22:34 的浙江籍男子马拉松纪录和 2:33:50 的浙江籍女子马拉松纪录。

(2021-10-10)

新型运动

周末，看了半晚由腾讯视频、腾讯体育打造的《超新星运动会》。这是一场运动会，设有滑雪、射箭、攀岩、短跑、腰旗橄榄球、篮球、冰壶、街舞、击剑等 15 大项、23 小项。这是一场青春艺人运动会，参与者多为艺人，有说像相亲会。这是一场体艺跨界运动会，竞技赛事融入了较多的文艺酷玩元素。总体看，新媒体介入体育并推动体育文艺化、唯美化、生活化、商业化，有益于体育革新改造。

(2021-12-19)

步道推荐

全省 11 市 11 座最高山峰，11 段示范步道，22 个户外活动团队，5 小时联动直播，得到 2688.4 万人次关注的"环浙·登顶 11 峰"大联动活动圆满结束。活动旨在推荐和传播"环浙步道"，创设一个"用脚步丈量步道，用激情登顶山峰，用运动激活山水，用体育赋能乡村，用健康标注示范"的全民全域户外运动健身新场景，助力发展建设共同富裕示范区。感谢新蓝网的小伙伴，感谢各地参与的户外达人，感谢省林业局。

(2021-11-27)

过体育年

这个年过得最体育。北京冬奥会开启，全家就着体育电视剧《超越》看冬奥。初六中国女足亚洲杯夺冠，一扫初一中国男足世界杯预选赛出局之尴尬。这个年过的最寂静。全程小心陪护老母亲过着安静的康复生活。又过一年，期待一个安泰的虎年。

(2022-02-06)

没想到的

闭幕式结束,回顾北京冬奥有几个没想到:没想到奥运圣火可以那么小,没想到春节可以这么体育,没想到全民对冬奥项目知识的普及那么快,没想到对冰雪项目的带动有那么强,没想到冰墩墩会那么火,没想到运动员面对镜头可以吃韭菜合子,没想到开幕式可以成为冬季服装展示会……还有人说,没想到体育还可以这么玩。

(2022-02-21)

浙江担当

总奖金180万的第三届"嵊州杯"中国王中王围棋争霸赛昨日下午在嵊州宾馆决出胜负,李轩豪夺冠。为围棋赋能,不仅是嵊州担当,更是浙江担当。1月长兴县主办了围甲联赛季后赛和闭幕式,4月衢州市主办了"烂柯杯"中国围棋冠军赛,5月衢州市及常山县承担了中国国家围棋队备战集训的保障工作。

(2022-05-28)

快乐操场

浙江省"公益体彩·快乐操场"活动首站走进江山市城郊的双塔小学。除为学校送上体育用品礼包外,来自省城的教练还给学生送去击剑、棒球、橄榄球、轮滑、啦啦操等时尚体育课和口腔防护公益宣教课。今年,活动还将走进五个山区县。

(2022-06-10)

冠军下乡

奥运冠军江钰源,头顶酷暑,行走泰顺廊桥、百丈时尚体育小镇和库村古民居,为温州泰顺代言发声,拉开了"冠军走进山区26县"活动序幕。这是省体育局为助力山区加快发展、建设共同富裕先行区开展的首站体育公益活动。

(2022-06-24)

帐篷开帐

　　天公作美,"百村万帐"首站在荒废已久的余杭中泰紫荆矿坑成功开帐。露营爱好者、装备制造商、基地运营方和一群体育人设营升帐,秀户外运动、享户外生活、展户外社交。希望"百村万帐"活动能够成为户外运动爱好者撒野狂欢的平台,成为助力浙江乡村共同富裕先行的体育窗口、体育场景。

（2022-06-25）

热闹一回

　　"百村万帐"让废弃矿坑变为运动露营基地,村民高兴。余杭区中泰街道紫荆村村民沈桂珠,有4个女儿,老大招婿在家,3个女儿外嫁。她说:以前村里开矿,炸飞的石头常把大家屋顶砸坏,衣服不能晒外面,桌上都是一层灰。但2005年石矿关停后,村里人都外出打工,原本人少的村子只有老人了。我女儿女婿也很难得回来。要是真能把年轻人喜欢的露营做起来,让村里闹起来,我外孙就愿意多回来了。我今年76岁了,这地方已冷清了17年了,再过17年我就93岁了。在我见土地公公前,村里再热闹一回,哪怕只是一回,我就心满意足了。

（2022-06-26）

运动露营

　　"百村万帐"开帐,"篷友"还算买账。通过"百村万帐"活动,荒废矿坑变露营基地。带来蝶变的关键不在帐篷在运动,核心是体育赋能。有人疑问,露营是体育局管的吗?我说,不是所有事都得管,但体育可以包含露营。旷野之下山水之间,不仅有诗有景有星空,还有越野运动和远方。运动激活山水,户外必需体育,露营不止过夜。有生命力的户外露营,应当是运动露营。

（2022-06-26）

学看棒垒

　　在新鲜的绍兴棒垒球体育文化中心初见棒球、垒球赛事。感觉这俩差不多,如一定要说两球有啥区别,好像就是用球棒小垒大、场地棒大垒小。据专家说:垒球源于棒球的室内玩。看棒垒球赛,首先要明白"四杀"(接杀、封杀、传杀、投杀)。玩棒垒球讲究谋略,是最考验智慧的体育项目之一,被誉为"智者的游戏"。进攻时运动员轮流独自上场,强者一棒成名,但赢球还是靠集体,体现个人英雄与集体主义的完美结合。

(2022-06-28)

棒垒球棒

赛场边,中垒协主席边介绍规则边向我传授球经。他说,棒垒球最能促进人全面发展。打棒垒球,涉及跑、跳、投、打、摔,运动全身206块骨头和480块肌肉,锻炼身体的柔韧、协调、速度、力量、耐力。在棒垒球游戏中,进攻时,人人有机会独自上场,可能一棒成名。防守时,讲究掌控全局,推崇团队默契。作战时,强调独立思考,要求果断决策。必要时,需要牺牲自我,成就集体团队。领先时必须清醒,落后时必须自信。这东西注重参与,不讲男女,不计老少,也不分高矮胖瘦,零基础也能上场,都有机会。棒垒球,参与就是赢家。

(2022-06-28)

铁人三项

250余名来自全省各地的新铁老铁男铁女铁人参加桐庐生仙里铁人三项赛,为乡村运动休闲乡镇助力。赛前,与一群常山铁人偶遇,特别开心。桐庐县体育部门说,前两周,县里连续举办20余场赛事活动。主要依靠县级体育协会来操办。这场赛事也由刚成立的县铁三协会参与组织。

(2022-07-03)

应办尽办

昨天,总局发出通知:安全有序恢复线下赛事,力争做到国内赛事应办尽办。要义是:(1)加大赛事供给,(2)恢复线下办赛,(3)努力争取多办。对此,体育产业企业的普遍反映是两字:终于。

(2022-07-08)

农村BA

最近,一场连续四天在贵州省台江县台盘村举办的乡村篮球赛登上了《焦点访谈》。回看视频,发现这场被称为"村BA"的赛事真有特点:农民篮球,村里赛场,敲锅打盆,非常热闹,土话解说,打到凌晨,篮球宝贝是村姑,黄牛香猪成奖品。想起前些年在缙云壶镇见过的镇篮球联赛,美丽乡村篮球赛不就应该这样办吗？向贵州学习。

（2022-08-17）

钱塘横渡

8月21日早，2000余大人小孩汇聚钱塘岸边，欢乐横渡钱塘江。据说，本次活动报名爆棚，抢报者甚众。有游者表示，每年都参与，为的是满满的仪式感。也有人问，钱塘江那么宽阔，名额为啥限得那么严？尽管水上活动涉及复杂手续，为游者计，也为杭州这个城市大气计，活动组织是否可以更开放、设计是否可以更精致、挑战是否可以更激烈？勇立潮头、逐浪起舞，是精神又是人文。对杭州而言，钱塘江上可以有个好赛事。

（2022-08-23）

女子体操

室外酷暑难耐，室内春意盎然。走进2022年全国艺术体操冠军赛赛场，感觉就是女子专场、女子的世界。女运动员，女教练，特别是台前那一片着黑执法服的女裁判让人起疑：艺术体操项目就没有男裁判吗？有业内人士介绍，艺术体操可以有男裁判，但目前国内没有。该项目有男子参与，但目前国内也没有。

（2022-08-26）

体育铸魂

乡村铸魂有多条路，体育也是。今天的《人民日报》用整版篇幅再现了贵州省台盘村"村BA"故事。记者关于传统活动利用新媒体、办乡亲们都能参与的赛事、农村也能办高级别赛事和"村BA"如何赛出致富路等话题，归结起来，就是如何展开"运动振兴乡村"的体育画卷。只要放下架子，体育添彩美丽乡村或铸魂乡村，就大有可为。

（2022-08-29）

浙体十佳

9月7日晚，2021年度浙江省"体坛十佳"颁奖盛典举行。2019年度颁奖到了云上线上，2020年度缺位。去年最佳男、女运动员是石智勇、杨倩。乐刻运动创始人韩伟被授予年度最佳体育产业精英奖。

（2022-09-08）

仿真海模

  2022年全国航海模型锦标赛在丽水市南明湖开赛。航海模型项目，集竞技、科技、智力、娱乐及军事教育于一体，科技含量高、观赏性强，是时尚的智力运动项目。来自上海队的南海海上填岛、海战等仿真航行项目展示，给观众留下深刻印象。

（2022-09-09）

体操芭蕾

  2022年全国蹦床冠军赛决战黄龙体育中心。据专家介绍，蹦床比赛主要比的是动作难度（技术分、难度分）、蹦的高度（高度分）、落点准度（位移分）。观看体育比赛，始终有个"外行看热闹，内行看门道"问题。

（2022-09-18）

当燃有我

  2022—2023中国男子篮球职业联赛揭幕战在黄龙体育馆举行。上一届冠军辽宁本钢以74∶64比分战胜浙江东阳光。这场比赛的意义不在胜负，其符号价值在于CBA杭州赛区重启开赛。

（2022-10-10）

帐篷运动

  "百村万帐"运动露营活动第二站在淳安县宋村开帐。结合宋村历史文化，本站活动融入了宋代服装、运动项目等元素。一群年轻户外露营者的到来，给这个偏远山区带来无尽的时尚活力。"百村万帐"就是一个平台，这是大家伙撒野狂欢的平台，是沟通城乡的平台，是体育赋能乡村的平台，是践行"绿水青山就是金山银山"理念的平台，也是共同富裕的平台。

（2022-10-30）

余姚运动

  浙江省第十一届运动休闲旅游节在余姚市四明湖畔开幕。"体育＋旅游"，体育有了更广阔的天地，旅游有了更鲜活的内涵。在新发展理念下，浙江运动休闲产业的新业态、新路径、新模式、新场景涌动,运动骑行、运动湖泊、运动露营及运动市集、健身旅游、赛事旅游等凸显良好的市场消费前景。

(2022-11-03)

浙江跑起

"没什么可以阻挡我站在起点。"2022年凯乐石莫干山跑山赛在金秋暖阳护卫下开跑。久别赛道的各路大神汇聚德清莫干山,欢天喜地参与五个级别的越野赛。"终于跑出去了!"赛事总监欣慰又感慨:最对不起的是那些"因码变色"的跑者。希望在前,留待来年。此前早间,浙江省内还有柴古唐斯·括苍越野赛在临海激情开跑。

(2022-11-05)

浙超篮球

2022年浙江省男子篮球超级联赛总决赛在湖州市体育馆举行。赛事为期10天,共有16支球队参与。最终决赛,杭州山羊永通队以81∶66夺冠,湖州吴兴农商银行队屈居亚军。浙超联赛越办越精彩,但也有短板:一是参赛队还可以更多,二是要有更多的浙江人打球。浙超篮球联赛,终究要姓浙。

(2022-11-10)

竞潮逐浪

昨日15:00许,钱塘江潮起之时,首届萧山钱塘江竞潮半程马拉松开跑。这场马拉松规模不大,但有创意——竞潮争先,逐浪飞跑。看赛观潮,与组织者交流:能不能打造一条以"潮"为主题的数字化智能专门跑道;能不能架构一个以"竞潮"为内容的常态化马拉松赛事活动体系,可设立领潮人(跑过潮速)、赶潮人(与潮速齐飞)、追潮人(慢于潮速)等奖项。竞潮逐浪,好像也契合萧山味道萧山风格萧山文化。

(2022-11-13)

学习飞盘

观摩2022—2023中国飞盘联赛·杭州站决赛宁波勇士队vs.杭州龙井虾仁队,宁波10∶7胜杭州。据说,飞盘运动标准场地为100米×37米,一般为七人制(四男三女或三男四女),比赛时长60分钟。飞盘运动的特点大约是:

(1)社交型新潮运动项目；(2)易上手,竞技娱乐兼备；(3)可男女混合组队参赛；(4)队员自我裁判为主,裁判员辅助执裁；(5)设有赛后飞盘精神圈,以便对手间复盘交流。踔厉奋发,中国飞盘。

(2022-11-13)

飞行王位

省滑翔伞锦标赛在杭州市余杭区黄湖镇开伞,来自全国各地的滑翔伞运动高手云集王位山滑翔基地争霸。国家航空运动协会的主题口号最赞:天空很辽阔,我们一起飞。繁荣户外运动产业,要的是水陆空天全域、男女老少全齐、各种项目全有、运动起来安全的新发展格局。户外很辽阔,我们一起来。

(2022-11-15)

省运盛会

浙江省第十七届运动会在浙中金华市盛大开幕。采集自浦江县万年上山的火种点燃的火炬,由奥运冠军汪顺、管晨辰、王懿律、陈雨菲和社会各界人士代表一起传递到主会场,点燃大会主火炬。

(2022-11-18)

杭马归来

久别重逢,杭州马拉松。特殊时期不容易,成事全在天帮忙、人努力。目送数万人开心奔跑,许多人眼里含泪:奔跑的人,终于有了自己钟爱的城市赛事、赛场、赛道,这是一种怎样的获得感。杭马归来,是所有钟爱杭州马拉松的跑者、组织者、赞助商、媒体和数不清的支持者、护卫者的踔厉奋发、团结奋斗的结果。

(2022-11-20)

舞动中国

2022年全国排舞联赛总决赛暨排舞冠军赛在杭州开舞。赛事采取"线下＋线上"方式进行。排舞涉及人群广、场地要求不高、群众喜闻乐见,321支参赛队来自全国各地。但半封闭办赛总有点儿影响效果。要舞动,得走动。走动,舞动和运动,触动人群,才得以推动健康中国建设。

(2022-11-23)

环浙登峰

又是满山红叶时,又见一年登山季。27日,全省11市将再次携手登顶11峰,并组织招募230位户外运动达人串联行走全程2300公里的"环浙步道"主线。眼见三年前的一个步道概念"点"子,到步道落地成"线",形成2300公里主线闭环贯通。真的感谢各地户外运动协会,感谢全省有情怀的户外运动达人。也期待各市、县的步道"圈"线尽快接入主线,勾连成万里"环浙步道"之"网"。相信,"环浙步道"会有很好的未来。

(2022-11-23)

步道直播

今年的环浙·登顶11峰全省联动联播上午如期举行。全长2300公里环浙步道主线,在230位户外运动爱好者的脚步下贯穿连通。同时,11个登山队伍先后登上各市的11座最高山峰。连续5小时的激情直播,传播了美好的浙江山水风景,传达了坐拥山水的环浙步道的美好,也传递了人们对户外运动生活的热爱。

(2022-11-27)

自助跑山

与许多赛事一样,2022年西湖跑山赛难产。不同的是,赛事组织者创新应变,改用不聚集、不发枪、不设起跑仪式的方式开启自助快闪跑山,让赛事安全进行。在启动线上赛同时,择日为自愿跑山选手完成线下赛提供同等完赛服务。为啥还要跑?赛事总监说:山一直在那里。为啥要越野?我说:因为山那边有风景。

(2022-12-08)

体育双创

第四届省大学生体育产业创新创业大赛落幕。全省61所高校、千余名大学生参与,5大赛区、158个项目进入复赛,25个项目闯入决赛。参赛项目覆盖智能体育、体育赛事、体育旅游、体育教培、场馆运营等各领域的新技术、新场景、新产品。"体育双创"大赛体现了青春体育的魅力、科技创新的活力和体育产业的潜力。

(2022-12-15)

世界杯夜

2022年世界杯决赛夜,浙江体彩举办"玩转世界杯,GO浙里竞彩"、"汽"妙夜活动,为球迷和彩迷搭建一个看球猜球的平台。活动接地气,决赛甚精彩,结果如众愿,竞猜破纪录。梅西梦圆夺冠,姆巴佩也得金靴。全省竞猜日销量3.36亿元,体彩销量创历史新高。

(2022-12-19)

想想足球

看世界杯,想足球这玩意儿。要说体育,还在于足球。一是场地足够大。二是需要也可以容得下巨星。三是赛事过程最为跌宕起伏。四是最需要坚持坚守和拼搏。五是最能体现团队价值。六是有最大多数人喜欢。看世界杯,也想中国足球。说起来都是梗,常被怼:"说啥足球,现在你们怕是连一个专业足球场都没有吧?"

(2022-12-19)

挑战步道

仗剑"环浙步道",喜迎亚运盛会。今天,浙江省体育局向全国运动达人发出遴选英雄帖:从明年2月1日起,利用230天时间,徒步穿越浙江省域的10个市、37个县,打卡5649个步道柱,挑战长达2300公里"环浙步道"主环线,夺冠者将获得10万元奖励。活动旨在全视角展示步道、全社会共享户外、全方位验证步道以及全链条完善步道,公开检验历时三年建设的实绩实效。届时,将遴选五支具有综合能力的户外运动精英团队参与。

(2022-12-28)

科技体育

2022年,北京冬奥会、卡塔尔世界杯无疑是体育大事件。多数人关注金牌夺冠,也有人关注其中的科技体育。"运动已经把科技吸收成为自身的一个元素。"新材料新工艺,空气动力学,半自动越位识别技术,芯片,传感器和穿戴设备,数据分析技术,运动手表,高速摄影及新传媒等,都已成为体育自身的组成部分。体育不止于艺术,没有科技助力就没有体育的未来。

(2022-12-30)

雪上露营

"百村万帐"运动振兴乡村活动第三站在杭州市临安区大明山开帐。说是露营,其实还是滑雪休闲为主。参与者以年轻人及带小孩的年轻父母为主,辅之以营帐、滑雪用品展示和雪上围炉煮茶等场景。据经营者透露,当天客流约为3000人。

(2023-01-07)

浙江足球

2022年赛季中国足协杯决赛在苏州市奥林匹克体育中心顶雪进行。首次闯进决赛的浙江队1∶2不敌山东泰山队,取得亚军,创造参加足协杯历史最好成绩。本场赛事现场观众21097名,其中浙江球迷6000名以上,仅俱乐部就出动28辆大巴服务球迷。

(2023-01-15)

步道亮剑

仗剑"环浙步道",喜迎亚运盛会。12月28日,由浙江省体育局主办的挑战"环浙步道"活动发出英雄帖后,得到全国户外圈的高度关注。目前,确定来自北京、上海、成都、杭州(2支)、温州、宁波、丽水、浙江师范大学、浙江农林大学共10支队伍,将于2月1日踏上征战2300公里步道的艰难征程。

(2023-01-20)

征战步道

有人说,做一定能做到的事,并不好玩。做努力付出才做到的事,才叫精彩。挑战"环浙步道",实现人生精彩。今天,来自北京、上海、成都等地及全省各地的10支户外运动专业团队聚集余杭径山,开展安全培训、技术交流和活动交底。从2月1日8:30开始,他们将各自开启徒步穿越2300公里"环浙步道"的历史壮举。来自狮子队的赵鸳佳说:能参与徒步"环浙步道",是我2023年最幸福的事。希望通过活动,吸引全社会关注,共同传递"环浙步道"的美好,传播绿水青山的美好,传承人们对户外运动和户外生活的爱。

(2023-01-27)

挑战出发

今天 8:30,来自全国各地的 10 支勇士战队,从 10 个不同的点位出发向 2300 公里的"环浙步道"发起挑战。据后台信息,经过 11 个小时徒步,已有队伍在预设的步道线路上行进 70 余公里。在线勇士们克服了种种意想不到的困难,还有队伍在坚持夜行。有网友建议,"不求最快,但比最帅"。希望各路大神谨记安全至上、快乐第一,以安全完赛为最高准则,展现安全定力、勇气毅力、智慧活力和团队能力,将最好的挑战活动和最美的步道景致展示给大家。

(2023-02-01)

环浙先行

2 月 5 日元宵节,还有五支队伍在路途仗剑"环浙步道"。他们是:杭州市长跑运动协会队、丽水市江南之巅队、宁波环浙狮子队、温州悦跑团环浙步道挑战队和成都山川江湖队。写下《环浙先行——给挑战"环浙步道"的勇士》:

背上行囊,走遍浙江。唐诗之路,宋词钱塘。
满目芳华,一路馨香。沐风浴雨,采撷晨阳。
换上行装,跑遍浙江。全域运动,户外天堂。
过山渡水,一路向阳。风餐露宿,逐鹿赛场。
你我同行,行遍浙江。山落脚下,水淌耳旁。
不尽美好,一路畅享。径无止境,莫负春光。

(2023-02-05)

享受孤独

"一个人在黑凉的山上越野,有孤独的恐惧吗?"有参与挑战 2300 公里"环浙步道"活动的选手回答:"站台选手永远是孤独的。我们很享受户外这种孤独。"户外越野的孤独,是一路前行的孤独,先人一步的孤独,探索新路的孤独,征服未知的孤独,天人一体的孤独,也是战胜自我、享受胜利的孤独。户外运动的情怀、乐趣与激情,需要局外人深入其中,感悟理解。

(2023-02-08)

水路向北

不能不说这是个大胆想法:从杭州出发,沿京杭大运河划船 1800 公里去北京。只是没做好攻略，事涉安全，没成。据说大运河的杭州主航道，有货船、水上巴士通行，未经审批不得下水划船。但可不可创造一种可能性，在科学论证基础上开辟出一个长距离的水上安全滑行空间，让有想法的人尝试一下？

(2023-02-16)

浙马挑战

第三届浙江马拉松纪录挑战赛在数字健康小镇激情开赛，来自全国各地50余名选手参赛。赛事分公开组、挑战组。浙江马拉松男子纪录保持者羊小军，以2:21:25成绩夺得挑战组第一名并创新纪录。敖苹平以2:47:02成绩取得女子冠军。云南省的杨定宏以2:15:06成绩获得公开组男子冠军，女子冠军由孔洁则获得，成绩3:05:08。

(2023-02-26)

浙江奇迹

浙江户外运动历史将记住今天。15:10，历时27天，夜以继日，2334.62公里征程，杭州市长跑运动协会战队8位勇士跑回钱塘江大桥南岸上游的出发点，冲线闭环，率先完成2300公里"环浙步道"挑战。他们历经雨夜冰冻、无人山林，越过原野草甸、丘陵海岛，战胜河网流瀑、高山峡谷，克服万难、一路前行，用常人难以想象的速度和激情完成挑战，创造了户外徒步越野的"浙江奇迹"。

(2023-02-27)

电竞大会

第五届中国电竞产业大会在杭州拱墅举办。据《2022年中国电竞行业研究报告》，2022年中国电竞市场总规模约1579亿元，同比下降5.6%；电竞用户约5.04亿人，同比下降0.4%。不久前，杭州亚运会电子竞技等七个比赛项目官宣。有业者提出"全民电竞""电竞和智力运动融合发展""电竞助力传统文化走向顶流"等口号，让人对电竞行业未来充满期待。

(2023-03-18)

桃醉奔跑

奉化海峡两岸桃花马拉松今早发枪。春风细雨中，来自海峡两岸、省内外约 1.2 万名跑者迈步开跑,尽撒阳康欢乐,共享桃缘乡恋。据悉,全省同时开跑的还有温州马拉松、金东绿道·浙江马拉松团体赛、新昌马拉松挑战赛等 3 场马拉松赛。3 月 26 日,全省将迎来 6 场马拉松。

(2023-03-19)

户外开会

第二届中国登山户外行业大会暨第十九届全国登山户外俱乐部年会,在浙江江山举行。与会代表围绕《体育法》实施,户外运动规划、赛事、安全、培训及产业等话题开展交流研讨。浙江省体育局介绍了"环浙步道"建设的新实践。

(2023-03-25)

跑向山野

花开正好,遇见鸬鸟。今年"百村万帐"首站活动在杭州市余杭区鸬鸟镇梨花林里开帐。露营活动吸引了许多时尚青年和亲子家庭参与,跑来坞轻野系列赛以梨花为景凸现青春活力。活动邀请多家体育文化企业进驻,以花为媒,示范打造最美花园的运动露营。

(2023-04-02)

亚运誓师

杭州亚运会开幕在即,浙江省体育战线承担竞赛办赛、备战参赛双重重任。今天,全省体育战线亚运攻坚誓师动员大会在体育学院体育馆举行。奥运冠军汪顺向全省发出"当好东道主,奉献亚运会"倡议,副省长作动员讲话。

(2023-04-04)

金羚羊跑

2023 年中国越野休闲大会暨首届"金羚羊"越野颁奖活动在浙江宁海举办。运艳桥、赵家驹、谢雯菲、向付召获跑者奖,《雅获跑世界》获传播奖,行知探索文化发展集团获策划奖,凯乐石获装备奖,蓝天救援队获公益奖,金飞豹、费宣、UTMB 世界系列赛获国际交流奖。

(2023-04-13)

草原露营

"百村万帐"活动(衢州站)在衢州市著名的网红打卡地——西区大草原开帐。希望用体育方式、运动的力量,为衢州打造一个运动露营的新场景。通过足球、越野、飞盘、桨板等时尚运动元素的渗透,让大草原更亲民、更自由、更青春,更富活力,更有烟火味和人文味。

(2023-04-15)

莫干越野

昨天23:00,TNF100莫干山越野(50公里)挑战赛鸣笛开跑。赛事运营者给两位参赛选手的生日祝福,令人印象深刻。赛事即人事,具有人文关怀的体育赛事,才是好赛事。

(2023-04-16)

巴赫观球

今晚,国际奥委会主席巴赫光临杭州奥体中心体育馆,观摩CBA季后赛总决赛浙江稠州金租对阵辽宁本钢第一场比赛。浙江以99:107憾负于辽宁。

(2023-05-08)

万丰起飞

第二届全国轻型飞机锦标赛在新昌县万丰航空小镇开赛。赛事包括精准着陆、领航飞行两个项目,有9种机型、16个机组参赛。据专家解析,精准着陆大约就是比机飞行着地降落的精准度和稳定性,领航飞行大约是测试飞机按既定航线飞行的能力和水平。

(2023-05-13)

初看水球

通过2023年全国女子水球锦标赛,算是与水球打了第一个照面。据说,水球源于水中传掷足球。场地水深要求1.8米以上,运动员的脚不能触地,球不能藏到水下,不能在水里生拉硬拽。当然,与其他球类项目一样,都得使劲将球往对方球门扔。这是个小众项目,全国锦标赛也只有 7 支队伍参加。

(2023-05-14)

"宁波狮子"

又有一支队伍完成"环浙步道"挑战活动。宁波狮子队,实际用了 69 天徒步走完 2300 公里。在欢迎仪式上,女队员分享挑战感受:从冬走到夏,看步道旁的油菜从小苗慢慢长大,开花结果,最后产籽出油,有一种说不出来的获得感。和其他队伍一样,宁波狮子队是步道体验队、步道挑战队,也是步道巡线队、步道宣传队。

(2023-05-15)

小县大球

14 日晚间消息,叫"回浦中学,称霸全国"。说的是在 2022—2023 赛季中国高中篮球联赛全国总决赛中,来自浙江临海的一所普普通通的回浦中学队以 74∶73 战胜清华大学附属中学队,夺得男子组冠军。必须为回浦中学的这群"灌篮高手"点赞。16 号晚间的消息是,"浙江男篮,明年再来"。

(2023-05-16)

桌式足球

这是一项 2014 年由匈牙利发明的体育运动项目。英文 teqball,中文译为台科博、台克球。它大体上是足球与乒乓球的杂糅融合,以足球技术为玩法基础,得分规则如乒乓球。比赛在弧形球台上进行,具有可移动、可折叠、占地空间小、便于普及等特点。

(2023-05-18)

观众球迷

复盘刚过去的 CBA 总决赛,浙江队未能凌绝顶,遗憾。关注到坊间有"辽宁是球迷看球,浙江是观众看球"的说法。说浙江观众还没达到球迷的境界,缺少球迷文化,缺少热爱球队的热情、支持球队的精神,看球只看热闹,球队赢球兴高采烈,球队输球骂声不断。细加回味,心有不爽,但理不糙。球迷,也是体育强省建设的重要组成部分。体育要强,球迷要真。愿有更多的"观众球迷"升级成为"球迷观众"。

(2023-05-20)

瓯江桨板

由木排而桨板,丽水这一步走了40年。今天,2023年八百里瓯江(丽水)山水诗路桨板赛33公里竞赛项目在瓯江上展开。碧水清清,缤纷五彩,俊男俏女,奋楫前行。这本就是瓯江该有的样子:青年之江,开放之江,运动之江,活力之江。

(2023-05-21)

看看板球

因为亚运,浙江工业大学屏峰校区建了省内第一块标准板球场。2023年东亚杯女子板球锦标赛在这里举办。初看,板球规则与棒球类似。但板球事实上是棒球之父。棒球源于18世纪英国,脱胎于板球。

(2023-05-28)

机关体育

全省机关"迎亚运"系列文体大赛在黄龙体育馆开幕。在省直机关实施"1+1行动计划"20周年成果汇报会上,太极拳队、健身操队、桥牌队、围棋队、乒乓球队、羽毛球队、足球队、长跑队、游泳队、登山队、篮球队和相关文艺社团联袂汇报表演了省直机关群众性体育活动开展情况。机关体育,增加机关含氧量,提升干部精气神。

(2023-06-07)

街头田径

"CAST中国田径街头巡回赛"杭州站在城市阳台展开。17位国内顶级运动员,参加男、女撑杆跳高项目街头比赛。田径比赛搬到街头,实现"无处不田径",有点意思。

(2023-06-10)

赛事调查

都说要"办好一场赛,提升一座城",政府如何支持赛事公司办赛?有专业公司提议:(1)办赛赚钱不易,政府要真心支持;(2)办赛场地好,靠近发达区域,有高铁(机场)通达,不缺酒店等,是办好赛事的重要条件;(3)形成赛事品牌,没有三五年不行,体育赛事的招投标机制必须改变;(4)最需要政府支持的是赛事传播费用,包括但不限于文案、策划、广告及视频、影像和照片等;(5)政府应尽可能不干预赛事组织运营本身;(6)聪明的政府会充分利用赛事平台服务地方发展。这怕也是有个"有为政府""有效市场"相结合问题。

(2023-06-10)

竞赛"天条"

有专家说,组织体育竞赛的原则有:(1)确保最好运动成绩原则,竞赛就是要出成绩,争第一;(2)公平竞赛原则,这是体育比赛的最基本的底线要求;(3)规范比较原则,竞赛规则必须规范,但规则是活的,需要也可以改进完善;(4)增强比赛可观赏性原则,组织和展示赛事要确保顺畅、好看,不破坏观赏者观赏;(5)有利宣传推广原则,要研究制定有利于传播观赏的赛程赛制和竞赛规则。所谓"天条",大概就是有违背这五条情况的,就得改。

(2023-06-30)

帆舞太湖

首届长三角帆船赛暨浙江省青少年帆船帆板冠军赛在湖州市开幕。赛事由中国帆船帆板运动协会指导,有来自浙江及沪苏皖"三省一市"的约250人参赛。赛事将在南太湖湖滨持续两天。

(2023-07-08)

不论输赢

昨晚,观赛浙江职业足球队在湖州主场迎战上海申花。据说,入场观众16231人,其中来自上海球迷约3000人。浙江球迷不赖,但目测本场球迷表现,还不得不学学人家上海:人少心齐,激情昂扬:叫声响亮,唱歌嘹亮;标语口号,大气稳当。体育比赛,输赢不只在赛场。浙江球迷及球迷文化培育,还需有时。

(2023-07-08)

群众武术

  第15届浙江国际传统武术比赛,在绍兴市奥体中心开赛。共有249支队伍5600余名运动员参赛。从现场看,参赛者有老有小,几乎是全年龄段。特别是众多青少年参与,使得这个赛事的人流量和关注度大幅提升。早餐与同桌的一位五年级学生的家长闲聊。这位陪同家长说:小孩练武术,手臂肌肉硬了,饭量大了,精气神也好了。有好几位家长来协助老师参赛。粗略估计,本次赛事吸引人流量在7000人以上。

(2023-07-15)

遇见赛艇

  中国·绍兴(上虞)中外名校赛艇挑战赛在曹娥江畔开桨。有来自国内外16支高校、4支中学队伍参赛。遇见赛艇,也看到问题。相对划艇,赛艇运动需要更广阔的水域。如同江南水乡也会存在水质性缺水,水乡也缺少开展水上运动的水域。水上航道、饮用水源、生态环保以及其他各类性质的保护性法规政策,与快速增长的大众水上运动需求之间的矛盾日益显现,急需开放性的统筹谋划。

(2023-07-16)

环湖赛事

  读报发现,有20余年历史的环青海湖国际自行车赛走到22届,共22支车队151名车手参与的赛事开幕式。本体赛规模虽然不大,但作为其衍生,已发展了环湖赛自行车联赛、环湖赛大学生赛、环湖赛残疾人赛、环湖赛少儿滑步车赛等系列赛事活动。赛事如何构思谋划,如何串珠成链,如何坚持不断,青海这届赛事可学可鉴。

(2023-07-19)

江湖山川

  今天,来自成都的山川江湖队完成2300公里"环浙步道"挑战活动。这是活动中唯一一支重装徒步队伍。来自四川的三位女选手,克服工作、路况、气候、野生动物及露营装备带来的重重困难,安全完赛。女性队员,重装徒步,穿越2000余公里,可嘉的挑战精神,创造了户外徒步的一个创举。途中,他们还收养了一只跟随前行的无主黄狗，取名"环环"。

（2023-07-25）

三人篮球

借杭州亚运会东风，湖州德清普莱篮球俱乐部落户德清县。俱乐部下设置湖州莫干山三人制篮球队、浙江德清普莱三人制篮球队。据说，三人制篮球源于街头，场地受限少，比赛时间短（10分钟或21分见分晓），鼓励强攻防，极具群众性。

（2023-09-16）

挑战收官

今天，温州悦跑团、浙里霞客队双双冲线，历时230天挑战2300公里"环浙步道"活动，在余杭径山0号步道桩圆满收官。来自全国各地10支户外运动团队参与活动，其中7支队伍完成挑战任务。这是浙江户外运动发展的一件好事，是中国步道建设利用的一件大事。步道挑战，弘扬体育精神，创造"让运动成为一种时尚生活方式"的新境界，也为杭州第十九届亚运会开幕献上一份户外厚礼。

（2023-09-18）

男足赢了

9月19日是杭州亚运会首个比赛日。晚上，在黄龙中心体育场进行的亚运男足小组赛，中国队5∶1击败印度队。中国男足终于赢球了！这久违的赢，让现场34588名球迷观众一片沸腾，重拾自信。观赛黄龙体育，助力中国足球，添彩中国体育。

（2023-09-19）

亚运开幕

钱塘潮涌，亚运开会。杭州第十九届亚洲运动会今晚在杭州奥体中心体育场开幕。"相知无远近，万里尚为邻。"亚运会不只是体育的盛会，也承载着亚洲人民对和平、团结、包容的向往。

（2023-09-23）

男子体操

　　上午,黄龙体育馆赛场,竞技体操男子资格赛暨团体决赛第一场比赛。韩国、孟加拉国、越南等队伍相继登场,跳马、吊环、双杠及鞍马等项目有序展开。富阳水上运动中心传来喜讯:浙江省运动员邹佳琪和队员邱秀萍配合,在女子轻量级双人双桨 A 组决赛中以 7:6:78 成绩喜获本届亚运会首金。省委、省政府向中国代表团发出本届亚运会第一封贺电。

（2023-09-24）

体操战士

　　体操运动员奥克萨娜·丘索维金娜,今年 48 岁,国人称她"丘妈",被世人称为"体操不老女神"。她代表乌兹别克斯坦参加杭州亚运会跳马项目比赛。今晚在黄龙体育馆,她得到的掌声和欢呼最热烈。她的坚持坚守、体操情怀和为国夺牌的精神,赢得世人的敬重。

（2023-09-25）

浙里电竞

　　毫无疑问,电子竞技是杭州亚运会的热点项目。上午探营赛场,遇见英雄联盟小组循环赛 C 组阿联酋 vs. 马尔代夫的比赛。据说,因电子竞技还在推广发展中,各参赛队伍水平参差不齐。现场看,观赛者的参与度还是挺高的。有人戏说:都是游戏的一代。个人观点:年轻人喜欢的事,有未来,得关注。管理者的责任,就是参与、规范、顺应、引导。

（2023-09-26）

福地黄龙

　　晚间,中国男足在黄龙体育场 38027 名观众球迷助威下以 1：0 赢了卡塔尔队,进入八强。老实说,赢得不易。但有专家称,杭州球迷真的是最好的球迷,这正是中国足球的希望。也有专家说,今天看台上多数还是观众,真正的球迷还需球赛历练培育。无论如何,祝福中国足球。

（2023-09-27）

永不言败

夜幕杭州伞下，曲棍球项目男子小组赛中国 vs.韩国。中国队在 0∶2 落后情况下，坚持不懈，最终以 3∶2 获胜。边上有妈妈问观赛女儿：看懂了吗？女儿摇摇头。又问：看出什么了吗？女儿白白眼：还有啥，永不言败呗。

（2023-09-28）

看看拳击

对拳击，我最多是个观众，看的是热闹。体育项目要推广普及，发展观众是基础，培养粉丝是关键。观众与粉丝之间，需要体育展示这个中介搭起桥梁。体育项目的专业主持人、专家解说以及观赛场地上下间的交流互动、氛围制造等，不可或缺。个人观察，这可能会是国内体育领域的弱项短板。

（2023-09-28）

走走村里

杭州亚运村，是各国代表团及技术官员、媒体人员分区域工作、交流、生活的"村落"。运动员村，住宿餐厅超市及文化交流展示等一应俱全。餐厅里，各类食物精美丰盛。街区上，"浙里"文化百花齐放。这两个区域的人流最密集。有经历者说，我们村是亚运史上服务最好伙食最好的村落。从外围周边看，环境也美化得很"豪"，很大气。

（2023-09-28）

水球赢了

今晚，男足输了，水球赢了。中国女子水球队以 24∶11 的大比分击败日本队，赢得亚运会冠军。高兴的球员们将她们的三位教练一一扔进水池，并压垮对方球门。据说，这是水球项目的传统。这也是中国集体球类运动队拿到的第一张巴黎奥运会参赛门票。

（2023-10-01）

观赛偶得

尽管也有吐槽的，但从赛事门票的"一票难求"，到各赛场赛时的鼓劲加油、赛后的环境自洁等，浙江赛事观众整体可得8.5分。其中女性观众和某些项目还可加分。如果说杭州亚运会激发了浙江人的体育热情，那么我们还得努力做好三件事：一是培养更多的忠实关注者，发展专业观众；二是引流更多的项目参与者，扩大体育人口；三是发展更多的时尚体育项目，抓住青少年的心。

（2023-10-04）

女足终赛

尽管观众给予了朝鲜"类主场待遇"，但在今晚的亚运会女子足球金牌争夺战中，还是日本队效能技能略高一筹；最终以4∶1夺金。不能不说，朝鲜队员的拼搏拼抢的精气神还是感染了黄龙体育全场。但足球终究是圆的。看来，踢球这事，一要有精神，二要有技能。

（2023-10-06）

女足大胜

下午，在黄龙体育中心体育场杭州亚运会女足季军争夺战中，中国女足以7∶0大胜乌兹别克斯坦女足，赢得铜牌。这怕是黄龙观众最开心的一场赛事。中国女足姑娘几乎是压着对手打，3.8万名观众的情绪随着一个又一个进球不断爆发。有球迷说，"足球还得看女足"。

（2023-10-06）

浙江赢了

杭州第19届亚洲运动会今日完美闭幕。亚洲赢了。中国以201金、111银、71铜的成绩，11届蝉联亚运会金牌榜首。中国赢了。在"家门口"参赛的浙江运动员夺得51金、21银、8铜共80枚奖牌，创造参会历史最好成绩，金牌数列各省（自治区、直辖市）首位，圆满完成"办赛精彩、参赛出彩"的目标任务。浙江赢了，杭州赢了。

（2023-10-08）

亚运数字

关于杭州亚运会的几个数据（来源于相关新闻发布会）：
（1）共15个比赛日（9月23日至10月8日）；

（2）设 56 个竞赛场馆、31 个训练场馆，1 个亚运村和 5 个分村、3 个运动员接待饭店；

（3）赛会设置 40 个大项、61 个分项、481 个小项；

（4）亚洲全部 45 个国家与地区报名参加，其中运动员 12417 人（参加 11830 人），随队官员 4975 人（参加 5711 人）；

（5）杭州亚（残）运会市场开发全业务总收入 53.16 亿元。有 118 个类别 176 家企业参与赞助，总金额 44.178 亿元，占整体市场开发总收入 83.1％。特许商品销售额达 7.6 亿元；

（6）出售各项赛事门票超过 305 万张，收入超过 6.1 个亿，观众上座率（售出门票和验票进场比）超 92％。10 月 1 日有 29 万观众入场观赛，其他几日观赏人数多在 20 万人以上；

（7）共有 4573 名技术官员、78 支竞赛团队、31 个独立训练场馆团队、1534 名升旗手和礼仪人员和 839 名体育展示工作人员参与服务保障；

（8）有 3.76 万名志愿者为 13 个领域提供赛事服务；

（9）浙江体彩亚运主题彩票销售 7.44 亿元，筹集公益金 1.52 亿元；

（10）据预测，亚运会期间杭州外地游客量将超过 2000 万人次。

（2023-10-09）

精彩亚运

杭州亚运会，始于秋分，落幕寒露。正如亚奥理事会代理主席辛格在闭幕式致辞所言，精彩绝伦、令人难忘。亚洲群朋毕至的高光时刻，争金夺银揽铜的体育健儿，满堂加油喝彩的现场观众，鲜明时尚靓丽的体育展示，极富青春活力的"90 后"DJ，永远绽放笑脸的赛会志愿者，以及美丽的城市，完善的设施，宽容的市民，近乎完美的赛事组织和体育嘉年华式的赛事狂欢，都为亚运留下了新时代中国的浙江印记。

（2023-10-09）

体育展示

赛场氛围营造，成为杭州亚运会亮点。以"90 后"和"00 后"为主力的亚运体育展示专业团队，功不可没。体育展示，大体包括体育项目内容、场馆环境氛围、观赛须知告示以及竞赛进程、成绩结果、颁奖礼仪等，核心大约是赛场与看台的良性交流互动。其参与者有展示团队（导演、播报员、音响师、视频控制团队等)、运动员和观众。体育展示开始呈现,MC、DJ、BGM出现在赛场,预示着体育文化转向专业化时尚化大众化,体育赛事的嘉年华时代开启。

(2023-10-13)

安吉运动

浙江省第十二届运动休闲旅游节在湖州市安吉县启动。运动休闲,大约是这样一种生活方式:体育运动成为休闲的内容,休闲中享有体育运动的快乐。休闲相对于忙碌、上班、工作。运动休闲,带来健康活力、快乐时光和幸福产业。通过运动来休闲,体现生活质量,反映一个区域的基础设施和服务业态水平。

(2023-10-20)

亚残运会

观摩在杭州体育馆举行的残疾人硬地滚球和部分田径赛事项目后,对"心相约,梦闪耀"有了更好的理解。一个运动项目,或许就是残障人士参与社会生活的一条相约通道、一个闪耀舞台。这里,理解相知、服务关怀更能体现人文价值。看到重度残障人士在运动场上的拼劲,在颁奖仪式上的眼泪,每个人都会被感动。

(2023-10-24)

扬帆江湖

中国户外运动产业大会期间,大理洱海上帆影点点。万水千帆赛,带给游人不一样的洱海风情。帆船从海上开进江河湖泊,变绿水青山为运动天堂,化运动项目为生活场景,为帆船运动平民化开辟了新天地。通过赛事,推广运动项目,推动自然资源向运动项目开放。为中国帆船运动协会的创新举措点赞。

(2023-10-31)

想想赛事

杭州亚运会表明:赛事激发活力。(1)赛事是竞技比拼的擂台;(2)赛事是城市形象的展台;(3)赛事是产业发展的平台;(4)赛事是时尚生活的露台;(5)赛事是文化演绎的舞台。赛事特别是大型体育赛事,激发的是全社会全方位全人群的活力。打造"赛事之城""赛事强省",是现代化体育强省建设的题中之义。

(2023-11-01)

亚运黄龙

　　亚（残）运会期间，黄龙体育中心场馆群3100余名工作人员，在41个办赛日中，共完成足球体操水球和亚残田径四大类六个项目办赛任务，服务44个国家和地区1250名运动员及大批官员领队教练媒体工作者等，58.56万人次观众。黄龙是全省场馆中办赛情况最复杂、比赛时间最长、产生金牌最多的场馆。这是今晚黄龙场馆群运行团队表彰联欢活动发布的总结性数据。

(2023-11-03)

骑行世界

　　2023中国杭州第十七届环千岛湖公路自行车赛今日分四批发枪开赛。据说参赛人数逾五千，是国内最大规模的自行车赛。以人均万元计，参赛装备总价值逾亿元。以人均千元计，赛事带动直接消费逾500万元。保守估计，加上赛事服务、参赛陪同、赛外蹭骑以及衍生服务等，直接带动当地消费不下千万元。骑行千岛湖，乐享山区新生活。千岛湖骑行，激发山城新活力。

(2023-11-05)

圈球棒带

　　有更多艺术味道的体操，好像就是艺术体操。据说，艺术体操主要包括绳操、圈操、球操、棒操和带操五项。现在绳操不太流行，不知道这是不是本次亚运会赛事没有将其纳入的原因。

(2023-10-06)

体育之夜

　　夜幕下，近万人陆续涌入，运动氛围浓重热烈，户外市集商品琳琅满目，路跑装备填满小镇。一场越野赛，把深秋寂静的莫干山渲染得格外闹腾，小镇一下子变得年轻了。有人一本正经地说："双11"，当有的人"1、2、3"开始抢单时候，还有一群人"3、2、1"已经奔跑出发了。越野，是生活状态也是消费场景，是孤独者的游戏，也是纵情者的狂欢。

(2023-11-11)

仗剑莫干

凌晨5点,凯乐石莫干山跑山赛首批百公里跑者鸣笛开跑。上午10余批次鸣笛,陆续将近万名越野爱好者送入赛道。依惯例,开跑仪式没有烦琐程序,不设领导讲话。有的只是盛装跑者的交流、拍照、热身和自嗨。以跑者为中心,是任何一场高品质越野路跑赛事的核心。

(2023-11-11)

环浙活动

环浙·2300公里挑战活动在浙江卫视演播厅隆重颁奖。杭州跑协战队为首支成功完赛队伍获奖10万元,上海大王派我来巡山队、成都山川江湖队获最佳传播奖,浙里霞客队、丽水江南之巅队等7支队伍成功完赛。2023"环浙·登顶11峰"活动暨"环浙步道"长三角徒步节同时启动。

(2023-11-25)

场地越野

2023年中国汽车场地越野锦标赛总决赛暨韩魏赛车越野赛,今天在玉环市韩魏赛车运动公园开战。赛事设厂商组、量产组、改装组、大黄蜂组、UTV组、公开组、女子组、轻型越野车组A组和B组等9个组别,共70个车组参与角逐。

(2023-11-26)

马拉啥松

今天,全国各地的马拉松赛应该不下20场。城市马拉松的意义是什么?我想,大约就是车让人,嘉年华,群众狂欢,城市换种活法。一个城市,有那么一天由车拉松变为马拉松,多美好。

(2023-11-26)

草根体育

草根体育,是体育的本和源。天津狮子林桥跳水大爷展示的"中国跳水看天津"的豪迈,跳出了个"8A"级景区。贵州榕江县一群泥腿子玩的"村BA",踢出了个现象级的足球赛事。今年如果还海选年度体育大事,除杭州亚运会外,这两件必定也榜上有名。自然,草根要根深叶茂,需要及时迎合并顺势引领。但毫无疑问,体育的力量深藏在民间。

(2023-12-05)

看看跑酷

眼下在黄龙举办的全国跑酷锦标赛,是2018年跑酷项目正式加入国际体操联合会大家庭后举办的首届全国锦标赛。跑酷,常以城市环境为运动场景,是依靠自身的体能技能,快速、有效、可靠地驾驭环境的运动艺术。本次赛事在室内场地举行,包括竞速、自由式两个大项。从参赛队伍看,还是以社会俱乐部、个人为主。

(2023-12-13)

精彩女排

女排世俱杯争冠成土耳其"内战"。最终,伊萨奇巴希女排战胜瓦基弗银行女排夺冠。一个疑问:土耳其女排咋那么厉害?一个发现:与篮球赛不同,排球赛候场队员都是站在边上的,暂停时间候场队员是要到后场跑动的。参赛女排队员身高超过两米的极少,唯一一位是中国的袁心玥。

(2023-12-17)

杭马奔跑

天公作美,历史上最低气温的杭州马拉松迎来明媚阳光。目送3.2万位跑者启程开跑,想着整个城市的关注,组织运营的艰难,赛事安全的担忧,心情复杂。马拉松之于城市,是体育更是活力,是活力更是文化,是文化更是精神,是精神更是标识。

(2023-12-17)

金华跑否

年终即至,今年全省马拉松及路跑相关运动赛事约有197场。其中半程及以上的马拉松赛事有65场(其中中国田协A类认证赛事有28场),参赛人数60余万人次。今天盘点起来发现,遍插茱萸还少一市,全省就金华还没有自己的城市马拉松。期盼明年能看到金华马拉松赛事呈现。

(2023-12-20)

浙马挑战

来自省内外的 92 位跑圈大咖汇聚杭州跑步中心,参加第四届浙江马拉松纪录挑战赛。羊小军以 2:19:06 的成绩创造浙江马拉松新纪录。人少事大,挑战赛系精英赛,是浙江马拉松赛事体系的重要一环。

(2023-12-24)

第五辑　体育文化漫谈

浙江"海军"

浙江"水军"（游泳）厉害，浙江"海军"（帆船、帆板）也不赖。在位于象山的省帆船（板）基地，看到"十二气"的励志口号：尊老爱幼要和气，助人为乐要正气，和睦相处要通气，共同进步要争气，比赛领先不要傲气，暂时落后不要泄气，相持阶段不要松气，遵守规则要有硬气，战术运用要有灵气，遇到困难不要娇气，比赛训练要有霸气，争金夺银要提气。运动如此，工作亦然。

（2016-09-22）

争金夺银

千岛湖水上运动中心的迎客联：克万难，炼心志，得金身正果；斗九霄，赢湖海，显英雄本色。说出了我们运动员的豪迈，也显露出竞技体育的残酷。群众体育，开心快乐第一。竞技体育，争金夺冠第一。

（2016-10-05）

球赛好玩

和广厦篮球俱乐部负责人聊体育与文化：看球赛觉得好玩，可以买个球自己玩；看影视觉得好玩，不能自己拿出钱拍着玩。球赛的结果，只有到终场才能见分晓；影视的结局，到中场就可以演绎。就参与度而言，球赛比影视有趣。

（2016-10-12）

体育名号

华东体总座谈会上，江苏说是要给运动取个好名："舞动江苏"——广场舞；"乐在棋中"——棋类赛；"爱乒才会赢"——乒乓球。联系绍兴"跑遍绍兴"的构想，体育不仅是远方，有诗，可画，还在群众身边，看得到，摸得着，可参与，能受益。

（2016-10-16）

洪荒之地

浙江体育职业技术学院游泳馆是洪荒之力诞生的地方。"没有辛勤的汗水，就没有成功的泪水；没有艰辛的付出，就没有丰硕的果实；没有刻苦的训练,就没有闪光的金牌。"泳池上空高悬的国旗,泳池里不停歇的搏击,就是"浙江水军"洪荒之力的源泉。站在泳池边"指手画脚"的,一般就是教练——洪荒之力的"助产士"。

(2016-10-20)

音乐体育

音乐体育抑或应该是体育音乐、体育艺术。衢州市举办的音乐体育节把运动和音乐、舞蹈结合起来,探索大众乐于便于参与,具运动艺术节律,有审美情趣的时尚体育。主办方戏称这是"颜值最高"的赛事活动。需要探讨的问题是:如何创作更多更体育的音乐。

(2016-10-22)

信仰杭马

每一届马拉松就是一段历史,每一届马拉松就是一段故事。有人把马拉松当成运动,有人把马拉松当成生活,有人把马拉松当成信仰。在杭马30年主题论坛上,章芝君、汪子乔、谢佳、金冠国、曾启顺、康凯、李小白等见证人讲述的杭马故事,让人感动!杭州马拉松,杭州人民和城市的马拉松。

(2016-11-05)

运动健康

卫计部门说:我健康,我运动,我快乐。体育部门说:我运动,我健康,我快乐。第三者说:开心就行。

(2016-11-21)

爱的平台

有的人跑马是为强身健体,有的人跑马是为获得体验,有的人跑马是为看看风景,有的人跑马是为了收获爱情。今天,在衢州马拉松的终点,一位帅哥在马拉松的见证下,向心仪的姑娘求婚!有心人拍下了这并非独创的浪漫瞬间。

(2016-12-11)

文化体育

体育事业,体育产业,离开体育文化就无从谈起。文化养育事业,推动产业。努力为了更有文化、有更深厚文化的体育。

(2016-12-17)

横店晨跑

在横店,早起,应约和横店路跑协会的跑友一起跑步。伴随横店影视崛起,横店体育氛围渐浓。企业成立跑团,各路明星也乐于参与。横店体育的文化味,穿越范,可能成就体育＋影视＋旅游的"横店体育"新路径。

(2016-12-29)

广场大妈

如今,浙江有 500 万广场舞大妈活跃在城乡。她们用青春的火焰、漂亮的装扮和婀娜的身段,构筑成了城市的体育舞台、乡村的文化坐标。在"浙盐蓝海星"170 广场舞俱乐部成立的舞场上,惊喜也有男性参与。健康中国,舞动浙江。广场舞场,男性登场。

(2017-02-16)

雅俗均沾

清晨,西湖边有浅吟低唱,也有浪漫高歌。一边是太极剑拳,一边是国标恰恰。一边说反对噪声性晨练,一边必须就着音乐手舞足蹈。群众的事就是这样:有低调有高调,有静如磐石有动如流星,有轻歌有曼舞。不同的兴趣爱好,不同的获得感。没有所谓的高低雅俗,都是大家共有的一个西湖。

(2017-03-04)

体育记忆

走过杭城的马寅初纪念馆,想起他的一位"兄弟"杭州马拉松。31 年的历程不遥远,是否需要在这个城市留下记忆?在去年的杭马 30 年论坛上,我突然有了这样的念想。城市文化,无非是记住那么一段历史,讲出一些故事,留下一点人文罢了。30 年过去了,杭马长成了全国五大马拉松赛事。同时,第一届杭马的组织者、参与者都也老了。如不及时收集素材、梳理事件,恐怕过去的就会变成"故去"。建个杭州马拉松博物馆,给杭州马拉松安个家,可以吗?

(2017-03-04)

黑暗跑团

今天《体坛报》报道了一群杭州"黑暗跑团"的跑友,乐助同样热爱跑步的社会视障人士参与跑步运动的事。一根自制的陪跑绳,携手视障者在黑暗中奔跑,跑出的是浙江爱心,跑出的是浙江光明,跑出的是浙江健康,跑出的是浙江的体育精神。"黑暗跑团",不简单。"黑暗跑团",很光明。

(2017-03-14)

仪式文化

仪式,是规则,是器具,是制度,也是文化。相逢握个手,见面敬个礼,开会设个台,赛事升个旗,发奖奏国歌等,多是仪式。仪式是形式,也是内容。形式主义害死人,仪式感缺失也不养人。古时,开春有班春,清明要祭祖,春节需走亲。其中都有缘由、意味。敬重、延续、重树并弘扬典章礼仪制度,培育社会仪式文化,或是件重要的事。

(2017-04-03)

痛在西湖

遇昔日"跳水皇后"高敏,便热情邀请去西湖看看,不料被拒:我一见西湖,就头痛。为什么?"皇后"解释:曾几何时,教练带我们绕西湖跑训体能。教练坐在车上,一路叽里呱啦。我们训练苦,就怪西湖:这湖咋那么大呢?再一个,我们跳水的,整天和水打交道,见水就会有痛苦的记忆。西湖居然让人头痛!职业运动员,确实不容易。

(2017-04-17)

运动雕塑

几根粗细铁丝,几个运动造型,简简单单就是一座漂亮的运动雕塑。放置在运动场所的路边、绿地,就是文化,就是氛围,就是体育。

(2017-05-07)

寻宗觅祖

浙江体育会成立于1912年8月。是时,原光复会会员浙江军政要人朱瑞、吕公望、叶颂清、沈钧儒等为缅怀先烈,于秋瑾殉难五周年之际,举行纪念会,重建秋瑾创办的体育会。后在云居山东侧崖壁勒石题记:有吕公望会长题"云山万古"。岩壁中部,上部书"中华元年,浙江体育会成立,圣水寺僧大休捐山地,王君湘泉赠山岩供摩崖用,因题四字,以志不忘。永康吕望记,宁海叶颂清书。"下部书"逸趣"。岩壁右,书"贞固"。浙江体育会是我国近代最早的体育会之一。

(2017-05-07)

体育力量

观看来自印度电影《摔跤吧!爸爸》获得了正能量。"叔叔"在村里人说闲话时管住了女儿的训练和饮食,最终培养了两个冠军。最是"叔叔"感人的体育语言:金牌不会从地里长出来,需要培育;只有为国家而不是为自己赢得金牌的,才是榜样。问题是:我们除了《女篮5号》,还能有什么吗?

(2017-06-04)

街头体育

在中国,"相仕王""车马炮"并不稀罕。稀罕的是在小镇街角,一老一少,为"相仕王""车马炮"的那份静心执着和忘乎所以。看到街头摆象棋摊这一幕,就看到了社区和谐,看到了体育的精气神。

(2017-06-17)

掼牛争霸

所谓掼牛,大体等于人牛摔跤。嘉兴市南湖区的武术达人将传统武术与人牛摔跤相结合,推出了现代掼牛运动。2014年,牵头组建中国掼牛联盟。如今,掼牛已被列入国家级非物质文化遗产项目名录。掼牛,需要胆识、技巧和力量。掼牛,听着牛,看到掼倒牛,更牛。

(2017-06-24)

体操小子

  首次走进浙江体育职业技术学院体操房,看到一群儿童在各式器械、垫毯上蹦跳操练的场景。教练的吆喝、训斥,小孩的汗水、泪水,交织交融。看着小小运动员红红的眼睛,我这个"吃瓜群众"还真受不了。特别佩服场边"叽里呱啦"的教练老师,是他们给中国、世界体操技巧培植了"浙江元素"。

(2017-06-30)

扶上奖台

  在天津全运会象棋项目的颁奖仪式上,荣获男子个人公开组第一名的赵攀伟(四川)因肢残上不了领奖台。第三名获奖者和大会志愿者、官员一起将他扶上高高的领奖台。这一幕温情,诠释了"全运惠民"、惠及全民的人文理念,深留在现场的每一个人的心中。

(2017-07-13)

乒乓不小

  在浙江特教学院球馆探班省群体乒乓球集训队,被感动:金小龙带着84岁的老母参加集训;宋雄关停自己的乒乓球俱乐部专注集训;年逾七旬省内知名教练闻纯正刚刚历经两次手术,坚持带队;朱乃桢老教练一边在省残疾人体训中心指导运动员训练,一边手把手地指导全体运动员训练。还有,50~59岁组主力王小萍和丈夫汪洪国是训练场上的夫妻档,一同训练征战全运。小球大精神,群体有故事。什么叫浙江体育精神?这就是。

(2017-07-26)

成语体育

  严格说,不是成语,只是格上像。以类似简洁的"成语",宣传体育、传播运动、引领时尚,挺有意思。如乐在"棋"中,"羽"众不同,"艇"进玩海,"跑"进风景,"足"下生辉,"水"中作乐,等等。

(2017-07-30)

幼儿体育

  浙江的幼儿体育,起步最早,也是全国样板。从无到有,从开始的三五个项目到眼下的 20 余个赛事，其中离不开被业内叫作"余老"的余绍森老师。他因体操致残，为幼体尽献青春至老。他说，醉心幼体，是感情也是责任。面向全体，让浙江幼儿早参与体育，"玩得开心、玩出兴趣、玩出健康、玩出水平、玩出品德、玩出梦想"，是老体育人的希望。

（2017-08-25）

体育故事

在松阳县三都乡杨家堂村文化礼堂，有一张《山娃打球》照片。主人公叫蔡家辉，当年是小学三年级学生。巧的是，几年后他到了上海体育学院体育教育专业学习。更巧的是，他今年大学毕业后在杭州广厦星级小飞人俱乐部任篮球教练。从一个玩球的山里娃到城市篮球教练，感觉隐隐约约中有一种体育情缘，一种体育从娃娃抓起的获得感。

（2017-10-13）

跑在前面

10 月 13 日，北京马拉松组委会发布数据，2017 年北马跑得最快的是浙江人，平均成绩 4:20:46。数据令人振奋：浙江人跑得快，可能是跑得多、跑得勤，跑得科学、跑有技术、跑有团队。可惜，消息未披露最终 28365 人的完赛人数中浙江人的占比。

（2017-10-15）

棋事规矩

围棋前辈华以刚老师谈学围棋的规矩：下完一局棋，要收拾好棋。整理好棋后，要清洗双手。这是围棋文化，也是学棋者须遵守的规矩。体育的文明，就是由类似体现素质、尊重、性情、文化等细节支撑着的。做不好细节的人，学不了棋，也下不好棋。因为，他不懂棋事。

（2017-10-16）

再看浙江

11 月 20 日晚，被称为中国体坛殿堂级大奖"中国十佳劳伦斯冠军奖"揭晓了 10 个项目的提名奖，浙江籍运动员全面爆发，10 项提名奖中有八项入围：吴易昺（最佳新人奖），徐嘉余（最佳突破奖），孙杨（最具人气男运动员奖），傅园慧（最具人气女运动员奖），中国男子 4×100 接力队（最佳团队奖），孙杨（最佳男运动员奖），柯洁（最佳非奥运动员奖），林荷琴（最佳非奥运动员奖）。

(2017-11-21)

风筝有景

风筝，是文化和体育的结合。风筝运动的群众基础广泛。无论春夏秋冬，在西湖周边都可以看到爱好者的身影。自然文化遗产的活力，不在自然，在文化。湖上出现的美少女风筝，搅动了宁静的湖面，吸引了游客的目光，也传递了杭州这座城市的万般风情。

(2017-12-04)

健康因素

一天三课，三位医生老师都用世界卫生组织观点佐证：之于健康，主要不是医疗，而是运动。世界卫生组织的结论：健康和寿命，60%取决于自己的生活方式，15%取决于遗传，10%取决于社会因素，8%取决于医疗条件，7%取决于气候影响。其中作为生活要素之一，强大的体育就是最积极的生活方式。运动，只有运动，才是健康长寿的法宝。

(2017-12-26)

体育外交

1月9日，朝韩双方打破多年僵局，在板门店就朝参加平昌冬奥会展开对话。无论对话成功与否，都让人想起：20世纪70年代的中美"乒乓外交"；1995年曼德拉借助南非橄榄球世界杯赛修复种族裂痕的"橄榄球外交"；2000年悉尼奥运会朝韩一起出场的"奥运入场式外交"；2017年缓和美伊矛盾的"摔跤外交"。体育与战争格格不入，体育能改善人际关系。体育能否改善国家关系？朝韩"滑冰外交"值得期待。

(2018-01-16)

幼篮大家

最新消息：今晚，"中国网事·感动2017"年度网络感动人物颁奖典礼在海南举行。浙江省幼儿体育协会余绍森老师入选。余老师被誉为"轮椅上的幼篮大家"，组委会的颁奖词是：意外可以让一个人从运动员变成高位截瘫者，但不能决定他就此躺倒还是继续体育人生。坐着轮椅,他在推广幼儿运动中实现了梦想的延伸。当孩子们在他眼前欢快地走、跑、跳,他活得特别快乐。

(2018-01-19)

体育精神

在安踏公司总部,有这样一句话:将超越自我的体育精神融入每个人的生活。究竟啥是体育精神?可否概括为:运动健康、积极向上的进取精神;百折不挠、超越自我的奋斗精神;永不言败、勇争第一的拼搏精神;尊重规则、公平公正的竞赛精神。

(2018-01-23)

学生体质

一位大学校医碰到我,"骂"道:你们体育怎么搞的?现在的大学生,以前没有的病现在有了,以前老年人有的病现在有了。一位大学的体育教授碰到我,说道:现在的大学生,前面看像青年后面看像老年。跳起来投个篮球,脚会骨折。两人一碰,手会骨折。一运动,膝盖骨会滑动。一受挫,就抑郁。为什么?请教一位专家,答:因为他们在小学和初中阶段没有学会基本的跑、跳、滚等功夫。在和平年代,对小孩来说,最好的挫折教育只有体育。体育搞不好,哪来好体质?小时不体育,哪有好青年?随想:话虽有点极端但形象,讲出了一番必须重视体育的大道理。

(2018-01-31)

排管中心

中国排球运动管理中心的门厅,可以说是一个中国女排的展示馆。最醒目的是,20世纪80年代中国女排夺得五连冠之后总结提炼的女排精神:无私奉献、团结协作、艰苦创业、自强不息。

(2018-02-01)

体坛十佳

每年一度的浙江省体坛十佳在春节前揭晓:孙杨、傅园慧分获最佳男、女运动员奖,徐国义获最佳教练员奖,徐嘉余、谢震业分获最佳突破奖、最佳表现奖,浙江田径队获最佳团队奖,谭玉娇获最佳残疾人运动员奖,丁立人获最佳非奥运动员奖。陈向阳获浙江省体育产业特别贡献奖,韩海华获最佳体育达人奖。最佳群众体育活动奖为2017年全国新年登高健身大会·江山主会场。

(2018-02-12)

伊顿体育

英国伊顿公学坚信,再好的文化教育都无法取代体育对人格塑造的影响。(1)体育就是生活:日常体育运动是健康生活必不可少的组成部分。(2)体育塑造形体:一个人应当拥有良好的外形和气质。(3)体育成熟心理:体育尤其是竞技体育,有助于学生建立成熟、积极的社会心理。(4)体育发现特长:丰富的运动项目为发展多元化的卓越提供可能。(5)体育养成协作:团队项目是教育和培养学生团队协作意识及能力的最佳途径。(6)体育也是社会:体育环境可模拟学生步入社会后的人际交往情景,提高其社会交往适应能力。

(2018-04-11)

体育优先

儿童发展,体育优先。有家长说:体育就是身体的教育,包括运动和竞赛。有运动无竞赛的只是健身,有竞赛无运动的也不是体育。体育的功效,在于通过体力与汗水的付出,锻炼坚韧不拔的精神;通过失败和受伤的经历,提高克服困难和应对问题的能力;通过参与集体项目,学习团队精神和合作的能力;通过比赛,学习遵循规则与公平竞争;通过运动训练,更加了解自己,如体验运动量的大小,体验胜与败的心境等。总之,体育人比较好相处,更容易遵守规则,且自信,多有朋友,不易抑郁。

(2018-04-12)

体育狂欢

杭州,从来是优美、内秀、静幽、爱情的代名词。其实,独特韵味别样精彩的世界名城还应该有体育的张力和活力。浙江广厦主场抢七胜利,给城市带来一次体育狂欢。《钱江晚报》关于"杭州需要这样的狂欢"的短评,与最新推出的杭州城市宣传片标题《杭州,不仅是一首诗》异曲同工。期待前亚运时代的杭州,有更多的包括并不仅限于亚运会的"城中赛事"的精彩。

(2018-04-12)

体育年龄

体育人才要从娃娃抓起,体育需要"童子功"。人的身体素质培养都有一个最佳时期,比如人对体育的兴趣、运动敏感性的培养,最佳年龄在6～7岁;对速度和平衡能力的培养,最佳年龄在9～10岁;对耐力能力的培养,最佳年龄在14～15岁。如果错过了最佳年龄,即使付出十倍百倍的努力,也很难培养拔尖的体育人才。

(2018-04-16)

楼宇体育

第一次走进浙江广播电视大楼,也是第一次看到楼道易拉宝拉伸着单位体协的活动广告。六大运动队招募令:游泳队、网球队、羽毛球队、乒乓球队、篮球队、足球队。一楼六队,足见广播电视圈浓浓的体育氛围。

(2018-04-25)

有氧无氧

终于看到一篇普通人能看懂的解说:有氧运动,是指低强度、能长时间进行的运动,如快走、慢跑、长距离慢速游泳、骑行等。无氧运动,就是肌肉在缺氧状态下高速剧烈的运动,如短跑、摔跤、举重等强调瞬间爆发的运动。有氧无氧并非绝对。专业人士的有氧,对非专业人士来说,可能就是无氧(竞走)。普通人的无氧,于专业人士可能相当于有氧(如举重)。

(2018-06-23)

学习历史

在《体坛报》社,有一些20多年前的领导题词珍藏:"弘扬主旋律","团结,学习,奋进,创业","与群众贴心,为体育呼唤","弘扬民族精神,勇攀体育高峰"。虽然时过,但境未迁。老领导的寄语,还是我们新时代体育人应该努力践行的方向。

(2018-07-03)

夜半再读

老体育人谈体育:体育就是要超越自我,在超越自我中战胜对手。把私心杂念,个人患得患失带到比赛场上去,水平再高也会失手。使用兴奋剂是体育界最大的腐败行为之一。比赛存在一定的偶然性,重点项目、非重点项目,都要勇于创造好成绩。所有的优势项目都是从落后中走出来的。运动员要想取得好成绩,光靠钱是不行的。友谊赛的结果,不能算数。要主动进攻,因为比赛的复杂性不是静态的而是动态的。你在实力上能进得了世界前三名,经常能拿到奖牌,这样才偶尔能拿个金牌。运动员要有"我就是冠军,谁也别想赢我"的霸气。

(2018-07-11)

老人来信

今天是杭州马拉松报名开放日。有位台州黄岩的"爱好运动的高龄老人"(72岁)来信:我坚持健身近10年,近四年我参加半程马拉松都在两小时内。我爱杭马,参加杭马是我的向往,多年摇号都没中。今年我已过70岁,报名必将被拒之门外。为什么杭马对我们老人这么苛刻?能否给我这个高龄老人一次不"担惊受怕"地跑个杭马的机会,圆我老人一个梦?对此,主办者也是纠结。拒绝,于心不忍。同意则违反32年来杭马关于"70岁以上老人,谢绝参赛"的规则。

(2018-08-16)

运动益智

"3岁看大",意思是3岁小孩的脑重有成人的70%,到5岁已是90%。人的智力基础,起步于幼儿时代。浙江师范大学张莹博士强调,"运动塑造大脑","身体是大脑的老师","锻炼身体就是锻炼大脑","所有的学习都始于运动","儿童大脑的发育将运动作为优先项","儿童的成长和发育依赖于冒险"。

(2018-08-18)

娃娃体育

运动,得从娃娃抓起。啥时候开始抓?专家说,小孩3~5岁应当开始基础运动,"大概是一般的走、跑、跳等"。6~7岁必须启动专项基础运动,"大概是游泳篮球橄榄球等专门项目"。否则,就会贻误可能的体育运动天才。

(2018-08-19)

班夫中国

　　幸会号称"中国户外生活方式第一品牌"的班夫中国。2010年,钱海英将有"户外奥斯卡"之称的加拿大班夫山地电影引入中国,将最新最杰出的户外题材纪录片和其呈现的生活方式展现给国人。影片动感十足,非常唯美,有自然主义的魔力。她说:户外运动是一种纯粹的生活方式。形式上挺自虐,实际上不是。户外多艰险,也多快乐。在户外,我们可以那么的天马行空,那么的自由呼吸,可以看到普通人从未目睹的人间仙境。

(2018-09-15)

成功的花

　　浙江体操队,是个明星频出的群体,楼云、桑兰、江钰源等都源于此。体操是综合性很强的项目,它集速度与力量、技巧与平衡和运动爆发力于一身,队员特别年少,训练特别刻苦,运动特别危险,生活特别枯燥。教练员既要当爹妈,又要当老师,工作也特别辛苦。探营其中,特别感慨。第一时间想到冰心写的那首《成功的花》:

　　　　成功的花,人们只惊美她现时的明艳!
　　　　然而当初她的芽儿,浸透了奋斗的泪泉,洒遍了牺牲的血雨。

(2018-09-24)

体育活力

　　一位曾经的小学校长说:对一所学校来说,体育就是学校的精神,校园的活力。相对于其他老师,体育老师更不容易,他要在室外环境授课。不说在竞技体育方面出成绩,学校的体育老师强,课上得好,学校的精气神就足。至少,在团队活动时,集合起来排个队就像样。

(2018-10-05)

又见来信

　　下午,一位83岁的夏老师穿着"2006杭州国际马拉松"的参赛服,亲手交给我一封信,要我好好看看。照面见信,深为老人的运动情结、健康理念和跑马期待所打动。来信说:今年报名参加小马又因年龄受阻。记得20世纪90

年代有次跑马,"我是105名,这个开心,在记忆中永不消逝"。建议把小马和半马改名为"休闲短长跑"和"休闲中长跑",以免"谈马色变"。这样"不设名次,没有奖金奖品,不会激励人去拼去争,完全是自由开放的奔跑,终点时间自己记。这是何等的享受","人的工作可以退休,人的健康长寿需要运动,总不能定一个人为内部杠子去限制、强制其退休","能否想个办法让我们这部分所谓的老人能开开心心,堂堂正正参加每年一次集体赛事"。我想,正是有夏老师这样忠诚的爱好者、热心人,杭州马拉松才走到今天,才真正成为群众自己的马拉松。

(2018-10-11)

骑行生活

车行带骑行,骑行风盛行。在澳大利亚、新西兰城乡,各类运动自行车随处可见。骑行设施、骑行俱乐部、骑行线路及骑行服务等也非常完备。从自行车到汽车,再从汽车到自行车,恐怕也是映衬着时代变迁的一个重要体育符号。

(2018-10-31)

夜幕舞者

莫干山夜走,在村头偶遇一群大妈舞蹈队夜训。尽管人数不多,跳得却很认真。她们说,我们天天在练,很有意思。我说,应该发展一些男的来跳,带动男人参与。不要你们在这跳舞,男的都去打麻将。回答说,有的,但今天没来,男的跳得比我们还好呢。看到村头这些幸福的大妈,想起一句话:每一个不曾起舞的日子,都是对生命的辜负。天天舞蹈相伴,满满生命活力。起舞,就意味着追寻自己的梦想。

(2018-11-09)

登爬跑走

山地户外运动日益红火。有登山爬山,也有跑山走山。登爬跑走之间有区别吗?静心想想,是否这样:登山,是指徒手或使用专门装备,攀登高海拔山峰的项目。爬山,是指登山的初级版或通俗版,是不拘泥于攀登跑走形式的、有氧的运动。跑山,是指在野外山地环境中进行的长距离跑步或徒步运动。走山,是指即山中行走,非爬非跑行走山道的活动。

(2018-11-20)

巴萨世界

足球俱乐部不仅踢球,也承担教育人们、改变世界的职责,如巴萨宣传的那样:"我们不仅仅是一家俱乐部。"(1)我们踢足球也玩篮球、手球、曲棍球。(2)我们有独特的踢球风格。(3)我们坚持以会员为中心。(4)我们是管理体育生活的大学校。(5)我们是一个慈善组织,有强烈的社会责任。(6)我们是体育知识的加工厂和创新中心。(7)我们的根基在加泰罗尼亚,但属于全世界。巴萨坚持,体育是沟通的平台,是文化也是生活。

(2018-11-21)

黄岩来信

周一上班,收到72岁的黄岩马拉松爱好者杨老的回信。8月,为能"破格"参加杭马,他给我写了长信。被他的痴迷感染,我回了封信。不想,一位长辈因为杭马回信而记挂、记情。杨老回信说:"非常感谢您的来信,感谢您对我们老人的关心。虽然今年没有机会参加杭马,我想再等明年。我年岁已高,我很爱运动,体质很好,我很爱跑马。本月11号我又参加第四届国际台州马拉松,跑完半马全程用时1小时53分。祝您身体健康,工作顺利。"老人意切情真,让我愧疚许多。有这样可爱的杭马爱好者,浙江的杭马一定得越办越好才是。

(2018-11-27)

女排精神

女排精神陪伴我们走过改革开放40年。在绍兴市举办的"新时代全程弘扬女排精神"座谈会上,一群女排人这样说:魏纪中:"精神首先是物质的,精神也是实践的,在实践中升华提炼。只要实践在,精神不会少。女排精神产生于改革开放之初,对于增强我们的民族自信起到了很大的作用。女排精神代表的是一个整体、一个时代,只不过这种精神凝聚在女排身上。"鲁光:"女排精神就是一种图腾,图腾是永远不会过时的。人什么都可以没有,就是不能没有精神。"徐利:"40年来五代女排运动员,36位奥运冠军,158位世界冠军,150余位国家女排运动员。女排成功的背后,是全国2000余位女排工作者和无数人的共同努力。为国争光、为民族争气是女排精神的核心;顽强拼搏、永不放弃是女排精神的集中表现,团结协作无私奉献是女排精神的重要体现。"陈忠和:

"在回忆女排的经历后说:拼搏不是叫出来的,是做出来的。365天每天做好,比什么都难。赢球是拼搏出来的,输球的时候和赢球一样也得要拼。埋头苦干,扎扎实实地搞好每一堂训练课比什么都重要。中国女排就是每周50多个小时,再加两个晚上的训练。"周苏红说:"女排的信条是,胜也爱你,败也爱你,不拼不爱你。"

(2018-12-06)

精神特藏

女排世俱杯期间,有幸陪同《中国姑娘》作者鲁光、女排奥运冠军魏秋月等参观绍兴陈招娣档案特藏馆,被一件件照片证书书信报纸等特藏品感动。我们的青春,就伴随着中国女排及其精神成长。三四十年光阴过后,回望女排,还有一股向上的力量。感谢绍兴,感谢绍兴的档案工作者。这座特藏馆藏的不是一般的藏品,她藏的是一段历史记忆,一类体育文化,一股时代精神。

(2018-12-07)

体育明星

体育产业之于明星,如同影视。女排世俱杯赛,朱婷、金软景等粉丝的热追,成了一大亮丽风景,也助力赛事组织。"朱粉团"没等赛事开幕,就采购了价值8万余元的门票。赛间,黄色元素和世界排联的主题紫色交映,"朱婷朱婷"的叫声常常响彻场馆。赛事的商业价值,取决于赛事等级,项目普及度,场馆档次,也取决于出场明星的"腕度"。

(2018-12-10)

运动办公

说的是在走动、运动中办公。霍普曼电梯有限公司总经理自称:我从来没有在老板椅上坐过,我的办公室在公司的各个角落。我喜欢在走动中办公,走到车间里去办公。即使不安排特别的锻炼时间,一天办公下来,我的步数都超过2万步。眼见他的"充沛精力","运动办公"的概念凸显。运动办公,站立会议,快乐上班,再加上车间体育,一家电梯公司跨界工业旅游和拓展运动的形象就丰满、自然了。

(2018-12-15)

科学训练

体育训练竞技,首推科技助力。清华大学郑燕康教授称:早在10多年前,清华大学体育与健康科学研究中心曾组织专家对校跳水队训练开展跨学科专题研究。归集全球高水平运动员的跳水轨迹及运动中身体各部分变化的瞬息信息,加以数据化处理,形成系统。通过系统数据的比对,找到训练的不足和差距。据说,这项研究为清华跳水增色不少。

(2018-12-30)

健身私语

总局康复专家袁博士聊健身:健身不复杂。处处可运动,人人能健身。健身锻炼有四句话:有氧是主线,力量是关键,拉伸是再生,平衡协调抗衰老。意思是,紧紧围绕有氧运动,加强身体各个环节的力量训练,重视肌肉韧带的拉伸训练和身体平衡能力训练。健身锻炼上去了,能动能吃能喝,保证生活无忧无虑。

(2019-01-07)

致敬老生

近期,小的"体育局"大多关张,为大的"文化和广电旅游体育局"取代。老局没了,职能还在。形势如此,不感慨,相信会越改越好。但一群因此转岗的"老人"发出的"再见"和"感谢",让人唏嘘。一份职业,一种情感,一腔情怀。有副对联挺好:体育老生不舍体育,致敬;走了你们还有我们,放心。加个横批:不说再见。

(2019-01-19)

体育冬训

年关已近,浙江体育职业技术学院训练场馆内的冬训"剑指东京",还在继续。都说竞技体育是"用实力说话"。实力需要基础,需要积累、积淀。夏练三伏,冬练三九。体育竞技,唯有金牌和冠军。竞技,也是体育的引领和标杆。体育竞技人的苦和难,"鬼"才知道。

(2019-01-30)

篮球故事

孙如璋,女,91岁杭州老人。14岁开始打篮球,年轻时参加市纺织系统篮球选拔赛,打中锋。因长期喜欢万马、喜欢稠州,3月14日去信稠州男篮祝贺球队进入季后赛。16日晚,球队主教练刘维伟一行上门看望老奶奶并送上全队签名篮球、VIP主场观赛证,以示感谢。乍看,这是俱乐部与球迷间基本的互动往来。细想,这是一个传承浙江篮球的体育故事。职业俱乐部,除了打球、踢球,还得培育文化,发展球迷。打赢球重要,和球迷共赢更重要。

(2019-03-19)

"电视看我"

有专家感慨,体育重要啊!去看老领导,体质好的精神爽,体质弱的生活质量太差了。有次,见一老领导坐在电视机前。问:在看电视啊?答:我还哪能看电视?是电视看我。我已经看不动电视了!从"电视看我",我才真正体会到"体育事业是一项体现以人为本的重要事业"。为老来能看电视,我们得体育。

(2019-04-02)

绿色浙江

青山湖畔,冠军林立。在绿色浙江、浙大紫领人才俱乐部等组织下,奥运会跳水冠军高敏,奥运会太极拳冠军崔文娟与世界武术冠军俞特、王地,世界皮划艇冠军许亚萍等在临安青山湖国家森林公园开展彩虹人生世界冠军公益林植树暨"我与亚运同行"活动。"世界冠军公益林",富含体育文化,可资借鉴。

(2019-04-07)

两听不进

3月28日的《钱江晚报》讲述了一场体育老师的读书分享会。有位王老师关于"两个听不进去"的现象值得思考:我经常跟人说运动的好处,但别人通常都听不进去。旁人经常告诉我要多读书,我通常也听不进去。化解"两听不进",须相互融合、融入、融会、融化。读书人要多运动,学会"动如脱兔"。体育人要多读书,尝试"静如处子"。读书人会体育,体育人有文化,多美好的事。

(2019-04-09)

露营者说

与喜欢户外的音乐人小王聊露营:平时忙于音乐,休闲时光常露营。有孩子的,往往和同类家庭同行。喜欢到僻静的地方扎营地,一起发发呆。同行者的装备追求整齐划一。对露营装备常常喜新厌旧。眼下,小车不可加挂货拖斗的规定,对露营者来说,颇为不便。

(2019-04-24)

民宿体育

德清县莫干山镇仙潭村,居民500户,民宿135家。其中,莫梵有五幢民宿、30余个房间。创始人沈蒋荣说:现在看,民宿要有好环境好服务,还得协助客人安排好活动。莫干山不能仅限于发呆,还要有活动特别是体育运动。除泳池标配、野地草坪外,莫梵还提供定向、登山、越野、骑行及棋类等运动项目服务,很受欢迎。

(2019-05-15)

运动民宿

岜遇,老板姓夏,体院健美专业毕业,干过健身教练,2016年到莫干山,2017年开设运动主题民宿。今年3月首创莫干山家庭运动日,一天三个时段免费带人(家庭为单位)徒步、骑行、健身、打球等,旨在带动当地运动人群。在岜遇,运动文化浓郁密集,运动攻略、器材随处可见。谈及运动,夏老板也有遗憾:莫干山运动环境很好,客人来看莫干山的人多,运动的人还少了点。希望创设个莫干山的运动活动或赛事品牌。

(2019-05-17)

前辈舒鸿

在第37届体博会一个体育文化的参展橱柜,发现周恩来1955年4月21日签署的"任命舒鸿为浙江省体育运动委员会副主任"的任命书(编号第1777号)。收藏者李奇介绍:舒鸿这人不简单,你们得了解。他是中国体育裁判事业的奠基人之一,参与创建中国第一个裁判员组织"中华运动裁判会"并曾任会长。执裁了1936年柏林奥运会首场篮球项目决赛。他推动了国立浙江大学体育运动的开展,提出学生体育不达标不能毕业,游泳必修。新中国成立后,他拒绝台湾师范大学邀请,留在浙江从事体育教学工作。据说曾任浙江师范学院体育专修科主任、浙江体育学院副院长、浙江省体委副主任、浙江师范学院副院长等职务,1964年7月病逝。

(2019-05-23)

看看历史

研究点浙江体育历史文化也挺有意思。有人说,浙江是中国古代体育运动的发源地之一。依据:考古发掘,陀螺起源于约公元前5000年的新石器时代。在浙江河姆渡遗址曾出土42件陀螺,其中陶制陀螺4件、木制陀螺38件。也有人认为,浙江也是中国户外运动及其装备的起源地之一。依据:"中国户外装备第一人"是浙江绍兴人谢灵运。大诗人李白《梦游天姥吟留别》的诗为证:"脚著谢公屐,身登青云梯"。说得对不对,得由研究者判断,但浙江一定有其悠久的体育历史文化。

(2019-05-24)

享受山虐

今年登山季,珠峰"交通拥堵"致多名登山者丧生的消息震惊世界。这些人前赴后继为了啥?莫干山一位姓马的户外运动爱好者说:每项户外运动都"受虐",以极限运动为最。我们搞户外的,如骑行进藏、攀登珠峰,开始经过一段时间后都会有想放弃的时候。但咬咬牙坚持了,实现目标时,内心深处就有脱胎换骨、浴火重生的感觉。连极限都成了,"受虐"生死,啥事就都平淡了,世界上就再也没什么挑战、困难了。据说,这就是一些企业大咖热衷于极限运动的理由。攀登珠峰,与其说是登山冲顶,不如说是洗涤心灵。

(2019-06-01)

狗狗跳远

想不到,狗狗也运动。狗狗跳远,就是主人把一个物件扔进水池,狗狗去捞。从跳起至落水的距离,即为跳远的成绩。有狗能跳,也有不听主人不听"裁判"的。这是赛场,更是游戏现场。不过也挺有意思,于狗狗而言,这既是闲暇放空撒欢,也是人、狗及狗、狗间的交流。

(2019-06-05)

礼赞对手

夜学,在易剑东教授的一篇文章里,看到《人性的礼赞:对手》这首小诗,据说是国际奥委会的某个文献刊载的。读了几遍,感觉有意思、有意境、有意义,从一个角度说出了体育的境界和精神:

你是我的竞争对手,但你不是我的敌人。由于你的对抗,让我更坚强。你的意志给了我勇气,你的精神引领我提升。虽然我的目标是击败你,即使我成功了,我也不会羞辱你。相反的,我将向你致敬,因为没有你,我依然是渺小的自己。

(2019-06-29)

昼访夜谈

一个新词,说是白天努力看晚上商量干的意思。夜入千岛湖水上中心,与基地专家交流浙江水上运动项目建设。夜谈一大收获是,厘清了皮划艇和赛艇的区别:向后划的是赛艇,向前划的是皮划艇。皮划艇中,两边划水的叫皮艇,单边划水的叫划艇。

(2019-07-03)

户外声音

周末,和一位老户外爱好者交流。初步触到户外铁粉们的一些思维:为维持我们这群习惯和依赖于户外活动生活的人的权利,我们必须坚持户外运动。为在文明社会应当遗存那么一点与生俱来的野性,我们必须推崇户外运动。真正的文明,应当是自然生态的,宽容身边的户外活动,留下身边足够的户外空间。个别观点可能偏执,但很深刻,发人深省。

(2019-07-14)

熏陶体育

在上海体育学院校园,再次接受体育文化的熏陶。在顾拜旦的雕像前,回味奥林匹克精神。在"身心一统,兼蓄竞攀"的校训旁,想象着体育的力量。在"走正步,行正道"的横幅下,复习体育初心使命。在图文信息中心的课堂里,研讨长三角体育产业一体化的发展路径。体育这东西,文化少不了。

(2019-07-21)

鸵鸟足球

一位女公务员,为了一个足球,走出体制,坚守10年,从台州出发走到北京、上海等地,慢慢地走出一条校园足球推广和青训的鸵鸟足球之路。"足球不仅是竞赛,更是健康和快乐","足以载道,以球育人",这应该大体是足球的真谛了。打造"五度足球"(高度,速度,力度,灵度,宽度),虽然不全理解,但个人感觉也应该大体进入足球文化的构建层面了。

(2019-07-23)

跟班跑团

7月12日深夜,杭州马拉松组委会收到国际田联邮件确认,被授予国际田联金标赛事。今天下午,2019年杭州马拉松新闻发布会举行。晚上,到西湖边跟走跑团,既纪念祝贺,也向跑者学习。时间:7月24日19:00—19:30。地点:青少年宫广场。规模:杭州记忆徒步、骏彩户外、先锋户外、西山行户外、西子路跑毅行等六家俱乐部,每家12~40人,出发后有的团人数越走越多。项目:跑步、徒步和登山。大约特点:定时间,自由行;有旗帜,要拍照;有领队,有教练;要热身,要拉伸;讲安全,有护卫;爱运动,爱生活;重健身,重交流。据说,每天在西湖边坚持健身的跑团,总在20个以上。

(2019-07-24)

运动应酬

体育时尚,应酬也呈运动化了。《当运动成为一种应酬》一文,立足职场,较好地诠释了体育重要的交流交往功能。健康交流或交流健康,运动技能不可或缺。这就是:接得住球,比得了划,上得了场,陪得了跑。或全能,或有一技之长,都是一种职场技能。"请人吃饭不如请人出汗"的流行,有简单、健康的好。

(2019-07-25)

国义絮语

徐国义是徐嘉余、叶诗文等游泳名将的教练。他坚守泳池20多年,为浙江游泳作出突出贡献。关于运动员和训练,他说:"在该努力的时候,一定要全力以赴,不能选择安逸。""优秀的运动员之所以优秀,并不仅仅是身体条件、运动能力上的优秀,更重要的在于过硬的意志品质、严格的自律意识以及顽强拼搏的精神,这些都具备了,才能成为真正优秀的运动员。""但竞技体育没有必然一说,谁也不敢打包票。这还要通过一天天扎扎实实地训练,不是喊几下口号就能实现的。"关于体育人的使命,他说:"在我的执教生涯中,我带出的队员已经获得了各种各样的冠军,可以说我没有什么遗憾了,但我就是还想再拼一下,看看凭着这股拼劲儿,我和队员们能否做得更好。"在国义教练身上,可以看到:一个真正的金牌教练,除却高超的体训技艺,还得有高尚的精神境界和高度的使命追求。体育不容易,运动员不容易,教练员更不容易。

(2019-07-26)

体彩追梦

"你未必光芒万丈,但始终温暖有光。"中国体育彩票走过25年,为公益筹措资金,更为公益集聚爱心。"不忘初心、牢记使命"体彩追梦人展示交流活动,表彰了全国25位坚守诚信、追求公益、爱岗敬业、求实创新的普通体彩人。浙江体彩人沈永翔,因"在疾驰中留下了最美的背影,在托举中绽放出生命高尚的光芒"而入选体彩追梦人。有位入选代销员说得好:不忘初心、牢记使命,就是要标准更高、花费更大、付出更多、做得更好!永做奋斗者,追梦新时代。

(2019-08-06)

体育频道

无意中发现,陕西有"体育休闲频道"。这让我羡慕嫉妒恨。干脆搜索了一下全国省级的体育频道:除央视体育频道、体育赛事频道外,有内蒙古足球频道,上海五星体育频道,北京体育频道,天津体育频道,广东体育频道,山东体育频道,福建体育频道,辽宁体育频道,湖北体育频道,湖南体育频道,江苏体育休闲频道,云南体育娱乐频道,陕西体育休闲频道,新疆体育健康频道等14个,另有台湾、香港、澳门各一个。搜得不一定全,但浙江肯定无。

(2019-08-10)

美国户外

据美国户外基金会公布的《美国户外活动参与情况调查》:2017年,6岁及以上的美国人中约有1.46亿人(49%)至少参与一次户外活动。从参与人数看,排列前五的依次是各类路跑(5590万人)、钓鱼(4910万人)、骑行(4750万人)、远足(4490万人)和露营(4180万人)。从参与频率看,各类路跑平均76次/人·年,骑行平均48次/人·年,钓鱼平均18次/人·年,远足平均14次/人·年,露营平均13次/人·年。

(2019-08-26)

体育觉悟

在"利奇马"台风登陆后,皮划艇世界冠军许亚萍第一时间在临海灾区参与救援。她说:"有技能的人就应该冲在救援最前线。"在开学第一天,赛艇世界冠军徐东香和一群浙江体育人一道,带着体育捐赠器材赴临海、温岭、永嘉等地灾区学校,送去"体育的温暖和力量"。体育参与救援,体育捐赠和慰问,体现的是浙江体育人的觉悟,浙江体育人的责任与担当。体育人觉醒觉悟了,社会充满了体育公益体育慈善,该就是体育繁荣强盛的开端。

(2019-09-04)

备战氛围

走进北京体育大学国家队训练备战基地,一条条振奋的标语口号特别醒目:"不忘初心、牢记使命""使命在肩,奋斗有我""东京奥运,誓夺金牌""为祖国争光,为民族争气,为奥运增辉,为人生添彩""增强使命感、责任感、荣誉感,打造能征善战、作风优良的国家队""体能长一寸,比赛无不胜""稳准狠、凝心一掷,精细灵、聚力助旋""2022相约北京,一刻也不能停,一步也不能错,一天也耽误不起"。在某田径馆还有:精精益求精,万万无一失。

(2019-09-26)

北体雕塑

雕塑,是装修摆件,也是记忆小品。北京体育大学校园雕塑不算多,但在重要建筑前、拐角处,总能偶遇几件。她们或记载历史、描述人物,或反映项目、传递力量。雕塑不大不说话,潜移默化成榜样。雕塑,是凝固的校园特色文化。

(2019-09-27)

体育荣耀

体育人回味国庆70周年庆典,最大感受就是"荣耀":其一习近平总书记继 9 月 29 日向夺得 2019 年女排世界杯冠军的中国女排发出贺电①,30 日又专门邀请女排代表参加国庆招待会,并在会前安排会见②。其二在国庆群众游行的 36 个方阵中,以体育命名的有"圆梦奥运"和"体育强国"两个方阵,刚刚获得"十冠王"的中国女排则加入压轴的"祖国万岁"方阵。

(2019-10-11)

运动达人

2019 年寻找浙江省运动休闲达人活动总决赛现场,12 位候选人各自选择的运动项目不同,但人人都有精彩的体育故事。周鑫涛借助义肢玩转滑雪、潜水、滑翔等时尚运动;周利忠每年游泳 300 天以上,成功横渡英吉利海峡;高勤奋被女儿戏誉为"跑步的传销者",即将完成世界马拉松六大满贯;李焕尧今年 5 月成功登顶珠峰;陈金伟走过 120 多个国家和地区,目标是要"把生命浪费在美好的事情上",走遍全世界;岳占彬把对赛车的爱好玩成了职业;陈晗自称是体育人、公益人、急救人"三合一",带动成千上万人跑步;张玉"用跑的方式靠近美好",书写 30 多场马拉松传奇;黄俊为探寻"一直往前走,海洋的尽头是什么",用 28 天横渡北太平洋;卓世杰被称作温州"不占编制的体育工作者";谢雪梅通过爬雪山、攀冰和越野"见天地、见自己、见众生";丁鼎为了孩子回归棒球……浙江最美好的体育故事,是由这些看似普通却充满体育精神的达人们写就的。

(2019-10-20)

宁海运动

第六届长三角运动休闲体验季(浙江宁海站)现场,奉城户外的旗帜上有这样一句话:没有比人更高的山,没有比脚更长的路。亮出了激励人们迈开腿、走进大自然的鲜明态度。走出家门、携朋带友,运动休闲、融入山水,磨砺意志、陶冶情操,全民健身、美好生活,这大概就是"户外造就未来"的含义。

(2019-10-26)

---

① 《习近平致电祝贺中国女排夺得 2019 年女排世界杯冠军》,《人民日报》2019 年 9 月 30 日。
② 《习近平会见中国女排代表》,《人民日报》2019 年 10 月 1 日。

冠军搬家

场馆要改造,雕塑得搬家。杭州体育馆原名"浙江省人民体育馆",1968年10月竣工投入使用,2001年1月交由杭州市管理并更名。知道她,是在中学数学课本上。走近她,是干体育工作后。这几年,天天路过、陪伴。场馆热闹的,只有CBA赛季和周末西门一带的相亲角。为杭州亚运会,已使用50年的"老船"体育馆需实施改造。和熟悉的周边园林景观一样,馆前林间矗立的吴小璇、楼云、罗雪娟及郑雄鹰四位杭州籍奥运、残奥冠军的雕塑也得暂时撤离。这一走,他们还会回来吗?

(2019-11-05)

长征户外

毛主席说,长征是历史纪录上的第一次,长征是宣言书,长征是宣传队,长征是播种机。有人从体育视角看,长征是一次大户外。毛主席率中央红军走25000里长征路,各路红军行程总和约65000里。按现在行政区划,共途经15个省份、跨过近百条江河、攀越40余座高山险峰(其中海拔4000米以上雪山20余座)。中央红军长征耗时368天,其中仅有44天可以休息,平均行军364里才能休整一次,日均行军74里。是否可以说:长征,也是一场"前无古人、后无来者"的大越野?

(2019-11-07)

徒步闲聊

聊起走路话题,也挺有意思。原先体育视角的走路叫跑步,快跑慢跑越野跑。现在衍生出徒步、健步走和毅行等。有专家认为,徒步是在原生态环境下的走路。在平路或绿道上的健步走和毅行,不能认为是徒步,只能算是散步。徒步是介于散步和跑步之间,较长距离的,有既定目标的走路休闲运动。

(2019-11-15)

双杖并用

你会正确使用登山杖吗?登山专家说了:许多人登山时,只用一支登山杖。这样,登山杖就是"拐杖"。正确的是双手持杖,左右手各持一支。双杖支撑,可减缓登山对双脚膝盖的冲击,同时手脚并用,协调运动。

(2019-11-24)

黄岩手信

周二一早就接到黄岩南城墙里村73岁的杨文法老人托女儿带来的手信,说是老人周末凌晨起床写的。来信说:"我坚持运动健身,今年参加国际杭州国际毅行,5小时14分走完30公里。前不久参加台州国际马拉松,半马用时1小时49分38秒,排第1277名。您说还可以吗?"和老人虽未曾谋面,但见信如人。我很感怀的是,有这样深爱体育运动的老人,我们真的没有理由不搞好体育,不搞好浙江的马拉松运动。

(2019-11-27)

亲子体育

如何实现家校教育的良性互动?杭州有多所小学通过组织爸爸篮球赛来突破,爸爸穿着写有"某某他爹"字样的球衣上场,孩子们在球场下呐喊互动。无独有偶,杭州还有一支亲子棒球队,参与的前提是父亲必须和孩子一起玩。核心理念是,通过共同参与运动,建立良好亲子关系。惊奇的是,2019年7月,40多位父亲居然合力为孩子们建成了一个叫"举父"的棒球场。事实就是这样,体育沟通父子、沟通世界,真的也是最好的教育。

(2019-12-06)

登山艺术

《参考消息》载:登山运动跻身世界文化遗产。来自法国、意大利和瑞士的"阿尔卑斯式攀登"被列入人类非物质文化遗产代表作名录。登山运动不仅是登山,也是世界文化遗产的组成部分。瑞士登山向导协会秘书长所言极是:登山"是一种生活方式,一种具备共享文化的体育活动,一门由知识和本领构成的艺术"。

(2019-12-22)

攀登时代

辞旧迎新,登高望远。宝石山上,人来人往。到处是"禁止攀登"警示牌,最多的恰恰是"攀登者"。大约新时代就是攀登时代。眼观身边攀登生态:男带女的,大多"把手给我,我拉你"。父带子的,多半"手抓支点,自己上"。老带小的,一般"别乱攀爬,快下来"。想起年前吴京在江山市接受"中国登山协会主席提名特别贡献奖"的感言:在新的攀登时代,我们"每一个人都是攀登者,每一个人心中都有一座自己的最高峰,祝大家早日登顶"。人生不就是一场攀登赛?登顶,成功。攀登起来,即便没能登顶,也体现一种"只争朝夕,不负韶华"的奋斗向上的力量。

(2020-01-02)

宅家运动

为全民健康,浙江体育人没有闲着。非常时期,乐刻健身联合多家视频平台,全平台推出"千名健身教练线上免费教学"活动。目前,已推出300多个适合居家健身锻炼的短视频,帮助大家锻炼。活动上线后,得到线上超百万人积极参与响应。我们的口号是:今天宅家做运动,乐刻非常时光;明天运动成习惯,乐刻美好生活。欢迎大家一起来做运动。

(2020-02-01)

南山体育

从体育视角看钟南山院士,"体育锻炼"有多重要?(1)他曾经创造过男子400米栏全国纪录。(2)在20世纪60年代他的百米速度最快是11.2秒。(3)他一次可做10个引体向上。(4)他曾和记者一起爬10多层楼,结果到七层时记者就跟不上了。(5)他的手臂肌肉完全吊打28岁小伙。(6)他还和年轻人一起打篮球。(7)他经常在跑步机上跑步,力量训练是最爱。(8)他说:人类最好的医生是免疫力,运动对我保持身体健康起到了关键作用。(9)他还说:锻炼就像吃饭一样,是生活的一部分。树立一辈子运动观念,才能享有比较好的生活质量,做到健康地活着。(10)他84岁依然如年轻人一般,身体硬朗,充满活力。(11)他用自己的行动告诉我们,健身不应放弃,只有坚持体育健身方可保持健康体魄,才能在别人需要时能冲上去,发挥我们的光和热。

(2020-02-21)

消费体育

近期,一些地方干部出动逛商场吃堂食涮火锅品点心,意在宣示生机催发活力鼓励消费,还有发出"吃饭倡议"的。有体育业内人士提醒:与其带头去餐馆吃饭,不如领衔搞体育健身!此时,干部带头参与运动锻炼,既倡导体育消费,又传播健康理念、引领科学生活,功莫大焉。有谁来吃个"运动健康"螃蟹,带头示范出体育消费的首秀呢?

（2020-03-18）

视频体育

在啥事都着急的年代,图片打败文字,视频打败图片,将是大概率事件。据说,视频特别是短视频,日益助力我们打开一个崭新的世界。短视频可以通过精彩竞技表演、温情赛事瞬间、体育文化故事等方向,传播和展示体育运动的魅力。

（2020-05-17）

又登珠峰

2020年5月27日11:00,珠峰高程测量登山队成功从北坡登上珠峰顶峰。常有人问,为什么要登珠峰?经典的答案是:"因为山就在那里!"这次中国登山队带着国家任务,抓住时间窗口,又一次实践了"不畏艰险、顽强拼搏、团结协作、勇攀高峰"的中国登山精神。为中国登山体育人点赞!

（2020-05-27）

龙舟公园

到省龙舟协会驻地温州,拜访王成云会长。佩服于会长的龙舟情怀,推动协会项目发展的清晰思路。多年来,他领衔带动,聚合社会资源,弘扬传统龙舟文化,多有建树。一个体育协会,一座运动公园,一条镇园龙舟,彰显一个省级体育社团的标杆形象。

（2020-06-05）

铸就文化

建设"重要窗口"的体育体系,应当叫响这样一个口号:构建有文化的体育。没有文化的体育,根基浅、不可靠、做不大、难持续。一个运动员如此,区域体育事业发展也如此。如何培育体育文化?体育生活化、体育社会化、体育制度化、体育仪式化、体育图文化、体育故事化、体育哲学化等方向可以探索。

（2020-06-06）

运动习惯

习惯养成并非一日之功，运动也是如此。曾经是全民耳熟能详的广播体操，也渐远渐离。可喜的是，省体育局机关近期参与工间操人数"剧增"，由年初一天五六人增至一天十七八人。机关工作多为文案会议，工间操练一下手脚身段，大有裨益。

(2020-06-24)

骑行姑娘

在建德市勇峰山地车公园，看到一个小姑娘充分展现了勇敢骑行和青春活力的照片。小姑娘叫汪梓涵，今年6岁，临安人。父母均为骑行爱好者，女孩3岁骑平衡车，4岁骑自行车。6月21日，她和妈妈一起参加在公园举办的2020速降积分赛，独自一人完成成人组1.2公里山地速降（成绩4分26秒）。骑行，也得有点儿童子功才行。

(2020-06-25)

探营备战

因联赛停顿，省排球队年后一直处于封闭训练备战状态。一群青年两个场馆六片场地六支队伍，半年时间里不是体能技能就是技能体能，个中的干巴单调枯燥，外人难以想象。其间，有队员"投诉"：再这样下去，恋爱都没法谈了！有教练家属甚至电话"质问"：你们搞封闭，依据哪条法律？特殊背景之下，有状态在不在问题，还有心态好不好问题。重要的是，调适、调整、调动。

(2020-07-12)

哭徐国义

前日凌晨，游泳功勋教练徐国义病逝。中国游泳队前总教练张亚东接受新华社记者电话采访时哭诉：五年前，我送他去病房。现在，我要送他上天堂……听闻，有感而发：

我要送他上天堂

五年前，
我送他去病房。

原指望，
他能健健康康地走出来，
回到他挚爱的泳池旁。

做完手术，
他又直奔训练场。
一顶鸭舌帽，
陪伴他的泳动时光，
备战里约奥运疆场。

病魔无情，
他依然以队为家。
拉上楼妈妈，
面向东京奥运赛场，
携儿带女东奔西忙。

不停逐浪，
他一生就是这样。
站在泳池旁，
紧盯争金夺银的他（她），
燃尽仅五十的年华。

现在，
我要送他上天堂。
只希望，
他能安安心心地去远方，
闲走在无边的泳池旁。

(2020-07-21)

行头派头

夜骑茶遇一60来岁的老杭州、老骑客，闲聊骑行。老头一张嘴就来范："运动必先整好行头。你看我的骑行鞋裤服，一流的牌子。自行车，都是七八万元的价码。我这帽子，戴着没什么分量，车压过头没事。"问：那派头咋搞？

答："一身好行头，就是好派头。我家里有六辆车。这算派头吧？"我故意激他：你这老头挺厉害嘛！答："这算啥。每年我还约上网友去户外登山，一个省一个省地逛。"说话间夹杂着得意。问：你老婆不管吗？答："我喜欢在外面跑，一个人自在。"我转个话题：你看，我的车子还行吧？老头斜眼看了看，慢悠悠道："我刚玩骑行那会儿，就比你这好。现在，我们都已经换了六七代了。"他用手指着我的车说：你这车，不行。没派儿，得换。

(2020-07-25)

意义意思

有基层领导说，我们要干有意义的事，也要把有意义的事干得有意思。有意义，就是正能量，正面导向，积极向上。有意思，就是凝人心聚人气，让乡土接地气。体育的意义显而易见，但要推动体育意义真正显山露水，还得收集创造体育故事，并学会编辑叙述，学会传送传播。

(2020-08-28)

故事叙事

在社会民间和专业运动队，有大量感人动人的体育故事。让更多的人听到这些故事，就得挖掘、叙述、宣传。体育，不仅需要故事，更需要叙事。叙事要好玩，也要见事说理。酒香怕巷深，体育也不例外。

(2020-08-31)

体育象征

服贸会期间，首都体育学院李相如教授与记者谈及"体育与城市"：体育能培养市民对所在城市的依赖，未来更加热爱这座城市，更加充满激情。市民的运动风尚也体现着城市精神和生活态度。如梅州人、大连人喜欢足球，汕头人喜欢乒乓球，万宁人喜欢冲浪，文昌人爱排球，中山人爱棒球等。运动成为城市的体育象征，意义和影响深远。

(2020-09-07)

体育标识

眼球时代，符号、图案、口号、标志色等很重要。推动发展体育也是如此。窃以为，这些年温州体育的大动作，就是在城市各个角落、生活的各个环节叫响并物化了"体育让生活更美好"口号。口号常喊,变成共识兴趣习惯和生活,就具有极其强大的力量。

（2020-09-27）

文化短想

体育四年,备尝文化缺失的苦。没文化的体育,很可怕。文化这东西要说明白,有点难。有人说,文化是一种信仰,是一种修行,一种修炼。不错,文化是醇厚的,包括眼里的故事,经验的传承,文明的规矩,历史的根魂和内心的坚定等。醇厚的文化要有修炼。没有文化修炼的体育,说都说不清,不好同频共振,更难以深厚久远。

（2020-10-10）

体验教育

户外运动基于自然环境,注重玩者体验,是运动也是教育。运动中,静心与山对话、与水交流,能听到许多绿水青山的故事。团队体验,还会有所谓的"团建"绩效。走过路,才知道辛苦;登过山,才知道艰难;蹚过河,才知道跋涉。"户外运动是能让你打开一万种体验世界的美好方式!"这是嘉兴某网友对户外运动大会的评价。

（2020-10-26）

运动体测

体测,即对身体结构及成分的了解、管理,这是科学开展体育运动和专项技能训练的基础。所有运动损伤都与身体本身的结构缺陷、基础运动能力的短板、运动训练模式的不科学有关。了解身体,精准面对问题,通过专业的纠正性治疗训练,功能性矫正训练,实现问题康复,最终得以快乐运动、健康运动,更有效地进行专项运动技能训练。先"Fit"而后"Play",才能避免伤病,实现体能提升、运动健康。

（2020-10-27）

以道为上

"道不变,术无力。"电视人舒中胜一口短语好句,尽道之尊。体育理念观念不转变不对付,啥方啥术都不好使。体育生活化,产业市场化,社会力量办体育等,道不清理不明,最好的术也是白搭。新时代,创新之道胜过无数术士。体育理念是运动道理,是植根铸魂的东西。

(2020-10-30)

登高望远

登山,民间叫爬山,业内称攀登。人们为何热衷攀登?英国登山家乔治·马洛里:因为山就在那里!新疆登山者杨春风:登山会丧命,但登山是我的生命。"无腿勇士"夏伯渝:攀登精神就是勇往直前、不怕困难、勇攀高峰的精神!围棋冠军曹薰铉:"仙""俗"之别,不过是人字边上加"山"还是加"谷"。人登山成仙,下山则落俗。总局登山中心厉国伟:勇攀高峰,不是为了让世界看见,而是为了看见世界。万科王石:登山是我的一种生活方式。探路者王静:山过不来,我就过去。西湖跑山赛贴心口号:愿你翻山越岭,看遍漫山风景。

(2020-11-03)

无痕山林

Leave No Trace(简称LNT),是始于美国的一种自然的户外运动方式,旨在保护与维护自然生态。有七大基本准则:事前充分的计划与准备、在承受力范围内的地点行走宿营、适当处理垃圾、保持环境原有的风貌、减少用火对环境的冲击、尊重野生动植物、考虑其他使用者。核心理念:对环境的"尊重"和"最小冲击"。

(2020-11-13)

行为指南

11月25日,世界卫生组织发布《身体活动和久坐行为指南》最新建议:一是成年人每周应进行150~300分钟中等强度的有氧运动,或75~150分钟较高强度的有氧运动,或两种强度有氧运动的等效组合;二是儿童和青少年每周平均每天进行60分钟的中等至较高强度的有氧运动;三是所有年龄段的人群都要定期进行肌肉力量训练;四是所有年龄段的人群均应减少静坐少动的行为。

(2020-12-02)

桔果飘香

又收到黄岩农村那位杨姓老人的来信。老人是一位忠实的马拉松爱好者。今年他特别开心,圆了杭马梦,半马成绩 1:54:00。几年前因为马拉松,我们成了笔友,但一直未曾谋面。据他女儿说,老人家特别用心在自家果园剪了好看的几串橘子,说是要感谢体育部门搭建了跑马者欢乐的平台。老人家心意,不敢怠慢,转呈给为杭马辛勤付出的一线工作人员,并转赠一块赛事奖牌。一位素昧平生的老者,一封充满真情的短信,这不就是浙江马拉松生态园地里一个橘果飘香的鲜活故事吗?

(2020-12-09)

另类总结

有篇文章说,有好事者代写过国足"总结":"在世界杯历史上,仅有三支国家队战胜过中国队;中国队从未在世界杯点球大战中失利过,从来没有一支球队在世界杯上击败过中国队两次;中国队在世界杯上丢球数远少于巴西和以防守见长的意大利;在过去 80 多年里,中国队只丢了九个球;西班牙、德国、意大利、法国等强国从未取得过与中国队交战的资格……"文章说:总结句句真实可靠有据。但叠加一起,就会产生剧烈的"化学反应"。年终到,总结叫。如何总结,确有"艺术"。

(2020-12-11)

帆船冬训

因气候原因,我们的帆船队伍每年都要组织为期四个月的海南冬训。先前在当地租好房,再用集装箱把从船到跑步机到厨房橱柜冰箱等生活必需运来。今年跟着省队冬训的还有杭州、嘉善的青少年队。他们每天大约早上训练,下午文化课,晚上练体能,搞得很紧。领队教练说,队伍训练管理得从严从紧,一为提高竞技水平,二防无事生非。海上项目,需要运动员知流体力学、海风气象,会团队合作、借风使舵,看似简单,实质不易。

(2020-12-12)

体育文物

省全民健身中心将在老体训大队建设。从 1953 年到 21 世纪初,这里是浙江竞技体育大本营,冠军摇篮。1979年浙江省第一座室内游泳馆在此落成。据游泳队前辈介绍,当年他们还参加了建设劳动。里面设施现在看很破旧,当时却很先进。如训练器械是全国首批进口的三台之一,当年价值3700美元。看到这老物件,想到这里的老房老树、老床板老桌椅和老场地老馆舍,想到体育文化。看不见,却实实在在存在的体育文化,需要寄托和载体。这些老东西就是浙江体育的源流,就是浙江体育的文化,就是将来填充浙江体育博物馆最好的文物。

(2020-12-14)

体育冬训

在浙江体育职业技术学院举行的冬训动员大会上,举重运动员石智勇说:过去的成绩,不是未来胜利的保证书。对运动队而言,一年之计在于冬。冬储体能,磨炼意志,排兵布阵,全力备战,才能实现"奥运届届有金,亚运、全运一届胜一届,冬奥参赛零突破"总目标。

(2020-12-15)

教练之苦

竞技体育业内,教练最核心,也最辛苦。每天和运动员在一起,不间断地转场转训是常态。问:当年干教练,家里支持吗?有教练答:当年也是难。老婆两句话:我理解,但并不代表我支持;我支持,但我不知道能不能坚持。事业家庭两难全,是多数体育教练真实生活的写照,如帆船帆板项目,每年冬季移师南方一练就是四个月。没有家人理解,不可想象。

(2020-12-26)

虚拟跑者

赛事停摆,却没有终止运动。年终,法新社收集了七则2020年不那么有名的体育故事:法国人伊莱沙在七米长阳台上用时6:48:00跑了42.2公里,中国人潘善粗在家用时6:41:00跑了66公里。故事传递的是一种不停息的体育精神,展示的是一种积极向上的生活方式。但虚拟终非得已,希望2021年的体育故事更多地来自线下、户外和面对面。

(2021-01-10)

体育文化

文化积淀是体育的基础。哪些东西算是体育的文化？(1)体育的理念、思想和精神。(2)项目的技术、技艺和装备。(3)竞技的场地、场景和规则。(4)运动的仪式、节日和规制。(5)体育的遗存、典籍和历史。离开文化的滋养，很难有真正生活化产业化现代化的体育。

(2021-03-04)

无效移动

并非移动就是运动。不是所有走路都能健身。走姿不对，如含胸驼背、身体倾斜、过度挺腰、外八字或罗圈腿走路等，最多只是身体的"无效移动"。有专家建议，可以尝试"躯干走路法"，注意四个关键点：(1)摆臂，拉动肩胛骨；(2)活动骨盆，通过摆臂带动骨盆自然前倾；(3)着地，身体挺直，脚尖朝正前方伸出；(4)重心移动，按脚跟、脚底外侧、第一跖趾关节的先后顺序着地前行。

(2021-03-27)

运动增高

让青少年长得更高是家庭的事，也是民族的事。运动促进身高发育，这是科学。专家建议，在青春发育期，让孩子们多参与跑跳类有氧运动，保障均衡营养和睡眠质量，均有助于骨骼生长。下一代个儿高，既是体育的潜力，也是国家发展的特殊竞争力。

(2021-04-09)

小村春事

4月18日下午，两位来自江苏的越野自驾车手在遂昌县新路湾远路口村停留游玩，偶遇一位老村民。搭讪聊天间，这位村民友善地给客人各送上一根香蕉。当客人发现这位村民递香蕉的那只手只有三根手指头时，顿生感慨：香蕉本不是这里的土产，一个身有残疾的人居然主动分给我们吃，这里的村民太有爱心了。于是，客人接过香蕉，坚持付钱，却被这位村民坚决拒绝。无奈之下，客人找到村里支书，要求帮助找到这位素昧平生的村民，并代转交500元钱。三根手指头两根香蕉，递出的不只是香蕉，是遂昌山区村民喜迎天下客的格局胸怀和友善气度。香蕉事不大，春意味深长。

(2021-04-19)

体彩追梦

来自浙江湖州市体彩中心的谢妙武(爱岗敬业组)、舟山市体彩销售员何瑞刚(诚实守信组)、桐乡市体彩销售员李国良(公益善举组)光荣入选2020年"体彩追梦人"。40个"追梦人",故事各异,但他们都是作为国家公益的体彩的真正基石,向浙江的"体彩追梦人"致敬。

(2021-04-21)

校体融合

有人说,与其说"体教融合",不如叫"教体融合"。教育融体育易,体育融教育难。实际上,无论体教教体,核心在校体。学校是青少年成长最重要的摇篮,是体育教育的产床。杭州校长亲自领跑强体俱乐部,领出的是青少年的体质体能、体育素养,跑出的是一个城市乃至一个民族的强健未来。体育教育,应该是校长的使命。

(2021-04-25)

池塘龙舟

在杭州植物园一处僻静小池塘,有坐在岸边挥桨的人。闲聊发现,人家是浙江公羊会,为准备近期将战的龙舟赛,一个人在训练。他说,因工作原因,他们多数时间都是分散训练,大伙儿很难凑齐合练。池塘练龙舟,有用吗?当然有用,特别是力量还得自己练。手里握上桨,心中就有船。

(2021-05-02)

户外价值

培育浙江"全域户外",需提升政府和社会对户外运动发展价值的关注、研究。大而论之,可以说:户外是生态,也是环境。户外是运动,也是健康。户外是产业,也是经济。户外是文化,也是生活。

(2021-05-02)

精致户外

从前,户外生活是吃苦自虐,是将户外带进生活。如今,户外生活是精致主义,是把生活带进户外。这得益于社会发展和科技进步。户外基地、露营装备、炊具用品等带给我们越来越多的便捷、野趣,也改变了户外生活方式。精致户外——开辟生活新天地,共享绿色大自然。

(2021-05-03)

服务捐赠

省体育基金会收到邵逸夫医院和浙江广慈医护捐赠的全民急救培训项目服务。这是一份关于紧急救护(高品质 CPR、AED 使用)知识推广普及的公益课程。该项目将结合基金会"浙马心计划"推广实施,服务于全省运动健身活动的开展。这也是体卫融合"大场景"里的一个"小切口"。

(2021-05-20)

下乡三门

三门县亭旁镇是浙江省第一个苏维埃政权诞生地。今天,省体育局"体育下乡"服务队为这里的乡亲们送上科学健身知识讲座、象棋指导课,捐赠 20 万元的体育器材,省体操队、技巧队、武术队和航模队姑娘小伙精彩的运动节目表演吸引了不少观众。

(2021-05-21)

高考体育

上午高考语文科目考试结束,体育人欢欣鼓舞:毛泽东《体育之研究》进入全国新高考Ⅰ卷。高考作文与体育直接关联,这是近年来首次。有专家说,"体育之效"一直研究到今天,还值得和需要继续研究。但认真审题发现,除"体育之效",还得关注最后这句:因此,"生而强者不必自喜也,生而弱者不必自悲也。吾生而弱乎,或者天之诱我以至于强,未可知也"。

(2021-06-07)

下乡遂昌

86 年前,红军挺进师进驻这里。19 年前,我来到这里工作。今天,跟着"百年复兴路 体彩新征程"红色运动会的步伐,又走进革命老区遂昌县王村口镇。经过这些年的持续建设,昔日的红色"师部和领导中心"人气集聚,已成为红色文化中心、红色教育中心和红色旅游中心。

(2021-06-22)

竞技"视眼"

训练备战与竞赛,是专业体育。作为门外汉,参与体育竞技盘点,边听边学,对于专业的术语、竞技的规律,有迷糊晦涩的,也有逐渐厘清的,如运动训练水平与大赛临场发挥;技战术能力与体能基础;运动能力表现与运动心理疏导;技术稳定性与技术的难度;比赛能力与竞赛裁判环境,等等。视角不同,体育的色彩也相异。

(2021-06-29)

不止运动

"体彩·不止运动"主题系列公益活动在杭州最热闹的湖滨步行街启动。浙江经视舒忠胜评论:不止运动,是说除体育运动外,体彩还意味着体育公益、体育文化、体育社交、体育生活,意味着欧洲杯、啤酒和竞猜等。7月3日,浙江竞彩日销量今年首次突破亿元,达到10008万元。

(2021-07-04)

面见前辈

在遂昌县中国工农红军挺进师纪念馆,有句体现革命乐观主义的顺口溜:身无冬衣夜无被,日无粮食饿肚皮,野菜萝卜来充饥。敌人清剿想灭我,同你一命拼一命,拼掉一个不亏本,拼掉两个赚一个……革命终有胜利日。顺口溜边上有红军战士余龙贵的照片,想不到他还是浙江体育的老前辈。1957年,他转业到省体委任副主任,分管行政后勤,也是省政协第四届常委。

(2021-07-07)

周末登山

周末跟着一支业余"登山队"登上海拔725米的德清王位山。山不高,风景别致。最关注的是这支户外登山队伍:属民间自组织,坚持了近10年,起始于服务新德清人,人数近30人,每周日上午固定活动,AA制、不接受企业赞助、禁烟、限制单身女性参与、建设简单的活动营地。半天时间、流一身汗,且行且思考。登高,不一定非得望远,运动就好。

(2021-07-18)

奥林匹克

啥叫奥运会？奥运会就是46岁的乌兹别克斯坦体操名将丘索维金娜、52岁的格鲁吉亚射击老将萨卢克瓦泽、58岁的卢森堡乒乓球老将倪夏莲。就是中国举重队员李发彬举起杠铃时的"金鸡独立"，举重试举失误后跳起欢乐舞蹈的基里巴斯选手卡托亚塔乌。就是走进奥运赛场的难民代表团。就是国际奥委会主席巴赫说的：人类正处于黑暗隧道中，奥运将是尽头的曙光。奥运会，体现的是世界的精神。

（2021-07-26）

娃娃晨跑

东京奥运会正酣，杭州娃娃跑爆燃。7月以来，《钱江晚报》连续报道了杭州一些小区开展暑假娃娃晨跑活动的消息。活动发端于滨江倾城之恋小区，现已蔓延到滨江、临平的彩虹城、风雅钱塘、铂金时代、寰宇天下、康城一品等小区。几个跑团志愿者和跑步大神，一群爱跑步的爸爸妈妈们，一堆早起的最萌社区娃娃，共同演绎一幅"娃娃跑团唤醒小区美好清晨"的杭州体育风景。啥叫全民健身？啥叫社区体育？啥叫体育赋能发展建设共同富裕示范区？这就是。

（2021-08-02）

"五金宁波"

东京奥运会背景下，宁波运动员喜得五金。奥运五冠，如何转化为这座城市的精神新财富？有识之士指出，宁波可以像杨倩一样有"大心脏"的品格，像石智勇一样有"舍我其谁"的气概，像汪顺一样有"我依然热爱"的澎湃激情和执着追求，像管晨辰一样有"强敌不可怕，你强我更强，你勇我更勇"的技术能力自信。有体育精神武装的城市，一定会是一个充满激情活力和希望的城市。

（2021-08-05）

阳刚体育

有人说：浙江有的是，画家笔下的水墨，小桥流水的多情，吴侬软语的绵酥。其实，水墨、多情和绵酥，代替不了奔腾涌动的浪潮，气吞山河的气概和铁骨铮铮的硬汉。有人说，运河的生活就是杭州的生活，西湖的风韵就是杭州的风韵。其实,站在玉皇顶眺望,与运河的闲适恬静、西湖的婉约秀丽毗邻的,是峰峦层叠的天目群山和汹涌浩荡的钱塘江大潮。在新时代,真杭州抑或真浙江,不能止于柔、软、温、婉,相拥相融的得有刚、强、豪、放。最能体现的,体育当在其中。

(2021-08-11)

体育灵魂

巴赫主席说:运动员为东京奥运会注入灵魂。运动员相聚的喜悦及对奥运举办的感激,成就了本届空场奥运。体育竞赛的主角是运动员,形式是同场竞技,核心是互动交流。集成聚合起来,铸就体育的灵魂,体育的精神,体育的人文。

(2021-08-13)

神兽飞奔

杭州娃娃晨跑,衢州神兽飞奔。暑期,柯城区白云街道御景湾社区的孩子们,也早起来,跑起来,动起来。小跑团、大场景。从杭州到绍兴到衢州,越来越多的浙里社区出现"大手牵小手,小手拉大手"的动人风景。娃娃(神兽)跑团,大人带着小孩跑,跑出了青少年的健康,跑出了社区体育的时尚,也跑出了社区治理的和谐、城市生活的活力。我想:体育的最高境界不是奥运会,而是体育生活化。未来社区,应当充满体育生活。生活体育,娃娃体育,这必定是发展建设共同富裕示范区的题中之义!加油,娃娃跑团!

(2021-08-15)

健康大使

省委、省政府健康浙江建设领导小组办公室聘请七位健康浙江行动形象大使,奥运冠军石智勇、杨倩在列。今天下午,副省长给石智勇现场颁发聘书。运动促进健康,体育丰富生活。运动员为健康浙江代言,是职责,是公益,也是体育文化。

(2021-09-29)

阅读体育

有球友闲聊羽毛球:有打的,有玩的,有生拉硬拽的,也有真读懂的。隔壁女孩拿了全运会业余组冠军,那可是从小跟着教练父亲摸球看球、玩球学球,背出来的。球里有她的童年记忆,泪水汗水,成长痕迹。如同山水,阅读至上。熟读,会背,才能熟门熟路,有如行云流水。体育,也须静心费时琢磨。深究细琢,容易搞懂干好。

(2021-10-01)

体育语言

体育的使命:用体育语言讲好生活故事。一个场馆,一场竞赛,一次健身,一批运动员的成长等,就是体育语言。关于赢与输,关于训练与拼搏,关于马拉松与越野赛,关于体育规则与体育游戏,就是体育语言。用体育语言诠释生活、表达生活、创造生活,是一种思维也是一种精神。

(2021-10-23)

表彰体育

7月破晓,8月荣光,9月星皓,10月闪耀。10月26日,省委书记、代省长等领导出席浙江奥运全运健儿凯旋总结表彰大会,并为浙江体育健儿在东京奥运会、陕西全运会上交出的"高分体育答卷"点赞记功颁奖。会上,历经11年"坚持全力以赴打好每一枪"的射击运动员杨倩,参与了六届奥运会和十二届全运会的"不断学习探索新的训练理念方法"的游泳教练员朱志根,代表运动员教练员作参赛汇报发言,表再创佳绩决心。

(2021-10-26)

体育捐赠

10月26日,杨倩、石智勇、汪顺、管晨辰、谢震业、徐嘉余、叶诗文、王芝琳、万济圆、王丛康等10位奥运会、全运会冠军,向省体育局捐赠了参赛纪念物。有发卡、玩具、手套、腰带、划桨、篮球、跑鞋及衣物等,每一件都代表一场赛事,都宣扬一种精神,都见证一个冠军荣耀,都记忆一段美好的浙江体育故事。相信,这些都会是浙江体育博物馆的珍贵收藏。

(2021-10-27)

宋韵体育

宋文化,是杭州文化一源。以前看到的杭州文化,多为点茶焚香挂画插花等骚客文人的风雅。今天《钱江晚报》奉献的三个版面宋韵体育,打开了杭州文化的另一扇窗。包括大宋蹴鞠、角抵相扑、弄潮冲浪、龙舟水球、水上秋千、马球捶丸、射箭投壶等。如此说来,杭州文化的形态不止于茶蚕扇伞丝绸长裙,也不止于吴言侬语的细语缠绵,还有钱塘潮头的铮铮硬气。

(2021-11-01)

体育符号

新华社在昨日《百年党史中不可或缺的体育符号》一文中,提及"奥运三问",《体育之研究》、中央苏区的新式体育运动、延安时期的"五一""九一"运动会、新中国国际比赛第一枚金牌、破的第一个世界纪录、奥运首金、北京奥运会和冬奥会、体育强国建设等。个人理解,不可或缺的体育,包括理念制度、价值观、语言、话语权、口号标识、故事、赛事活动、场馆设施、文化印记等元素。不可或缺,最简洁地说,就是随处可见、随时可以、人人知晓。

(2021-11-12)

圆梦亚运

太阳初升,赶到杭州奥体中心主体育场,和一群体育公益热心人士一起为"千名青少年亚运观赛圆梦"活动奔跑。感谢亚美体育陈燮中先生等社会爱心人士的热心张罗和公益奉献。

(2021-11-20)

情怀至上

体育五年,眼见老体育人对体育的固执,教练员对爱徒的偏爱,运动员对金牌的执着。户外人对运动山水的崇拜,越野人因赛事暂停键的沦丧;还有为女儿轮滑建场,为儿子打球搞起篮球培训的家长。收获最多的,是那些有体育情怀的努力。情怀,是体育最大的力量。

(2021-11-24)

路跑之痛

马拉松及路跑是群众基础最广泛的体育运动项目。一时间,各地赛事活动或暂停或延期或取消。每每看到组委会这些公告,我们与赛事活动运营商一样"泪流满面"。即便如此,跑马爱好者们备战依旧,"橘果飘香"如故。相信马拉松，相信路跑，相信全民健身。

（2021-11-29）

体育天气

　　发现央视体育频道一新栏目"体育天气"。今天栏目展示了全国跑步打卡、网球挥拍两张天气地图。体育看天是常态，有体育天气则是创新。通过适宜指数，为运动项目指引天气状况和适宜区域，提出穿着不同运动装备的参考，有用。

（2021-12-13）

体育电影

　　三个现象级视角：体育历来就是电影的重要题材。自带热血和燃情励志是体育电影的重要元素。体育之外更多的社会意义和思考才是成功体育电影的关键。我们真正缺少的，是富有体育情怀的导演。

（2021-12-30）

关注"冰墩"

　　冬奥时间，冰壶、谷爱凌、速度滑冰一时热起。没想到出现了"冰墩墩现象"，冬奥会吉祥物"一墩难求"。专家分析，这得益于大家对特殊背景下冬奥盛会举办的欢欣和文化自信的传播，也得益于国际友人"热捧"、全民追捧以及饥饿营销和自媒体助力。这是否也预示着以体育衍生品为载体的体育文化兴盛、体育产业机遇。由"冰墩墩"，想到紧接着走来的杭州2022年亚运会的"宸宸""琮琮""莲莲"，我们该早作打算。

（2022-02-14）

金牛计划

　　浙能集团的浙能资本实施以全员运动为目标的工会健身计划。在每个工作日为职工安排"专项活动日"：周一"篮球日"，周二"低碳出行日"，周三"网球日"，周四"乒羽日"，周五"瑜伽日"。同时每个工作日下午组织集体"八段锦"工间操，全年春、秋两季开展两次"线上红色健步毅行"。"金牛"计划坚持竞技与休闲、线上与线下、趣味与健康"三结合"，推动职工共同享受运动、享受阳光、享受友情、享受合作、享受胜利，打造企业快乐工作、健康生活的"运动朋友圈"。

(2022-02-28)

"以操换蛋"

　　单位工会倡导工间操,自觉的人总在10人以下。为更广泛参与,组织委员提出"以操换蛋"计划:每月参与工间操在10次以上的,工会奖发鲜鸡蛋一盒。计划实施,立马见效:每天操练人数翻番。小蛋撬动健身,也算是大绩效。

(2022-03-22)

体育记忆

　　一个集报人在杭州办了个"迎亚运百年体育运动报刊展"。最早的是1912年12月出版的《全浙公报》,其中涉及的浙江体育学校是浙江最早的体育学校。这让人很自然想起留存在云居山麓的浙江体育会摩崖石刻。体育历史,需要报纸、石刻、器具等实物载体,需要区域的集体记忆。遗憾的是,这是体育的短板。据记者观察,走进展览的青年人几乎为零。

(2022-04-19)

户外简史

　　大约是人类起源于户外。早期,均从事户外活动。后来,居有定所,住宅逐步替代森林、洞穴、山地,出现户内活动。人类进入户外活动与户内活动并存期。因文明推动,人类渐渐从山地走向平原、海滨,户内户外活动呈"一增一减"趋势,户内室内活动、运动增加。未来,为解决人类健康及户外能力衰减问题,人们着眼生存,或将再次关注户外、参与户外、享受户外,加强户外运动方式、项目的活动。回归户外,或许会是一种新文明。

(2022-04-21)

畊宏健身

　　"身上的肥油咔咔掉,人鱼线马甲线我想要。"每次有百万粉丝跟着刘畊宏健身,这可算是一个现象级事件。有人说,是"以一己之力带动全民健身狂潮"。其要害有二:一个"畊",大体就是耕田劳作的"耕"。一个"跟",让人跟、跟着来、跟上去的"跟"。坚持耕了不起,做到跟者云集更难能可贵。

(2022-05-15)

体彩追梦

体彩人卖彩票,也卖服务卖公益卖理想。卖彩票,起初可能是为温饱为生计为养家。卖着卖着,就干出了"公益善举""诚实守信""求实创新""爱岗敬业"的大事。听着一个个浙江体彩追梦人的故事,总是被感动。人平凡事不大,但每个都是向善向上的好人。他们用行动诠释了啥叫"温暖有光",什么是"光芒万丈"。

(2022-07-16)

安全骑行

在江山市浮盖山,与几位参与铁人三项赛的骑友交流自行车运动。他们反馈,省内骑友增加很快,但骑行赛事偏少。关于运动安全管理,他们说:一是完善装备,二是多办爬坡赛。"你们可以多帮我们组织环省、环市、环县之类爬坡赛。相对下坡,上坡骑行的安全系数就没啥问题啦。"

(2022-07-27)

体彩破圈

浙江全省有1.2万家体育彩票销售门店(点)。从参与治理视角看,小网点可有大作为。体彩销售点,同时可以是民生就业安置点,体育公益实践点,科学健身集聚点,便民服务示范点,体育文化传播点。在渠道末端试试"六点合一",可能会是深化践行责任彩票理念的路径。

(2022-08-02)

体育社群

在龙泉市凤阳山顶,偶遇一位来自嘉善蛋蛋户外的群主。一路边走边聊,学到一些户外社群组织的经脉。概括起来大约是:两三个骨干,20来个人,活动常态化,有人做功课,经费AA制。这些社群,大约就是新《体育法》说的体育组织中那类自发型组织。这类组织虽未经任何登记注册,但贴近群众身边、服务全民健身,值得关注。

(2022-08-10)

缤纷户外

  这些年玩户外的人多了,且多注重团队玩。从登山步道边的枝枝丫丫挂的小布条里,可读出这些信息。凤阳山道两旁,可见琅琊户外、岚旗户外、快乐户外、爱徒步、白龙登山队、高山训练营等多个户外社群的活动痕迹。

(2022-08-11)

步道诗画

  2020年,构思"环浙步道"。经过几年谋划推动,"环浙步道"逐步落地成形。事非亲历不知难。眼见设想成真,感慨不断:

回家的小路——给环浙步道

(2022-08-21)

  小时候,走到外婆家的路泥泞柔长
  长大后,通到外面去的路宽阔悠扬
  岁月沧桑
  不知趟过了多少的南来北往

  现如今,厌倦了人们说的诗和远方
  常记挂想起的,是村里那黑瓦弄堂
  最念念不忘的
  还有那家乡的小路鸡肠

  小路弯弯,砂石土路满目清香
  山道青青,庇荫乡亲行走天下
  远远近近
  最美的地方还是老家

  小路弯弯,少小离家终须回家
  山道青青,洗尽铅华又沐春光
  深深浅浅
  最亲的地方就是家乡

(2022-08-22)

黑子不黑

到云南省云子棋院，才知道围棋的云子不是石头磨制的，是几种矿物根据秘方调制的粉在高温熔化后经手工点滴而成的。正因如此，云子其实"黑子不黑、白子非白"，其中多数黑子在光映射下呈翡翠绿色。有工人师傅指导，在炉灶前试点了三个白子，感觉挺神奇。

(2022-08-27)

再看裁判

赶上2022年全国体操锦标赛女子自由操、男子单杠两个项目决赛，还是注意裁判席。女子体操的，都还是女裁判。男子单杠的，除一位女裁判外，全为男裁判。有人说，女懂女项、男知男项，正常。行内人说，竞技体操过于专业，外面人多难看懂。裁判多由退役运动员转入，所以产生女裁女项、男裁男项现象。从外行审视：不管如何，体操裁判队伍建设，也有个老破的师徒模式问题。破圈，必是方向。

(2022-09-10)

足球读书

足球搞不好，大家揪心。有一种说法：振兴足球，要有两条——让踢球的人能读好书，让读书的人能踢好球。意思是"球踢得有文化"与"文化人爱踢球"，不可偏废。听罢，想想，觉得是一种有意思的套路。推而广之，想到"三大球"及其他，提高"聪明的"体育人的素质素养，真的紧迫。

(2022-09-12)

三二法则

俗话说，男女搭配，干活不累。户外亦然。在户外运动场景下，有没有最佳男女比例搭配？有玩家归纳出三二"法则"：三男二女。这种比例搭配有利于激发团队的整体活力和创新，有利于保持运动的经常化和可持续。驴行登山、车行越野和水上运动等场景中，均有此类比例的痕迹。有人说，这叫"三五好友，结伴而行"。

(2022-09-16)

骑行运动

　　骑行热起来，自行车旺销。骑行成新时尚，建设骑行友好型城市，应该提上城市规划、建设和管理的议事日程。北京喊出"自行车回归城市"口号。骑行友好，主要包括自行车专用道成网、骑行标识健全、驿站服务成体系、骑行俱乐部普及、骑行赛事活动常态化、携车出行便捷等。骑行具有多元价值，集交通、运动、社交、文化和生活为一体，是个好东西。

（2022-09-19）

你来试试

　　夕阳下，杭州市余杭区中泰运动公园笼式足球场，四个小孩两两对阵、你来我往踢得正欢。眼见一方起脚攻门，穿蓝白条纹一方的大门被破。"守住了！""这么没用！！"护栏边，不知是谁叫了两声。守门员回过头，不紧不慢来了句："你来试试！"细想起来，意思大约是，第一你也不一定行，第二你也来参与。圆的足球，说的人多踢的人少，指点容易上场难。

（2022-09-26）

壬寅祭祀

　　今日重阳，由省政府主办的壬寅（2022）年中国仙都祭祀轩辕黄帝大典在缙云县鼎湖峰下的黄帝祠宇广场举行。大典隆重，仪程包括长号鸣天、击鼓撞钟、敬上高香、敬献花篮、敬献美酒、恭诵祭文、行鞠躬礼、高唱颂歌和乐舞告祭等。中国奥委会副主席李玲蔚、羽毛球世界冠军王琳应邀作为体育界代表参与。

（2022-10-04）

露营类别

　　初看，大约有两类：一类叫轻装露营，一类叫精致露营。前者与轻装、徒步、山野、体育、经历关联较多，后者与重装、汽车、郊野、文艺、打卡关系密切。自然也不乏前后者混搭的。对大众而言，目前的露营场景多停留在休闲消夜阶段。真正的露营，当以山野过夜为目标，以运动修炼为方向。

（2022-10-14）

训练锻炼

体育领域常用这个词。但"练""炼"常被错用。据说,古时"练"字是指反复学习、多次操作。"炼"字从火,与冶炼、锻造及锤炼相关。如此看,之于体育还得始于"练"而终于"炼"。要"冬练三九",还得"百炼成钢"。可为啥日常又有"专业训练""业余锻炼"之说呢?

(2022-10-26)

擦地板工

一场 CBA,既观球赛,也看了场上必不可少的擦地板工。据说在 NBA,这工种既可免费就近看赛又有收入,竞争激烈。近看我们的,好像专业度差点意思。一是精神状态不太好,二是有的拿拖把的手放得不专业,三是几个人配合得不够艺术。擦地板,只是场务人员,但毕竟是在一个大的赛场上,还有视频直播。大赛场,无小事。

(2022-10-28)

百年泳池

听说莫干山上有浙江最早的公共游泳池,借机探访。泳池设在一教堂边,一大一小,小浅大深,长约 40.4 米,最深处约 2.6 米。据管理局介绍,泳池由莫干山避暑会于 1901 年动议建设,1910 年才完工。这也是浙江最早举行游泳比赛的地方。曾有记载,"那冷水浴场,是引山泉而成,面积有三十余方丈,深约八尺,西人每人每年出银一元,即可日浴两次"。后来,中国人上山的多了,渐渐也对国人开放。现在,泳池已荒废多年,但依旧保留完好。如能修旧利用,一定会是浙江体育文化的重要遗存。

(2022-11-04)

百年球场

同样在 1901 年,莫干山避暑会就着手修建网球场,1909 年山上就有了网球公开赛。后来陆续建了四片以上,还有网球协会。网球场命运好像没游泳池好。20 世纪 40 年代后,"网球场已遍植苞谷"。按图索骥,找到最早的球场,荒废的遗址部分成为绿地,部分已被公路侵占。

(2022-11-04)

无尽攀登

在省户外运动大会上,有幸遇见攀登者夏伯渝。夏老师为1949年生人。1975年(26岁),跟着中国登山队登珠峰,因冻伤被双腿截肢。2014—2016年,60多岁的他连续三年三次冲击珠峰未能成功。2018年,69岁的夏伯渝成功登顶,43年坚持,梦想实现。"你今年73岁了,接下来准备干啥?"夏伯渝答:"选择认真地老去。"其实,他一点不老。

(2022-11-06)

足球竞彩

据说,现代足球缘起于咱大宋盛兴的蹴鞠。今夜,2022年卡塔尔世界杯开踢,世界杯"浙里GO竞猜"主题系列活动也在杭州南宋御街启动。看看世界杯,想点中国足球,顺便竞竞猜,或许中中奖,也可算是接下来一段时间的美好生活吧。

(2022-11-20)

体彩共富

"共富浙江"即开型体育彩票首发上市暨体育公益项目启动仪式在杭州举行。本次发行的即开票共10枚,以浙江的"绿水青山"为背景票面,通过彩票票面的形象方式宣传浙江,助力共富。

(2022-12-15)

露营遗迹

据说,今年在长兴县太傅庙遗址发现了前9万—前7万年的远古人类临时营地石构遗迹,算是我国最久远的人类"露营地"。这个发现是否印证了关于人类自丛林而露营到定居演进的猜测。当下时兴的露营,似乎也没那么时尚,最多只能算是回归。比我们熟悉的山顶洞人还要早4万年的老祖宗,早就这么干了。

(2022-12-22)

蹴鞠古诗

据说蹴鞠类似足球,或就是足球之源。看卡塔尔,也学点相关古诗。从诗观,古时蹴鞠挺盛,连边城也"重蹴鞠"(南北朝·吴均《边城将诗四首》)。到宋代已呈"场边万人看"场景(宋·陆游《晚春感事》)。在明朝,女子参与蹴鞠就不稀罕了(明·钱福《蹴鞠》),早春二月铿锵玫瑰间的比赛就已揭幕。看罢,真挺唏嘘的。

(2022-11-24)

墙里来信

橘果飘香时,又收到杨文法老师来信。信里说,他76岁了,天天运动健身。每天坚持跑走10公里、引体向上数组10个、俯卧撑和双杠臂屈伸各20个、平推哑铃50次等。今年被评为区老年体协健身达人,还有奖金,很高兴。因为信仰体育,"我出门非走即跑,放在家里的电动车都生锈了"。因杭马缘,结识老人已多年,但至今未曾见面。有机会得去看看这位老健身达人。

(2022-11-26)

幸福竞彩

关于足球竞猜,有所谓的"专业玩家"建议:买自己喜欢的球队输。如对手赢了,我们猜中赢钱,幸福了;如对手输了,没赢钱但喜欢的球队赢了,也幸福了。无论胜负,幸福的获得感满满。"我没有喜欢的球队,咋整?"回答:那你,只有输了!

(2022-11-28)

体育题词

1941年秋,毛泽东为《解放日报》体育专刊题词:发展体育运动,提高人民体质。1942年9月,延安举行"九一"扩大运动会。毛泽东题词:锻炼体魄,好打日本。朱德题词:运动要经常。贺龙题词:体育运动军事化。1952年6月10日,毛泽东为中华全国体育总会成立大会题词:发展体育运动,增强人民体质。

(2023-01-18)

跑的调调

在山间越野与爬山有啥区别?有专家答:越野是跑,爬山是走。跑是双脚离地,走是双脚不同时离地的。如竞走,就是基于走路,两脚交互前进,任何时候都不得两脚同时离地的田径项目。

(2023-02-12)

体育考试

　　学生刚"阳康",又到中考期。有人郑重提议调整或取消今年体育中考。这新闻特别"扭":(1)体育入中考的初心是加强青少年体育;(2)疫情下锻炼是少了但不是没有;(3)"阳康"后,谁说不能锻炼?科学锻炼跑哪去了?(4)部分学生或家长反映,究竟是多大部分?(5)民呼你应,为啥又是体育?(6)今天调整或取消体育中考,明天会不会再减体育课?并非体育中考动不得,而是简单化的思维不可取。从体育视角看,可能涉及体育理念、体育态度、体育认知甚至体育政策机制问题。

(2023-02-23)

亚运彩票

　　杭州亚运主题即开型体育彩票今日在黄龙体育中心首发。票面采用杭州亚运会吉祥物"琮琮""莲莲""宸宸"形象设计。每张票面价格20元,最高奖金100万元。

(2023-03-05)

三衢道中

　　看挑战2300公里"环浙步道"的勇士,每天仗剑江湖,脚底总是痒痒的。沿着他们的足迹,念着宋人"小溪泛尽却山行"诗句,体验了衢州界一小段石林步道。山行间,标志标识、庇护所、线路通达性、景观等均可,走起来还真不易。有问题的不是路,是人,是人的意志和坚持。阳康者阴险者,迈步走走,就是同道中人。但凡有一点退缩,就可能分道扬镳。

(2023-03-08)

体育村落

　　置火炬为标,以跑道为路,用体育说事,这是奉化税务场村给人的最直观感受。据说,这里是中国历史上第一位国际奥委会委员王正廷(1882—1961)老家,主业外交、法律,副业体育。村里建有纪念馆。他倡导"体育救国",并提出具体措施:培养体育人才;建筑运动场;注意群众运动;养成国民团体游戏之精神。

(2023-03-19)

温州捶丸

温州市朔门古港遗址,入选2022年全国十大考古发现。遗址里,现身一批宋代码头、沉船及瓷器残片,不奇怪。让人关注和亢奋的是,其中出土有几个直径2.5厘米小圆球,专家说可能是捶丸。据说,捶丸是古代一种以球杖击球入穴的体育项目,源于唐盛于宋衰于清,被誉为中国的"高尔夫"。或许,这温州"丸"也是浙江历史上的体育印记。

(2023-04-01)

越野开会

不到24小时的宁海行,参加了一个叫中国越野休闲的大会,会了一批越野的"大神",看了一眼即将开跑的越野挑战赛雨夜现场。对越野的人、赛、事又有些许新认知:越野,就是"换上行头出门,换上心情回家";越野人,就是一群在大自然中追寻身体自由、精神和心灵自由的人;越野赛,就是这样一群狂热自然主义者的狂欢。越野是运动,是体育,是文化,是产业,更是一种精神。与越野者交流,才会明白坚持坚守的力量,明白平平安安的珍贵,明白什么叫发自内心的热爱。喜欢这句话:时间不语,见证了我们的坚守;岁月不言,记录了我们的初心。

(2023-04-14)

操行文化

自从有了"以操换蛋"政策,单位参与工间广播操人数渐增。早上一边做操,一边搜索记忆尝试找到工间操站位"规律":(1)站在前列的都是那几个人;(2)后面不站满决不站到前面;(3)只要边上后面有位置就不站在中间;(4)总有人喜欢独自成排;(5)做操与不做操的人大体固定;(6)认真与不太认真做操的人也大体固定。一个单位的生态是否也如此?

(2023-04-19)

运动雕塑

厦门市环岛路,是厦门马拉松的永久赛道。赛道中间绿地,设置了一组由

99名马拉松运动员和啦啦队员组成的铸铜雕塑群。这组路上雕塑,将马拉松运动永久固定在这条赛道上。这就是城市的体育文化。

(2023-05-25)

亚运展示

亚运渐近,体育展示的,城市形象显露的,氛围日浓。一句"江南忆,最忆是杭州",让人有无限的想象。但对应的,"运动热,最热是亚运"却总令人感觉不够对仗,缺了点什么。

(2023-06-23)

精神的精

冠军精神,当然体现体育精神,但体育精神,不止在冠军。郎平说:"女排精神不是赢得冠军,而是有时候知道不能赢,也会竭尽全力。哪怕一路走来摇摇晃晃,但站起来抖抖身上的尘土,依旧眼神坚定,只要你打不死我,我就和你拼到底。"这里说的,有赢得冠军,更多的是竭尽全力、掸掉尘土、拼搏到底。这与以"为国争光、无私奉献、科学求实、遵纪守法、团结协作、顽强拼搏"为主要内容的中华体育精神,一脉相承。

(2023-07-12)

体育榜样

今晚,2022年浙江省体坛十佳在国际影视中心演播厅出炉:最佳男运动员奖是网球队的吴易昺,最佳女运动员奖是射击队的黄雨婷,最佳团队奖是浙江羽毛球队的雅思组合。获得最佳体育产业精英奖的是橙狮体育的穆旸。体育榜样,浙江力量。

(2023-07-18)

体育美学

在杭州亚运会博物馆,看亚运会的色彩系统及其体育图标、引导标识、衍生拓展设计等,想亚运美学、体育美学。体育赛会活动的美学设计,尚待成熟。但无论如何,现代体育应该是五彩缤纷,淡妆浓抹,热烈奔放和活力四射的韵味调调。

(2023-08-09)

体育漫趣

一个名为"首届体育幽默画优秀作品展"在莫干山郡安里展示,装点亚运氛围。画不大,字特小,多无题,很有趣。有表现打开柏林墙打球的,有展现床上运动的,也有反映快递小哥车技的。细细品嚼,韵味悠长。

(2023-08-15)

悠闲场景

在山水自然之间停驻,想象着"工作过成生活、生活过成休闲"的若干美好:农田过成花园,山水过成盆景;庄稼过成绿化,鸡鸭过成陪伴;路花过成家花,野果过成秋实;喝水过成茶艺,吃饭过成礼仪;洗澡过成游泳,活动过成运动。

(2023-08-16)

近视干预

户外活动充足可预防近视;儿童青少年需保障日间户外活动两小时和体育锻炼一小时;倡导每周三次高强度有氧运动;户外活动促进学习成绩。大家都知道的知识点,落实起来很难。靠现有的体制机制不行,得靠社会共识和社会行动。

(2023-09-07)

中国之家

作为体育交流平台、体育文化课堂、体育传播舞台、体育融合窗口的"中国之家",在杭州湘湖逍遥山庄开门。国际奥委会主席巴赫、亚奥理事会代理主席辛格与相关负责人出席。中国之家很中国,文化赋能亚运会。

(2023-09-22)

体育徽章

真没想到,徽章也会是体育传播、交流的媒介。在亚运村徽章交换中心,服务人员称,这儿是村里人气最旺的地方。最伤脑的是如何保护好满玻璃的运动员签名。在场馆,在路边,在餐厅,"我可以与你换一个吗"就是一种国际式体育交流方式。据说，目前比较珍稀的是亚奥理事会徽章。

(2023-09-30)

圆梦亚运

在社会慈善人士的帮助下，缙云中学20名学生在杭州奥体中心体育场观看了一场田径赛事。这是省体育产业联合会企业亚美体育开展的"寻找2022个亚运梦想——千名青少年亚运观赛圆梦行动"的一部分。让青少年学生看一场亚运会赛事，背后凝聚了亚组委、体育企业和众多志愿者的体育爱心服务。

(2023-10-03)

体育之光

体育的文明之光、文化内涵在一场名为《汇聚体育之光 共赴美好未来》的展览中得到展示。每一件体育文物、体育文献、体育雕塑及其他体育艺术作品，都反映了一个时代对体育的理解与认知。理解体育，是发展体育，传承、创新体育的基础。体育文化，点燃激情，照亮梦想，引领未来。

(2023-10-08)

慎终追远

又是重阳，癸卯（2023）年中国仙都祭祀轩辕黄帝大典在缙云县黄帝祠宇举行。与往年不同，今年的祭祀活动添加了亚运体育元素。省内12位亚运冠军和他们的教练应邀参与活动。

(2023-10-23)

体育公益

周末，一群浙商企业家及其家人汇聚在缙云县舒洪小学新落成的梦想篮球场，开展了一场浙商篮球慈善赛。半天时间两场比赛，共募集浙商梦想篮球场建设公益金88.66万元。通过篮球慈善赛，浙商企业家们已在省内山区26县落地捐建了13个浙商梦想篮球场。

(2023-10-29)

巴赫期待

国际奥委会巴赫主席为2023年中国体育文化博览会、体育旅游博览会发来视频贺词:期待着一个更具青春活力、更具包容性、更具都市色彩、更具可持续性的奥运新时代。五个"更具",大体阐明了国际奥林匹克运动发展方向。

(2023-12-08)

以体树人

听了10位校长在第四届蔡崇信以体树人校长年度盛典上的获奖感言,感觉上了一堂生动的体育教育好课。印象最深的是这两句:以体树人,就是在每个孩子的心中都种下一片运动场。以体树人,就是把校园建成运动乐园、健康家园和快乐公园。可惜的是,其中没有一位出自咱们浙江的校长。感谢蔡崇信公益基金会,也建议今后多开展"寻找以体树人的浙江校长"甚至开展"寻找以体树人的县长"之类的专题活动。

(2023-12-14)

主动健康

主要是运动健康。来自南京的励建安医生,64岁开始参加马拉松及路跑,8年来共参加69场全马和67场半马。他认为,健康并非没有疾病和功能障碍,健康是一种积极地与环境协调的状态,是动态、可变的。他还给出了一组很有意思的数据:国内近4年马拉松赛每年平均猝死约4.5人,而每年心源性猝死有近60万人。

(2023-12-16)

动养为上

动养,还是静养?如果每个人一辈子的心跳是个定数,有专家用简单的算术证明动养更节约心脏负担。

静养心率:80次/分×60分钟×24小时×365天=4200万次/年

运动心率(每天1小时运动+23小时静养):

1小时运动心率150次/分×60分钟=9000次/小时

23小时静养心率60次/分×60分钟×23小时=82800次/天

运动+安静=(9000+82800)次/天×365天=3351万次/年

结论:动养状态的心跳次数比静养要节约849万次/年。

(2023-12-20)

第六辑　体育治理随想

德清体育

德清总投资 5 亿多元,建有运动场、体育馆、健身中心、游泳馆及国民体质监测中心等,年运营收益能够基本平衡。在德清,医保卡可用于健身。体现卫生体育结合,健身健康一体,政府购买参与,值得借鉴推广。

(2016-09-19)

全民健身

关于浙江省全民健身几个"规律性"数据:6—19 岁儿童青少年,随着年龄的增长每周参加锻炼的次数减少;经常参加锻炼的人数比例与教育程度呈正相关;20—69 岁人群经常参加锻炼的人数比例与年龄呈正相关;每个年龄段,男的比女的锻炼的比例要多一些,城镇比乡村的比例要高一些;20 岁及以上人群,晚上锻炼的人数比例明显高于早上;选择的前三类锻炼项目,6—19 岁为长跑、跳绳踢毽、羽毛球,20—29 岁为球类、健身走、跑步,50 岁以上为健身走。

(2016-10-14)

体育超市

台州市创设的体育培训超市,把体育项目培训搬上微信公众平台,供群众选择。此举好就好在增强了体育培训的便民性,好就好在政府购买的公共体育服务有了评价的窗口,好就好在体育部门开启了群众体育工作的新路子。希望台州市的"体育惠民超市"越办越好,办出影响、规模和特色。

(2016-10-29)

政策宣贯

今年是体育产业发展利好年。继 10 月国办印发《关于加快发展健身休闲产业的指导意见》后,国家体育总局、国家发展改革委等联合印发了有关冰雪运动、水上运动、航空运动、山地户外运动等产业的发展规划,为《指导意见》注解。还积极配合国家旅游局出台了《关于促进自驾车旅居车旅游发展的若干意见》。健身休闲产业的大发展,可以期待。

(2016-11-15)

体育破圈

体育人当下的要务:打开体育大门,动员全民运动。以往那种"关起门来,封闭循环,天天比赛,自娱自乐"的体育已经过时。要补好短板:坚持人民体育理念,坚持社会体育方向,坚持改革体育体制;坚持讲好体育故事。要善于突破:利用"全域资源"、发展"全域运动",推进"全民健身"、促进"全民健康",为全面小康贡献体育声音、奉献体育力量。

(2017-01-05)

学习木球

走进省木球协会的年会,才认识木球,认识全省最有木球情怀的一帮子人。木球源于台湾地区,疑似平民化了的高尔夫球,适合多种场地开展。一项新兴运动,需要社会方方面面的参与支持。

(2017-01-14)

幸福体育

新春上班第一天,国家体育总局领导来温州调研,与基层体育工作者面对面交流加强体育社会组织建设、推动全民健身工作。强调,"要把全民健身计划做成全民幸福计划","通过健全群众身边的健身组织,让群众有归属感;通过提供群众身边的健身设施,让群众有获得感;通过服务群众身边的健身活动,让群众有满足感;通过支持群众身边的健身赛事,让群众有成就感;通过组织群众身边的健身指导,让群众有安全感;通过讲述群众身边的健身故事,让群众有荣誉感"。以群众的幸福感为中心,把全民健身工作提升到全民幸福高度,为推进群众体育事业发展明确了方向,理清了思路。

(2017-02-04)

"两会"体育

关于体育,李克强总理在《政府工作报告》中说:做好冬奥会、冬残奥会筹办工作,统筹群众体育、竞技体育、体育产业发展,广泛开展全民健身,使更多人享受运动快乐、拥有健康体魄。人民身心健康、乐观向上,国家必将充满生机活力。其中的关键词是:统筹、健身、健康、快乐和活力。

(2017-03-05)

公共体育

体育中,哪些属政府必须提供的基本公共服务？国务院《关于印发"十三五"推进基本公共服务均等化规划的通知》中,关于"十三五"国家基本公共服务清单列出两项:(1)公共体育场馆开放。有条件的公共体育设施免费或低收费开放;推进学校体育设施逐步向公众开放。(2)全民健身服务。提供科学健身指导、群众健身活动和比赛、科学健身知识等服务;免费提供公园、绿地等公共场所全民健身器材。简言之,就是运动场地、设施器材和健身服务。

(2017-03-07)

规范安保

体育赛事必涉安保。但在安保的规范、有效方面,业内人士感到"压力山大"。3月16日,国务院办公厅作出回应,发布《关于进一步激发社会领域投资活力的意见》,要求公安部牵头会同文化部、新闻出版广电总局、体育总局:规范体育比赛、演唱会等大型群众性活动的各项安保费用,提高安保公司和场馆的市场化运营服务水平。体育场馆运营商可期待。

(2017-03-16)

各得其乐

喜欢老领导楼国华的一句话:篮协是浙江省篮球爱好者之家。让喜欢看球的有球看、喜欢打球的有球打、喜欢吹哨的有哨吹、喜欢晒朋友圈的有料晒,这要求我们必须是一支会办事、办好事、办大事的团队。以人民为中心,各得其乐,就是体育改革的方向。

(2017-04-28)

篮协换届

浙江省篮球协会换届,中国篮协主席姚明到会祝贺,楼国华当选省篮协新一届主席。省篮协报告称:浙江全省现有篮球场馆3万余个,其中室内球馆2000个,篮球人口94万人。2016年,全省举办各类篮球赛事840余次,日均2.4场。有CBA职业俱乐部球队2支,国际级裁判2人,国家级裁判40余人。

(2017-06-07)

舞动篮球

近日有新闻聚焦洛阳广场舞大妈"占领"篮球场并与打篮球的小伙子干架。这是公共体育服务供给的现实尴尬。"占领"不妥,健身拥堵是事实。如广场舞大妈所说的,"小区附近没什么空地和广场"。毕竟,舞动篮球还是人民内部矛盾。解决问题,短期看,需要群体互让、谅解;长期观,需要政府规划、建设。若社会关注由此聚焦至"加强群众身边的健身设施建设"上,则新闻能量"大正"。

(2017-06-20)

转个啥型

都说要改革要转型,改甚转啥?有老师说,就是转我们之前的套路,就是转16个字——"思维定式、运行惯性、路径依赖、体制窠臼"。因为已经轻车熟路、习以为常,没有意识到背景变了,你要跟着变。否则,就是泥古不化、执迷不悟了。体育的改与转,也同此理。

(2017-08-25)

体育强国

习近平总书记在天津指出,体育强则中国强,国运兴则体育兴[1]。我们要把握体育和强国、体育梦和中国梦"息息相关"的定位,谋划谱写"两个一百年"奋斗目标的体育新篇的格局,坚持改革引领,致力推动群众体育、竞技体育、体育产业"三位一体"协调发展。

(2017-09-01)

浙江"水军"

省政府与国家体育总局24日在杭州签署共建中国(浙江)国家游泳队合作协议,目标直指东京奥运会、杭州亚运会。从此,浙江游泳正式晋升为"中国游泳",在更高层面上开讲游泳项目的"浙江故事"。

(2017-09-25)

---

[1] 《习近平在会见全国体育先进单位和先进个人代表时强调 开创我国体育事业发展新局面 加快把我国建设成为体育强国》,《人民日报》2017年8月28日。

智力运动

浙江省智力运动管理中心今日揭牌成立,总局棋牌运动管理中心、中国围棋协会、中国围棋队等领导和专家、棋手到场祝贺。据悉,这是全国第一个挂牌成立的智力运动中心。此举将进一步推动浙江围棋、象棋、国际象棋、国际跳棋、五子棋和模型运动等项目竞技水平的提升和群众普及程度的提高,为打造全国智力运动的"浙江高地"奠定基础。

(2017-10-15)

收看盛会

在红色学府,收看党的十九大开幕会,收听习近平总书记的报告。从嘉兴南湖的一条小船,到今天承载中华民族伟大复兴的"航母",我们党不忘初心、牢记使命,虽历经磨难,却勇往直前。"问渠哪得清如许,为有源头活水来。"源头活水,来自在实践中形成发展起来的马克思主义中国化的最新成果。从现在开始,体育人要在习近平新时代中国特色社会主义思想指导下,广泛开展全民健身活动、加快推进体育强国建设、筹办好北京冬奥会、冬残奥会,为决胜全面建成小康社会、开启全面建设社会主义现代化国家新征程贡献体育力量。

(2017-10-18)

均值方差

钱颖一:中国的学生"均值"高(匀称),但"方差"小(欠优)。这是教育之痛,教育的毛病。总体看,教育培养的学生存在共性多、个性缺,劳动强、创造弱,知识多、兴趣少,智商好、体质差。体育缺失,不太会玩,玩不太好。

(2017-11-10)

故事力量

"会讲故事的人有饭吃。"老师说,"会讲故事的人会当领导"。故事带出道理,带出门道,带出执行力。体育要强,体育人要有饭吃有好的饭吃,也得在干事同时学会讲"体育故事""浙江体育故事"。要让领导成为体育人,让群众成为体育迷,让体育故事成为中国故事的精彩篇章。

(2017-11-13)

体育户外

11月26日,俞敏洪在金华发展大会上说:我希望金华市的领导做一件事情,要求所有学校,必须每年给孩子安排多少的创新时间,多少体育时间,多少户外考察时间。金华那么多的山明水秀的地方。但是据我所知,我们金华的学校,很少有学校组织进行比较大规模的户外活动。

(2017-11-26)

北京纪录

旅途看报有启发:北京有自己的健身纪录,如集体跳长绳、立定跳远、踢毽、一分钟投篮、五米折返跑等,还可以有摸高、单脚跳,等等。群众喜欢干啥,我们就设立什么项目,让老百姓创造自己的健身纪录。可以请企业冠名设奖,创立德清纪录,湖州纪录,乃至浙江纪录。主题是"全民来健身,纪录大家创"。不知这个主意能不能成为浙江全民健身运动的一个有价值的群众性赛事项目?

(2018-01-11)

好办体育

幸福都是干出来的,如何干?有老体育人总结了简单的三招:(1)关键是把领导搞热,领导懂体育,体育就好办;(2)基础是把娃娃搞活,娃娃会体育,体育就好办;(3)主要是把青年搞闹,青年玩体育,体育就好办。

(2018-01-17)

体育开会

全省体育人开会,总结2017年部署2018年。会议议程有内容,工作报告有分量:中国(浙江)国家游泳队揭牌;省全民健身公共服务网络平台上线;阿里体育、华运智体两家企业参与。尝试简化报告内容,大体是:

2017·浙江体育总结

过去一年不夸张,辉煌体育看浙江。

全民健身大旗扛,各县体育全创强。

竞技体育亮点靓，全运金牌进三甲。
体育产业强劲上，赛事突破品牌响。
亚运组委已亮相，项目场馆布局忙。
改革深化路宽敞，处处都有新模样。
全国体育哪里亮？钱塘潮头有景象。

2018·浙江新体育工作

新时代里新思想，浙江要谱新篇章。
体育依靠社会办，竞技还得牌说话。
共建共享现代化，健康浙江来保障。
体育设施装公园，四个身边要开张。
建好国家游泳队，湖州省运会登场。
全域运动理念展，体育小镇须真养。
党的领导得加强，清廉体育一并抓。

（2018-01-17）

淳安户外

千岛湖户外运动内容逐渐饱满，成为"户外天堂"。用淳安县体育人的话：在千岛湖周末体育，可以半天骑行、半天爬山、半天下湖、半天睡觉、半天回去。随想：一个县域，借助山水，挖掘户外，海陆空天，五个半天，全域运动，客流涌动，可不容易。

（2018-01-18）

落实之忌

总局老领导谈训练备战，提出"三个切忌"：切忌把"开会"作为推动备战的惯用手段，会上听到的不一定是真实的情况，要开会也建议到运动队现场去开；切忌把"规定"作为队伍管理的最高手段，规定再好也需要落地、需要贯彻执行；切忌把"总结"作为阶段评估考核的结果，总结写完了就万事大吉、束之高阁。随想：工作要落地，三个要切忌。如何开会？规定后咋办？怎样总结？看似简单，实际不易。关键是要强化基层基础和执行绩效意识。

（2018-01-18）

体育园长

一个篮球,一个国际跳棋,把景宁县实验幼儿园搞得热闹又有活力。园长阿姨充满体育情怀,动员家长教练,要求老师先学,终使国际跳棋成为幼儿园的特色。体育要从娃娃抓起,就是要从幼儿园特别是园长抓起。

(2018-03-07)

球舞矛盾

在庆元县同济新村社区门球场,一群老年门球队员反映:一是球场发球区空间太小,挥不了杆。二是有跳广场舞的大妈老要来占用他们的场地。挥不了杆的问题,主要是建设设计时边线与围栏间留空不足。场地占用的问题,主要是山区体育设施供给短缺。临时建议她们"融合":门球队员学习广场舞,同时教练广场舞大妈学打门球。

(2018-03-07)

发展体育

2018年,政府怎么干体育?《政府工作报告》中有一句话:人民群众身心健康、向善向上,国家必将生机勃勃、走向繁荣富强。从产业维度有四论:(1)发展壮大新动能,在体育等领域推进"互联网+"。(2)深入推进体育等领域改革,充分释放社会领域巨大发展潜力。(3)支持社会力量增加体育等服务供给。(4)多渠道增加全民健身场所和设施。

(2018-03-25)

天天体育

看到绍兴市柯桥区全年的体育活动安排,似乎看到了"周周有赛事、天天有活动"的美好场景。想起宁波市等地也有市民健身的月月赛。无论是月月、周周还是天天,让体育活动经常化,成为群众身边的最好获得,要紧的是要大力培育群众身边的各类体育组织。体育组织多了、活跃了,组织体育就方便了,赛事也就丰富了。

(2018-04-02)

缙云户外

户外的健康,户外的美。近年,缙云县户外运动发展引人注目。县里成立驴道办,规范拓展境内驴道。民间户外人数增多,绳降瀑降等户外方式呈现。许多户外俱乐部兼修公益,有的同时就是户外应急救援队。期待缙云户外的赛事活动有所突破。

(2018-05-07)

县域体育

有基层领导深感体育活力、魅力,提出要"发展全域户外,运动振兴乡村"。全域户外,就是要发挥山区绿水青山的优势,以户外运动为方向引领全民健身,让群众在运动中尽享绿水青山。在乡村振兴中,要把繁荣乡村体育、举办体育赛事作为推动农村"两个高水平"建设的载体和抓手,让群众在运动中收获金山银山。

(2018-05-16)

征询案例

乡村振兴,体育何为?其实,在浙江广袤乡村、青山绿水间,群众早就在摸石探路。有还在摸索的,也有已现曙光的。把群众的智慧、基层的创造加以整理,形成相关案例,不就是浙江体育推动"运动振兴乡村"的"浙江秘笈"吗?据此,冒昧向朋友同事征询:"运动振兴乡村·案例一"大赛赛热小章村:2015年,磐安县冷水镇小章村建起了有6片气排球比赛场地的气排球馆,并承办了全国首届老年"欢乐气排球"赛事,结果一赛成名,与气排球结缘。依靠"体育+旅游",目前该村已承办全国、省、市各种赛事80余场,年接待游客4万人次。启示:气排球赛事+乡村旅游,推动"健康浙江",服务乡村振兴。

(2018-05-17)

赛场清风

在前不久的缙云仙都超级越野赛上,县委书记、县长为长途奔跑了100公里的最后一名(男、女)选手和收尾兔送上鲜花、感谢和鼓励。一改赛事活动中领导只讲话只宣布开幕只给第一名颁奖的老套头,为赛场吹来一阵清新之风。

缙云县也是全省第一个成立山地户外运动领导小组的地方。

(2018-06-01)

关注跑团

跑团是基于对跑步的爱好而自发形成的公益性民间体育组织。目前,有地域跑团,单位或行业、企业跑团,不同目标及能力跑团等。其活动形式多样:固定时间地点团跑,线上约跑,参加或组织赛事赛跑,设置主题活动跑等。参与跑团的目的,大体有锻炼身体、减肥塑身、消除孤独、交际交往、生活炫酷等。跑团的作用:推动科学健身,助推运动组织化,方便赛事组织,有益社会公益,积淀城市文明等。作为一种新的社会自组织,有的跑团参与正式登记注册,大部分则由核心成员自发维持。个人觉得,体育行政部门应该重视研究跑团现象,支持跑团健康发展。跑团的水平,可以是一个区域社会体育发展的重要指标。

(2018-06-10)

协会"包场"

学校体育设施如何开放?象山县的做法是:(1)政府协调推动;(2)学校积极支持;(3)协会参与管理。县羽毛球协会低价承包四个学校场馆,雇请专人管理,开放时段以场均100元/晚、人均10元/晚的公益价对社会开放。管理收益用于普及羽毛球运动、组织培训及举办小型赛事。协会秘书长希望,这种方式能够持续长效,不因校长的更替而改变。

(2018-06-26)

宽容创新

和所有"共享"一样,共享健身房也引发了争议。被"取缔"的理由是:违规占地、非法构筑物、业主投诉等。问题是,共享健身房是否方便了群众健身,是否弥补了城市社区健身设施的不足,城市是否需要这种新业态?如同任何一种创新,共享健身房可能存在这样那样的问题。社会的职责,应该是帮助完善、一起修正。

(2018-08-05)

参与体育

有乡镇干部"奉承"体育：大多数文化活动，老百姓只是旁观者、观赏者，如看电影，观演出，逛展馆等。多数体育活动，往往是老百姓可以参与、体验的，如爬爬山，打打球，游游泳等。易参与，可体验，这大概就是一个重要角度的体育内涵。

（2018-08-14）

城市三化

每到基层，总会接受地气的滋润。衢州一位有文化的体育人说，城市建设有三个阶段：绿化，美化，功能化。绿化就是种树种草。美化就是种要种的漂亮，要配置点缀花坛雕塑。功能化，就是要在绿化美化的基础上，充分挖掘城市空间的功能，如走路跑步、骑行健身、打球下棋及广场舞等体育活动等。现在，我们已到了推进城市的功能化建设的新时代新阶段。

（2018-08-17）

做好三合

基层体育工作如何干？有经验说，可试试做融合、聚合、整合这三篇文章。融合，就是体育＋，就是放开眼界，事业、设施、活动相融合。聚合，就是群众体育，就是要善于利用社会组织、调动社会之力，抓体育大合唱。整合，就是要复合资源、创造平台，让个别人的兴趣爱好成为全社会的兴趣爱好，让兴趣爱好成为生活习惯和文化，让盆景成为风景和生态。

（2018-08-17）

全面融合

全面融合，首先是体育局与教育局的理念行动融合。其次是学校与少体校的体制机制融合。最后是社会优势体育资源的介入融合。如此，体教才算是真正一体。"衢州市白云学校＋柯城区少体校＋润达青少年体育俱乐部"的模式，破除体教非此即彼的山头思维，形成唇齿相依的共赢局面。做法可鉴。

（2018-08-20）

夜战莫干

全省运动休闲小镇建设第一次工作交流会在德清县莫干山召开。小镇培育启动半年,进展如何?这会算是一次"期中考试"。来自全省各地10个小镇的党政领导、小镇导师和体育局局长,下午体验学习,晚上挑灯夜战。会议交流越过午夜,大伙儿依然兴致勃勃。如此拼搏,浙江体育产业定会有立于潮头的未来。

(2018-09-29)

两发理念

在小镇论坛上,德清县莫干山镇女镇长妙语如珠:今天,在德清莫干山,不仅可以"发呆",也可以"发疯"。体育,为莫干山增添了无限的活力,无尽魅力。安静地"发呆",运动来"发疯"。一山两发,莫干天下。

(2018-10-02)

澳洲体育

昆士兰州体育学院是州政府培养服务精英运动员的机构,设有运动康复、体能训练、体育科研及生活技能等中心。和我国体育学院不同的是:(1)它寄居于另一个政府机构所有的体育场里。(2)服务运动员训练学习,但不解决运动员吃住行。(3)科研装备和设施相当齐全。(4)体育科研主要依靠社会力量组织开展。

(2018-11-16)

陈岙体育

乡村振兴,体育助力。瑞安市塘下镇陈岙村陈众芳书记介绍:2003年由治水入手开始村庄整治。2007年启动旧村新建,拆除旧房529间,新建楼房529套,2010年完成。同时,村里一手抓环境,一手抓体育。投入1000万元建设山涧戏水泳池、水上运动乐园及步道等,仅此一项村集体年收益200余万元(泳池最高一天收入28万元)。干成拆旧房建新村,这个书记不容易。知道运动振兴乡村,这个书记不简单。更有魄力的是,村里把陈、钱、叶、戴、董五大祠堂拆除,把各家祠堂的香灰供到一起,共建陈岙村宗祠文化中心。一个"陈岙祠堂",把五姓1200来号人的心维系在一起。绝招!

(2018-11-22)

宁海体育

中国运动休闲大会上，宁海县以"三个坚持"介绍发展乡村体育做法：(1)坚持把运动元素融入乡野，唤醒山山水水（登山观景，骑行绿道，遨游碧海，飞翔蓝天）。(2)坚持把体育设施送入农村，激活村村落落（全域完善基础设施，全面提升"两条路"，全力打造特色小镇）。(3)坚持把健身理念注入乡土，惠及家家户户（全民参与活动，全民服务赛事，全民共享红利）。

(2018-12-19)

孙军之问

依稀记得在温州论坛期间，金陵体育有位叫孙军的人，问了温州一个尖锐的问题：在温州，我想打篮球，能很快找到市里的篮球协会吗？找到市篮球协会，协会能帮我解决问题吗？我把这概括为"孙军之问"。如何让体育类社会组织真正走进民间，走近民间，的确不是小事。且不说解决问题，第一步得让各类运动人群便捷地联系上身边的各类运动协会、联合会。社会力量办体育，社会组织要一改从前，确立强烈的服务导向，从"地下"走到"地上"，从"官道"换到"民道"，为体育人群服好务。

(2019-01-05)

运动浙江

要"健康浙江"，还得有"运动浙江"；或者说，"运动浙江"就是"健康浙江"。通俗讲，"运动浙江"就是要让整个浙江都运动起来。至少包括：(1)全域运动，既把浙江当成是一个大花园来建设，又把浙江当作一个大场馆来运动；(2)全民运动，既全力以赴发展好浙江的竞技体育，又全民动员推动好浙江的全民健身；(3)全时运动，既要培育多元化的运动技能，又要培养生活化的运动习惯。"运动浙江"，是健康也是活力，是运动会也是运动汇，是生活、文化、精神，也是体育产业、绿色经济、转型动能。

(2019-02-21)

体育老师

学校体育是短板，短在哪儿？有老师介绍：我任教的农村小学，学校不算小，有700名学生，50位老师。我教语文，同时兼教品德、音乐，还任班主任。

一主多兼，在我们那里是常态。最缺的是体育教师。全校仅一位专职体育教师，还是从部队转业的。不足部分由男老师兼教，全校共 14 位男老师中约半数兼任体育课。县里有一些条件好的学校，存在"高薪"聘请退役运动员教体育的情况。据说，农村学校中"体育老师教语数"几乎不存在，"语数老师教体育"是大概率事件。

（2019-02-23）

健康活力

政府对体育的定位与期待，可否是"健康·活力·繁荣"这三个词？2019 年《政府工作报告》：人民群众身心健康，社会就充满活力，国家就繁荣兴旺。2018 年《政府工作报告》：人民群众身心健康、向善向上，国家必将生机勃勃、走向繁荣富强。2017 年《政府工作报告》：人民身心健康、乐观向上，国家必将充满生机活力。

（2019-03-07）

吃体育饭

去年听说，浙江大学推出体育课改革，体育课要求男、女生每学期分别跑 168 公里、120 公里。网上还流传着校园有只"流浪狗"带学生晨跑的轶事。现又看到，浙江工商大学食堂推出跑步参与吃饭打折活动。1 万步以内 9 折，4 万步 5.5 折。社会倚重体育，大学也在行动。体育可以当饭吃，也算是好事一件。

（2019-03-15）

茶闲话聊

有老师反映：时下有小学生周末两天上七个补习班的课。有的小学一个班里近 1/7 学生患不同程度的精神疾病，有的还相当严重。我惊呆：怎么会这样？老师说：从不动手脚，整天开发脑。脑大体质差，怎么撑得住？小孩不精神，根子在大人的觉醒。看来，加强学校体育真的很紧迫。

（2019-03-24）

静夜思绪

运动振兴乡村，得领导重视才行。在推动体育小镇或特色村建设操作层面,可能要注意六个结合:(1)主导项目和关联项目相结合,突出核心运动项目,拓展运动项目集群;(2)专业赛事和健身活动相结合,体育赛事活动触动,全民健身活动推动;(3)乡村资源和体育设施相结合,充分利用既有资源,配套建设必要设施;(4)主业培育和多业融合相结合,精心培育体育业态,融合融通乡村各业;(5)自主运作和市场参与相结合,乡村组织村民参与,招引公司主体运营;(6)运动乡村和乡村生活相结合,运动激发乡村活力,终于共享田园生活。

(2019-04-15)

小镇培育

浙江省运动休闲小镇建设第二次工作交流会在柯城进行。小镇培育走过一年半载,有喜有忧。收获的是小镇培育的"五重套路":一重领导,让小镇纳入中心。仅靠乡镇力量不够,要将其纳入党委政府中心工作。二重理念,让小镇厚植根基。小镇建设要可持续要成型,基于对"运动振兴乡村"理念的真正认同。三重培育,让小镇名副其实。户外小镇就认真搞户外,马拉松小镇就认真做马拉松,极限运动就做出极限的样子来。真培育,就要拿出时间、花费精力、投入资本,把运动、项目、赛事等做起来。四重创新,让小镇靓丽光鲜。面对难题困惑,想要创新,必须通过改革破解。特别是硬约束下的资源供给及市场主体等问题。五重营销,让小镇美名远播。培育、营销分不开,营销也不仅是传播的问题,也是做好文化问题、做好赛事问题、做好招商问题。

(2019-04-23)

户外户外

预防和干预近视迫在眉睫,事关未来。据《人民日报》4月30日报道,2018年我国儿童青少年总体近视率为53.6%,其中6岁儿童14.5%,小学生36.0%,初中生71.6%,高中生81.0%。青少年近视高发,有户外运动时间不足等因素。67%的学生每天户外活动时间不足2小时,29%的学生不足1小时。看来,干预近视还得绝对地增加学生户外运动时间。加快发展户外运动,唱响"发展户外运动,提高学生视力",建设户外拓展场地和开发户外活动项目,正当其时。

(2019-04-30)

边想边干

为什么要体育？为什么是体育？为什么干体育？怎么搞体育？一段时间,边学边干,也边想边干。得益于基层创新、前辈指教,收获两句半话:运动振兴乡村,体育赋能城市。还有半句,户外运动很有力量……

(2019-06-10)

百姓健身

顺应民意,近年来温州市把"百姓健身房"作为"民生实事"体育项目实施。夜访鹿城区南汇街道上堡公寓的一家健身房,有基本的健身设备和管理服务体系。组建方式是,社区提供空间,购置器材,导入社会体育指导员和社团服务活动,吸引社区群众参与。健身房每天收费一块钱,为社区提供最基本的健身服务。目前有门禁系统的20余家健身房有会员约1.5万人。百姓健身房,在百姓身边,服务百姓健身,低价有偿公益。

(2019-06-12)

体育标准

参加总局首次标准化工作会议,收获四句话:(1)标准决定质量,有什么样的标准就有什么样的质量,只有高标准才有高质量;(2)标准化是国家治理体系和治理能力现代化的重要组成部分;(3)标准化工作的推动,有利于在微观和技术层面保障政策、制度的落实;(4)标准有国家标准、行业标准、地方标准、企业标准等。国家标准分强制标准和推荐标准,企业标准可以严于国家标准。

(2019-06-25)

幼儿体育

发展幼儿体育是"树人工程"。浙江幼儿体育工作起步于1990年,已走过28个年头。28年来,按照"面向全体,以玩促动,培养兴趣,科学健身,增进健康"方针,坚持"玩出开心,玩出兴趣,玩出健康,玩出水平,玩出品德,玩出梦想"要求,逐步走出了一条"小手拉大手,小手牵社会,小手创未来"的幼儿体育发展繁荣之路,打造出浙江体育一张靓丽名片。

(2019-06-26)

体育固本

五育并举,素质教育,体育事业、产业有先机、商机。近日,教育部发布的《关于深化教育教学改革　全面提高义务教育质量的意见》强调:强化体育锻炼。一是实施学校体育固本行动。二是执行学生体质健康合格标准,未达标的,不得发放毕业证书。三是开齐开足体育课,将体育科目纳入高中招生计分科目。四是开展好学校特色体育项目,发展校园足球,让每位学生掌握1—2项运动技能。五是定期举办学生运动会或体育节。六是地方向学生免费或优惠开放公共运动场所。七是通过购买服务等方式,鼓励体育社会组织为学生提供体育服务。

(2019-07-12)

公共体育

在德国,体育不仅是娱乐和休闲,也是一项重要的公共事务。确保所有人都获得参与体育活动的机会和能力,无论他们的年龄、性别和社会文化地位,这是政府的重要责任。从公共政策角度,体育有三大功能:第一,体育可提高全民健康水平,据学者研究,有效的体育政策可加倍减少地方医疗体系的成本支出;第二,体育具有社会整合功能,德国现在的外来移民越来越多,发展体育活动和体育社团,有助于不同社会群体的融合;第三,体育附带有各种教育功能,规则意识、团队意识、健康意识,甚至环保意识等,都可以通过体育得到普及。体育的社会整合功能特别需要关注。在新西兰,相关体育组织常以特定族群(亚裔、非裔或越裔等)为对象开展体育活动,目的在加快族群融合。

(2019-07-16)

经常锻炼

并非每天走路就是经常锻炼。在我国,所谓的"经常参加体育锻炼"是指:每周参加体育锻炼频度达三次及以上,每次体育锻炼持续时间达30分钟及以上,每次体育锻炼的运动强度达到中等及以上。中等的运动强度大概是说身体微微出汗,或气喘吁吁。您做到了吗?

(2019-07-30)

桥下水上

　　丽水市少体校是以体教结合方式运作的体训单位,成立时间不长,已开展赛艇、足球、篮球、体操、跆拳道等12个项目,年参训200余人,30多人被输送到省以上运动队。其水上运动基地在水东高架桥下的一处破旧临时建筑内。据教练介绍,现在在训队员23人,另有8人在省队训练。这些天每天训练时间约8.5小时(晨练5:30—7:00,上午8:30—12:00,下午3:00—6:30),晚上还要进行拉伸、放松训练,教练技术动作。简陋的场地,艰苦的条件,与小队员们紧张流汗的夏季训练和乐观的态度,形成较大反差。有位龙泉小队员偷偷告诉我:在这里训了半年练,自己的体重减了8公斤。

(2019-07-31)

体育城市

　　一个时期来,上海提出打造"全球著名体育城市",武汉打造"国际性体育中心城市",成都打造"世界赛事名城",南京打造"亚洲体育中心城市、世界体育名城",杭州也好像提出过打造"赛事之城"。城市何以纷纷关注体育?有专家分析:从政治角度看,在以和平与发展为主题的现代社会,体育是城市间竞争软实力的展示舞台,赛事可展现城市政治、经济、文化、科技等综合实力。从经济角度看,体育发展为城市经济发展提供了广阔空间,体育已成为具有重大经济效益的事业。经济与体育可实现良性互动。从社会角度看,体育是教育的有机组成部分,运动可促进良好生活习惯形成,促进人的社会化和个性发展。从文化角度看,在城市化中,文化软实力越来越被重视。体育可成为塑造城市文化的重要载体、展示城市品牌形象的重点窗口。从生态角度看,自然社会生态中的体育,体现人类对自然和社会生态环境的关怀和人道主义精神,倡导文明生活方式,推动城市和谐发展。

(2019-08-07)

体育价值

　　8月8日的《中国体育报》社论:办好人民满意的体育事业。文章强调体育具有综合价值,可以也必须融入国家总体布局,融入中国特色社会主义伟大事业。文章指出:在经济建设方面,体育要成为新经济新动能新业态的一部分,助推供给侧结构性改革,力促消费升级,推动双创,扩大就业,促进体育产业与相关产业融合发展;在政治建设方面,体育要成为展示制度自信、彰显大国责任、讲好中国故事、展示中国形象的窗口和平台;在社会建设方面,体育要向社会传递正能量、助力社会建设与管理、增进民族团结,营造积极向上的社会氛围,培育身心健全的合格公民;在文化建设方面,体育要不断为时代提供鲜活精神动力,为中华民族伟大复兴提供凝心聚气的强大精神力量;在生态文明建设方面,体育要实践环境友好,绿色节能,创造性地实践"绿水青山就是金山银山"。

(2019-08-12)

绿水青山

晨遇老朋友,闲聊职业角色之变。他说,你最好,先搞农业农村,现在体育休闲,都是绿水青山。我原先从事交通工程,后来搞工业园区,现在搞农业供销。前两个角色好像都有破坏绿水青山之嫌,现在的工作多下山乡入农户,沐浴明媚阳光新鲜空气生态产品,感觉自己在实践着从绿水青山到"金山银山"的神圣转换。说得多好啊!小小的个人职业角色之变,就是观念之变、时代之变、发展之变的大大窗口和缩影。

(2019-08-20)

体育组织

日本的大众体育俱乐部,包括社区、学校、企业和民间四大类。近半数成人参与社区体育俱乐部。从1995年起政府扶持"综合型社区体育俱乐部"建设开始,2018年达到3599个。标准是有固定的活动地点,有专业管理人员,有社会体育指导员,有多年龄段的会员,有多个体育运动项目,是社区居民的交流场所,得到当地大企业的支持。对这些俱乐部,政府给予经费资助,全国建立俱乐部注册制度,并被授权管理学校的体育设施,要求逐步具备自身的造血功能。有意思的是,文部科学省在《体育振兴计划》(2001年)当中明确:在综合型社区体育俱乐部中可设置自助食堂、托儿所、教练员咨询室等,安排热情有能力的女性体育指导员。

(2019-08-27)

以人为师

教师节,想起求学,想起老师。其实,在生活中,有心求学处处有学,眼里有活处处见活。有请教系统前辈：啥是咱体育人的初心？答：我看就是毛主席的"发展体育运动，增强人民体质"。问：如还可以有通俗点儿的答案，会是啥？答：杭州马拉松。从1987年起未间断，连续办了32届，现在和将来还要继续办。这就是初心，也是使命。办一场赛事不难，难的是十几年几十年的坚持。听罢，顿悟。真有所谓的一言之师、一事之师！能者为师，天地皆师。

（2019-09-10）

南京共识

9月9日，首届世界体育名城发展峰会南京召开，有三点值得关注："一个口号"打造体育名城，建设体育强国。"一种认知"体育是联接南京与世界的新纽带，是建设创新名城的新载体，是提升城市能级的新路径，也是推动城市经济持续发展的新动力。体育产业将成为未来国民经济的支柱产业、幸福产业。"一条思路"南京要打造世界体育名城：一是以城市体育商业综合体、体育小镇等新业态为突破口，打造样板和标杆。二是加强社区体育建设，为大众参与体育创造条件、营造氛围。三是建立强大的职业体育体系。四是打造特色赛事和体育明星。

（2019-09-11）

全域户外

在体育界三年，越来越感觉到发展户外运动的重要性。其一，户内运动涉及大量费钱的场馆设施。其二，户外造就未来，户外运动有强健体魄、拓展能力、养成协作、启迪智慧、锤炼精神的功能。其三，浙江"七山一水两分田"的自然禀赋，为户外运动拓展提供了天宽地阔的舞台。其四，户外运动具有从少年儿童到中老年的全周期普适性。最为重要的是，开展全域户外，为践行"绿水青山就是金山银山"提供了最好最生态的载体、通道。

（2019-09-17）

仙活石林

浙江省运动休闲小镇建设第三次工作交流会在淳安县石林镇召开。据介绍，经过两年多努力，石林已引进1家小镇整体运营公司，6家运动俱乐部，落地16个运动项目，吸引7支省市皮划艇队和3支国家运动队落户开展冬训，青少年研学基地建设也取得实质性进展。加上多种运动元素的植入，小镇已初步呈现"体育无处不在,运动引领未来"的体育特色风貌。这几天,在这里举办的全国摩托艇公开赛,吸引了各路好手的56条艇参与竞技。

(2019-10-18)

体育强国

学习《体育强国建设纲要》,有收获:(1)体育强国目标是体育事业建成标志性事业,体育产业建成支柱性产业;(2)体育重点工作包括全民健身、竞技体育、体育产业、体育文化和体育对外交往;(3)首次用"身体素养"替代原先的"身体素质"概念;(4)提出探索适应中国国情和职业体育特点的职业运动员管理制度的任务;(5)支持农民体育协会建设,健全农民身边的健身组织。

(2019-10-24)

明眸皓齿

据报道,温州市107万中小学生中接近60万人出现近视。其中小学生近视率38.3%,初中生77.6%,高中生84.4%。各项百分比均已"赶超"全国平均水平。为此,市政府将"明眸皓齿"工程纳入民生实事。问题是,在做好改造教室采光照明、减轻课业负担等一般性防控措施同时,要把体育特别是青少年参与户外运动作为民生工作真正抓起来。近视防控,首在户外。只有更多的户外活动,才能让我们的孩子用明眸享受未来的幸福生活。

(2019-11-01)

柯城经验

如何理解体育小镇建设?11月5日《农民日报》头版《解码柯城体育特色小镇之崛起》一文的解读是:一个项目带出一个产业;用品牌快速提升影响力;国资平台提供前期服务;赛事和项目互促互进。柯城灵鹫山运动休闲小镇的建设之路,可供借鉴。

(2019-11-06)

治理之道

马拉松季想马拉松。网上@八戒说:以前,我觉得一群人跑跑没什么意思,还要封路扰民。参与后才发现:你很难找到马拉松这样可以让全城人共同参与的运动。任何城市都需要这样一个展示自我和凝聚人心的平台。是啊!

马拉松是个全民狂欢聚合的最好、最便捷的平台和舞台,也是现代社会治理方式的一种。对于城市管理者,是否重视发展体育,敢不敢搞马拉松,也事关治理体系、治理能力。

(2019-11-09)

体育之治

联系实际学习党的十九届四中全会精神,觉得体育不仅是教育,也是一种社会治理的方式:(1)社会越来越需要体育,无体育不社会;(2)体育日渐成为社会文明的标志,体育弱不文明;(3)体育助力社会生产消费,体育产生支柱性产业;(4)体育支持社会交流融合,体育是现代社交的工具;(5)体育体现责任担当,体育本身就是一种社会守正生态。

(2019-11-12)

运动健康

参加完健康浙江10公里毅行活动,坐在钱塘江边乘风遐想。健康浙江的第一要务应是运动浙江,运动既提升健康品质,也维护健康、促进健康、保障健康。健康浙江,是一种大健康观。从医疗浙江、保健浙江、卫生浙江到健康浙江,是社会健康理念的升华。但理念付诸行动,路还很漫长。

(2019-11-16)

体育论坛

2019年第二届长三角体育产业高峰论坛在温州举办。论坛以"体育让生活更美好"为主题,致力于推动长三角体育产业一体化高质量发展。借论坛平台,江浙沪皖四省和上海体育学院一道顺应国家战略,共同成立了长三角体育一体化研究中心,举行了长三角生态绿色一体化发展示范区体育合作签约仪式。

(2019-11-22)

治理之道

托女排世俱杯福,又得魏纪中老师传道:体育是现代社会治理的重要组成部分,也是宣传组织群众的有效方式。所以,体育不能简单地丢给市场,政府治理得注重发挥体育力量。比如体育最讲规则、讲纪律,借助体育活动发动组织群众、沟通引导社会，事半功倍。懂得借助体育是政府治理的一门艺术。

（2019-12-08）

自然体育

　　杭州市余杭区黄湖镇的青山村引进公益组织，在开展小水源保护地项目、创办自然学校、开展自然教育同时，探索开展所谓"亲自然体育活动"。口号是：到大自然里去。包括并不限于徒步、溯溪及泥地跑、山地越野跑等。这些项目可以最小的环境影响体验自然。利用自然，立足泥地，"自然体育"大有可为。

（2019-12-16）

百分体育

　　年前，云南省发布的《关于进一步深化高中阶段学校考试招生制度改革的实施意见》刷爆朋友圈。体育成为云南中考第四大主科：总分700分，其中语文、数学、英语、体育各100分；物理50分；政治、历史、生物学各40分；化学、地理各30分；音乐、美术、劳技各20分；信息10分。体育成为主科，引来好评如潮。新华社期许：或许，体育课地位的上升，是一个全新的开始。

（2020-01-02）

体育接招

　　云南体育中考100分后，体育人能不能把体育中考搞好，科学严格、公平公正地评价学生的体育成绩和健康水平？体育培训市场红火后，体育人能不能协调各方监管好培训机构，解决业内鱼龙混杂问题？全民健身形成热度后，体育人能不能补齐健身场地设施、健身项目、赛事活动、科学指导等供给侧瓶颈短板？好政策来之不易，执行好政策更具挑战。体育能否扬帆远行，还得靠全社会特别是体育人来接招化解。大概这就是所谓的体育治理改革课题了。

（2020-01-03）

亮眼多好

　　过年完全赋闲，找篇短文看看。今年1月1日《中国青年报》刊载《这里的学生没人戴眼镜》。标题很亮眼。说的是四川省广元市利州区一个叫范家的乡村小学重视学生户外运动的事。要点有三：一是范家小学生一定程度上处于"放养"的状态;二是"校园多大,操场就多大",免费的光照是一种被充分利用的资源;三是该校长认为"学校不是监狱,也不是军营"。学生没有活动,必然造成近视。堵点是,张校长这句:"离开学校,孩子们当中迟早会有人戴上眼镜。"

(2020-01-26)

体育抗疫

时下的新冠疫情防控阻击战,浙江体育人既不旁观也没缺席。省体育局、体育总会及时发布《关于大力推广居家科学健身的倡议书》。乐刻运动动员全平台8000名教练员发挥所长,带动全社会"宅家健身"。黄龙体育中心推出"黄龙体育课"之"居家小课堂"系列,开设项目训练的"居家课堂"。省体育产业联合会协同FM996组织会员单位参与"疫情防控·浙体产业在行动"公益宣传活动。各地不少跑团倡议近期不要外出跑步,并在网上推出室内跑步锻炼的"绝招妙计"。有产业专家指出,(当年)非典后无论是已有运动习惯的还是非典中开始进行并形成锻炼习惯的居民的锻炼动机中,健身、健康目的排位都有显著提升。现在居家健身,来日运动健康。

(2020-02-13)

居家健身

时下,"宅家运动""居家健身"等全民健身新概念频出,各种线上健身教学视频、居家健身电子书、居家健身视频赛活动等渐成风潮。其中可学到的是:(1)这是一场生命健康教育;(2)居家健身应该成为科学生活方式的内容;(3)线上家庭健身服务或是一个有潜力的大产业;(4)发展居家健身需要体育健身服务业一次整合创新。相信:春暖花开之时,运动健康有活力。

(2020-02-19)

校园体育

透过嘉善县两所学校看校园体育:一是学校和家长体育意识强烈。一个小学的击剑培训有300余人参与。二是有越来越多的体育特色项目进入校园。如浙师大附校有足球、冰雪、轮滑、跆拳道等,嘉善实验有足球、游泳、马术、击剑、乒乓球等。三是有越来越多的社会体育组织介入校园体育。路径包括体校合作、承办培训、代管场地设施、共建俱乐部等。面临问题:场地设施少,活动资金缺,优质师资不够。特别是在与社会力量合作中,缺乏支持共建校园体育的管用制度。有校长称,存在多干多错风险。看来,繁荣学校体育,除更好的体育理念、更多的体育课程外,还得有更实打实的政策规制。

(2020-03-16)

浙江步道

浙江山水资源丰富,可否依托自然禀赋谋划启动"环浙江国家步道系统"建设工程?建设原则:以人为本,以找代建,最少干预,勾连成网。项目内容:(1)规划"环行浙江"步道主干道,主干道可借道天目山、四明山、括苍山、雁荡山、仙霞岭、千里岗等山脉走势,实现省内闭环、省际畅通。(2)建设以主干道为中心的连接和分支步道,根据规划标准,各地有序建设步道区段,形成环状步道和线状步道、省域环线和区域环线相结合的网状步道系统。(3)整合利用域内既有的山路古道、景区游步道、骑行绿道、健身步道、林道、防火道、户外穿越线路及县乡村共用道路等资源,形成步道网络。(4)开展体育赛事活动,布局建设环步道系统的各类户外运动营地,设计开展各类户外运动项目赛事和全民健身活动。(5)培育发展步道经济,围绕步道,配置必要的公共服务设施,支持社会力量开发步道产品、参与步道项目经营,培育发展若干条户外经济产业带。

(2020-03-30)

赋增体育

在浦江县虞宅乡前明村,有个占地2000平方米单体大跨度钢架结构体育馆。一个山区小村,盖个大体育馆。县长问:你觉得咋样?我说:我觉得咋样不重要,重要的是你觉得咋样。没说出的一句是:主要的是村民觉得。乡书记介绍,体育馆已举办了不少赛事。围绕"茜溪悠谷"景区建设,乡里正在实施几个体育元素赋增项目。个人以为,在乡村振兴中增加体育元素,可引流年轻人群、增进乡村活力、盘活闲置资源、尝试体育业态。小村建大馆、办大赛,有合理的想象空间。2019年武义县茭道镇朱王村在省体育局支持下成功举办省儿童少年短式网球锦标赛,开启"省赛村办"先河。乡村建设必要的体育设施,再有一定规模赛事活动匹配,或许会走出一条"运动振兴乡村"的新路。

(2020-04-09)

山西发力

　　山西体育发力,值得关注。3月23日,省委书记调研体育工作,强调要开阔视野、改革创新,以市场化的思路、办法和机制,做强体育产业,发展体育事业,为建设"体育山西、健康山西、幸福山西"注入强大动力。4月28日,省委书记和省长悉数出席注册资本50亿元、由省国资100%持股的华舰体育控股集团有限公司揭牌仪式,省体育局局长担任公司党委书记、董事长。省委主要领导大力推动,意在做强体育产业,发展体育经济,增强公益服务能力,提升人民健康水平,推动经济转型发展。

(2020-05-04)

三品体育

　　当前,社会对体育的认知在改变。体育人的职责,就是要抓紧当前,加强工作和宣传,推动体育尽快成为人民群众的生活日用品、健康保健品、祛病医药品,为"健康浙江"添加更多的体育力量。

(2020-05-12)

学点政策

　　体育产业发展需用地,破解用地瓶颈需学习。学习《产业用地政策实施工作指引(2019年版)》,发现有几条枯燥但好用的指引:(1)符合《划拨用地目录》规定的建设用地项目,可以划拨方式提供国有建设用地使用权。符合《协议出让国有土地使用权规定》的相关条件和要求的国有建设用地使用权,可以协议方式出让。(2)经县主管部门认定为仅在年度内特定旅游季节使用土地的乡村旅游停车设施,在相关设施不使用永久基本农田、不破坏生态与景观环境、不影响地质安全、不影响农业种植、不硬化地面、不建设永久设施的前提下,可不征收(收回)、不转用,按现用途管理。对自驾车旅居车营地的特定功能区,使用未利用地的,在不改变土地用途、不固化地面的前提下,可按原地类管理。对利用现有山川水面建设冰雪场地设施,对不占压土地、不改变地表形态的,可按原地类管理。(3)各地要将体育等领域用地纳入国土空间规划和年度用地计划,农用地转用指标、新增用地指标分配要适当向上述领域倾斜,有序适度扩大用地供给。(4)对非营利性的冰雪运动项目专业比赛和专业训练场(馆)及配套设施,不符合划拨用地目录的,可以协议方式供地。

(2020-05-15)

体育之育

突破青少年体育教育之难,在复学中凸显。其一要不要上体育课?大都认为要上,也有说可以暂时不上。其二怎么上好体育课?有说得循序渐进,有说要特别加强的。其三中考体育要不要?有地方迅速取消,也有"顽固"坚持的。按理说,透过健康教育的社会大课堂,更应强化青少年"野蛮其体魄"之紧迫。事实并非如此。体育是最好的教育,迄今仍缺乏共识。

(2020-05-19)

健康户外

最近,国际奥委会主席巴赫说"体育和体育锻炼可能是建设健康社会成本最低的工具"。户外运动就是这样一种工具:一座青山一条路,一半天空一地泥,一滩沙石一潭水,外加几根木桩几条绳、几条边线几个门、几个帐篷几个人,就构成每个人身边的运动场景。因此,将各类户外运动纳入各地的政府支持计划,便捷经济,健康安民。

(2020-05-24)

特长教育

接连走访三所体育特色学校,对"2020年开始,普通义务教育学校停止招收各类特长生"政策心存疑虑。下一步各地各类体育特色学校咋办?有人说,这是体育特色教育塌方式坍塌。有人说,在确保质量公平基础上的体育特长生及特色教育还是需要的。有说,取消体育特长生并非取消体育特长教育。无论如何,学校体育的某些方面,因此停滞甚至倒退是可预见的。

(2020-06-05)

体育书记

7月18日,一场由绍兴市委书记任第一主裁判的政企足球友谊赛在该市集成电路小镇举行。书记裁判,体育为媒,以球会友,赋能城市,哪一个都是亮点。这位书记是个"马拉松书记"——他在哪里干,就把马拉松赛办在哪里。2015年、2016年的宁波马拉松,2017—2019年的绍兴马拉松。看来,这位书记不止于"马拉松书记",还是个地道的"体育书记"。

(2020-07-19)

教练岗位

近日,教育部针对政协"关于要保证青少年体育锻炼活动时间的提案"做出的回应称:(1)保质保量上好体育课,中小学生校内体育活动时间不少于一小时。(2)深化体育教育改革,修订体育课标和教材。(3)加强体育师资、场地设施建设。(4)健全学校体育督导评价体系。其中,最值得关注的新变化是,教育部首次明确要"推进高水平退役运动员任职体育教师工作",这意味着在高层推动下,退役运动员当体育老师的制度性障碍有望破冰。

(2020-08-24)

近视远虑

近日,教育部公布九个省(区、市)小初高学生视力变化调研结果:今年上半年的近视率增加11.7%,其中小学生增加15.2%,初中生增加8.2个百分点,高中生增加3.8个百分点。学生近视率增加,和上网课时间、平时玩电子游戏的时间、户外体育锻炼时间和照明环境、书桌高度等因素有关。另据国家卫健委数据,2018年全国儿童青少年总体近视率为53.6%。小孩近视,事关国家民族。加强学校体育,特别是青少年户外运动是降低近视率的关键一招。

(2020-09-02)

外行内行

外行能不能干过内行?研究进去就行。据载,1959年10月毛泽东有关宗教的午夜谈话:研究宗教非外行不行,宗教徒搞不清楚,他们对它有了迷信就不行。大意是迷信影响研究,不能内行。跳出宗教,因为研究,专注或情怀,外行非但可以内行,而且可能超越内行。体育这行也是,尤其体育管理、体育教育、体育活动、体育赛事、体育产业等领域。个人体会:天下之行,行行不同,行理共通。

(2020-09-23)

体育作业

看到有的地方取消体育中考,就感到这些天社会热议"体育作业"意义非凡。要让孩子们跑起来,就得把文化课作业减下来,体育课作业加上去。其实就是要落实校内外各一小时体育时间,让孩子掌握基本运动技能和某些专项运动技能。"体育作业"这事理不复杂,落实很难,涉及教育理念,社会对未来的期许。要强体育,必先强学校体育和青少年体育。

(2020-09-25)

体育要义

9月,体会两段重要讲话:(1)体育是提高人民健康水平的重要途径,是满足人民群众对美好生活向往、促进人的全面发展的重要手段,是促进经济社会发展的重要动力,是展示国家文化软实力的重要平台[1]。(2)我们认识到,健身不仅可以满足个人身体健康的需求,也是应对公共卫生挑战的重要保障之一[2]。

(2020-09-28)

温州龙舟

看龙舟,到温州。省龙舟协会主席王成云介绍:一个时期来,温州龙舟成功解决了迷信、摊派和械斗三大历史痼疾。通过加强协会、俱乐部等社会组织建设,初步统筹协调了政府与民间、赛时与平时、旅游与市场三大关系。温州龙舟将立足改革创新,着力弘扬龙舟文化,繁荣发展龙舟运动,推动龙舟走向世界走进奥运。

(2020-09-29)

体育改革

今天,全国社会力量办体育改革试点现场推进会在温州举行。社区"杂物间"变居民健身"新空间",工业闲置生产车间变居民"游泳池",城市污水处理

---

[1] 习近平:《在教育文化卫生体育领域专家代表座谈会上的讲话》,人民出版社2020年版,第11页。

[2] 李克强总理在2020年9月23日国务院常务会议上的讲话。

厂变冰雪运动场,高架桥下"垃圾场"变球类运动场,体育运动协会成赛事活动主体,体育俱乐部成竞技运动员培训部,体育企业跨界融合成运动场馆运营商等,点点滴滴,富含温州气息瓯江韵味,彰显浙江社会力量办体育的改革活力。

(2020-09-29)

大会小悟

(1)严格意义上说,办体育的社会力量是相对于政府的个人、企业、社会组织等,但眼下还得包括体育行政部门外的其他政府部门。(2)社会力量办体育,不是简单地把体育交给社会,而是政府有更多的政策吸引社会力量参与体育服务。(3)推动社会力量办体育,核心是让大家在办体育中得利。(4)从政策层面厘清基本公共体育服务清单很紧要。(5)搞好社会力量办体育的前提是城市管理者得有此理念:体育有生机,百姓有生气,发展有动能,城市有活力。

(2020-09-30)

体育委员

管体育的人少,群众体育咋搞?今年起,天台县探索建立基层体育委员制度。从社会体育爱好者、体育老师、体育社会指导员及退休人员里选聘基层体育委员,建立全县 57 个片区覆盖 15 个乡镇街道 395 行政村、社区的组织网络。县里设体育委员工作总站,通过发聘书、搞培训、搞活动、添装备、领项目、给荣誉等方式,增强组织力,激发积极性。年终考核,以奖代补。据反映,一个时期下来,管体育的人多了,体育的氛围浓了,赛事活动热闹了,行政部门的手臂也延长了。体育基层治理、全民健身,贵在组织创新,贵在发动群众百姓。

(2020-10-12)

"中考 100"

近日,学校体育教育发布系列重大政策,其中"中考体育将达到和语数外同分值水平"引发社会强烈关注。网上称:"忽如一夜春风来,体育已和语数同","体育老师终于不用再教数学了","体育大国就得这样","体教融合为体育产业发展带来新机遇"。戏剧性的是,就在昨天,为探讨"取消中考体育"话题,我还与几位教育专家激辩,受到一致"口伐"。点赞之余,还得冷静关注"将达到"三字。

(2020-10-16)

半夜产业

根据要求,浙江的体育小镇改名为运动休闲乡镇。几年来,在19个小镇培育建设中,每次工作推进交流都安排在晚上且都开到第二天。北京客人奇怪:你们真就那么忙。其实未必。但把各路专家、乡镇主管和部分企业、媒体人请到一起会商交流路演。听吐槽、长见识、学经验,真不易。体育、体育小镇、体育产业,也真的弱势,焦点疑点难点不少,夜话闲聊,"头脑风暴",挺有收获。感谢运动休闲乡镇的建设参与者、奉献者。

(2020-10-16)

运动干预

运动促进健康,营养助力成长。眼下,我国青少年成长发育缺陷包括但不限于近视眼、小胖墩等。相关筛查数据可能有点吓人:青少年中的脊柱侧弯发生率约为20%,扁平足发生率超过50%,X型腿、O型腿的比例也在10%左右。宁波市已着手推动青少年脊椎侧弯的矫正工作。基于运动疗法,加强对青少年体质健康的政府干预,关系未来,利国利民。

(2020-10-28)

小路大道

环浙步道系统建设,就是以山上步道为主体,以环浙江主要山脉为骨架,省域联动建设大环小环环环相连、山水田林路路互通、步行骑行登山越野共享的慢行运动健康小道网络,推动"诗画浙江"向"运动浙江""健康浙江"拓展转变。之于高铁高速大通道,这是一个小路网。但"小路大道",意义不小:(1)勾连山水,再造一条联通浙江"七山一水二分田"的通道;(2)创造平台,创造从另一个角度看景的平台,创造全民户外运动健身活动、赛事的新平台;(3)传播文明,通过步道系统建设,践行绿水青山就是金山银山理念,传递生态文明的声音;(4)助力经济,小路大流量,将进一步带动乡村振兴,促进体育产业、大健康产业发展。

(2020-11-14)

关注成都

关注成都,不为火锅为体育。去年,成都召开建设世界赛事名城大会,提出建设世界赛事名城目标,明确"谋赛、营城、兴业、惠民"的发展思路。月底,该市将再次召开世界赛事名城发展大会。据悉,成都还以惊人的手笔谋划建设系列重大体育场馆。无独有偶,隔壁邻居颁布了《上海全球著名体育城市建设纲要》。有人说得好:体育赛事是城市最美的请柬,是移动的最美景区,是最靓的城市名片。人家的手笔比我们城市大啊!

(2020-11-16)

打开茅塞

群众体育就是全民健身,全民健身就是大家活动,大家活动就是政府出钱。貌似天经地义,实际上有毛病。有些政府出钱的活动,群众不买账。专家说,传统的群众体育工作及活动思路得改变。方向是有为政府和有效市场的融合。要以群众体育需求为导向,精准推动群众体育项目化(项目细分,设置等级)、竞赛化(不只活动,发展联赛)、组织化(繁荣社团,专业指导)发展。

(2020-11-21)

体育误区

有研究指出,传统体育存在可能的误区或偏向:(1)"群众体育讲普及,竞技体育搞精英","竞技体育就是争光体育";(2)"体育工作周期必须与奥运4年周期同步";(3)"千银不如一金";(4)"群众体育就是要政府买单多搞活动";(5)"发展体育产业是市场的事",等等。不是说原先这些说法或做法没一点道理,而是说在新发展阶段,体育的事要按照人民中心、健康中国、体育强国、现代化等方向,有所改变,多加统筹,辩证把握,搞得更加对路。

(2020-11-23)

宁波招数

宁波市政府用二个实招硬招加强城市全民健身设施建设:(1)政府规定,新建改建公园绿地按项目占地面积不低于5%配建体育设施,建设体育公园;(2)政府明确,新建小区10万平方米(含)以上的,按不少于计容面积5‰配建室内体育场地设施;5万~10万平方米、5万平方米以下的分别配建不少于350平方米和250平方米。这些要求事先纳入土地出让条件,作为验收标准。

(2020-11-25)

体育学院

体育强省,人才为本。除运动员、教练员外,体育人才还包括其他各路人才。目前,全国13个省、自治区、直辖市建有14所独立的本科体育院校。除北京体育大学外,分别是首都、上海、天津体育学院,山东、河北、吉林体育学院,以及南京、广州、成都、武汉、西安、沈阳、哈尔滨体育学院。遗憾的是浙江缺位。

(2020-11-26)

活动运动

关于全民健身,党的十九大报告说"广泛开展全民健身活动,加快推进体育强国建设"。党的十九届五中全会建议说"广泛开展全民健身运动,增强人民体质。"有专家指出,相对于活动,运动更突出体育项目,指向运动项目文化。乍一看,无大异。细一想,有区别。强调运动项目引领,有利于提升全民健身质量,有利于克服全民健身过度泛化、娱乐化倾向。

(2020-12-08)

体育3.0

什么是体育3.0?西班牙有媒体这样描述:(1)利用远程控制系统、传感器、蓝牙等追踪设备和大数据获取运动数据。(2)使用VAR视频助理裁判系统。(3)通过5G、虚拟现实眼镜等技术,实现"沉浸式感官体验"观赛。(4)开发高度模拟训练平台。(5)建设体育场地智能监测监控系统。(6)构建赛事场地气候环境控制预测监测系统。总之,运用数字技术,改变运动训练、参赛观赛方式,保障运动安全。

(2020-12-18)

书记体育

在新昌县城乡,一下子冒出许多体育标语口号。内容是:每天锻炼一小时,健康工作50年,幸福生活一辈子。口号不算新鲜,但很亲切。据介绍,这里的县委书记很重视体育,明确要求全县适龄学生每天跑步1000米,低龄段小学生每天跳绳10分钟,学校全面开展体育特色学校创建,体育场地设施全面开放。青少年体育,是体育强国强省强县的基础和未来。给新昌这位"体育书记"推动的"书记体育"点赞。

(2020-12-29)

大道至简

《什么是好规则》一文载:足球被踢飞,谁捡球？规则一,谁踢飞谁捡;规则二,谁离球近谁捡;规则三,谁故意踢飞谁捡;规则四,故意踢飞的捡球。文中说,最简单、有效的是规则一。人们比较热衷于规则复杂化。越复杂的规则,越是坏的规则。同理,高质量的生活,是回归简单。高质量的治理,不是简单规制。"最多跑一次""网办""掌办"等的哲学,莫非如此。

(2021-01-06)

城乡融合

除体教体旅体卫融合外,发展体育还有城乡融合的问题。北京体育大学任海教授认为:解决农村体育问题的"钥匙"在城市,解决城市体育问题的"钥匙"在农村。他强调:城市体育不是市民体育,而是包括农民工在内的所有城市居住者的体育;农村体育也不是农民体育,而是包括市民在内的所有短期或长期乡村居住者的体育。融合,而不是分立。这就是全域运动、全民运动、全周期运动和全项目运动的概念。

(2021-01-07)

体育集聚

城镇化快速发展,必然推动体育资源要素在内的大集聚。据统计,2019年我国城镇化率为60.6%,浙江达70%。浙江山区某县局部85%人口外出,有户籍人口2883人、常住仅347人的乡镇案例。同时,"二次城镇化"趋势加快,大城市、都市圈加剧人口再次集聚。考虑未来,"十四五"体育布局,不能不突出城市体育、社区体育,突出乡村体育的市民化,突出体育集聚发展。

(2021-01-11)

"野游"逻辑

"野游",是社会对公开水域或自然水域游泳的俗称。几位冬泳、铁三前辈对此很不以为意,逻辑一是自然水域游泳是野游,难不成只有在泳池游泳才是正游？二是城市的泳池够我们游吗？三是我们就是喜欢天然水域游,有错吗？四是管理者认为：要游泳可到泳池游,不到泳池的游泳都是野游,野游不安全、不文明、水污染,所以要禁。不安全,可责任自负；不文明,可穿衣游泳；水污染,可检验检测。所以严禁不当。五是有管理者将未经准许的自然水域游泳与"洗澡、便溺、洗涤污物"并立禁止,不是无知便是歧视。六是社会对"野游"的偏见和严管,加剧了自然水域游泳的危险系数。七是开放更多的自然水域,是全民健身需要,更是新的善的好的社会治理理念。管理者和被管理者的逻辑,都需尊重,都须从对方的逻辑视角思考、改进。

(2021-01-12)

回味去年

2020年极不平凡,总结36个体育工作高频词（或有新词）：重要窗口、人民中心、赋能城市、振兴乡村、体育强省、体育抗疫、测温验码、赛事停摆、线上健身、云端赛事、复工复产、体育消费、体育服务、场馆设施、全域户外、环浙步道、智能体育、体彩巨奖、赛事重启、防控方案、空场比赛、赛会制度、封闭训练、体能测试、体教融合、体育中考、体育作业、体育文化、奥运延期、亚运筹办、体育改革、社会力量、体育委员、纲要规划、绩效预算、巡察审计。

(2021-01-19)

体育需求

社会对体育民生的需求和关注,可参考这组数据：2020年浙江省统一政务咨询投诉举报平台共收到意见建议类事项47.51万件次,同比增长79.74%。其中,事关运动健身类意见建议2928件,同比上升73%,主要是有关加强公共体育健身场地设施管理维护（占比30.91%）、增加公共健身设施（占比22.09%）以及更多地共享公共健身场所或延长公共体育场所开放时间（占比10.96%）等。关于体育运动健身问题中,有六成以上关注身边的公共体育健身场地设施。

(2021-01-27)

规划未来

《浙江省"十四五"规划纲要》关于体育发展的内容有历史性突破。集中体现在："一个目标",2035年建成体育强省。"一个指标",2025年人均体育场地面积达到2.8平方米。"一系列具体举措",关键词有"全民健身""公共体育服务""学校体育""体育文化""科技助力""杭州亚运会""体育产业倍增""社会力量办体育",以及"公共体育服务大提升""体育业态升级""体育消费"等。

(2021-02-06)

融合创新

融合,是体育发展的重要路径。除体教、体卫、体旅、体艺等行业间融合外,体育与城市、体育与农村、体育与学校、体育与军营等区域间融合起来,空间更广阔。融合发展,须开放当头、融字为先。就体育论,当务之急要做好想明白、走出去、通起来、化得开、融一体等五篇文章。融合,抑或就是体育集成创新的起点。

(2021-02-09)

引体向上

全国两会上,江苏省唐校长关于学生体质体能的数据引热议:高一893个学生,男生平均身高1.80米,女生平均身高1.66米,774人戴眼镜,132个男孩拉不了一个引体向上。当下青少年长势喜人,但体质堪忧。有委员呼吁:不能因为怕孩子受伤,就削减强度大有风险的体育项目。加强学生体育,并非无解,只是需要决心决断。

(2021-03-09)

体艺融合

相对于体教、体卫和体旅融合,少有提及体艺融合。在赛事活动、运动表演、场馆提升以及体育产业拓展等体育场景创造、内容创新过程中,艺术、文艺不可或缺。运动服与时尚装,速度激情与艺术风范,体育明星与文艺明星的联袂联动有机融合,常有奇效。

(2021-04-05)

自甘风险

运动也会有造成人身伤害的意外。高危险性体育项目如此,滑雪、滑翔伞乃至足球、羽毛球等项目也是如此。《民法典》中的相关条款对此类事件处理提供了基本法律遵循。核心是,自甘风险及违反安全保障义务的侵权责任。

自甘风险,是指已知有风险,且自愿冒险,如风险出现,应由自己承担责任和损害的后果。体育活动组织者、运动场馆运营者和参与者,当明了明白。

(2021-04-06)

体育供给

工作中常纠结:究竟啥是体育公共服务？哪些属于体育的基本公共服务？较之于教育卫生文化,体育公共服务的界定规范标准和责任等研究滞后。国家发展改革委出手开展我为完善全民健身公共服务体系建言献策活动,是突破,也是个好兆头。个人觉得,最重要的体育公共服务是体育场地设施,还有体育教育、赛事活动、体育文化以及体育政策等有效供给。

(2021-04-14)

体教之问

关于体育教育,白岩松问:连课间10分钟都走不出教室的孩子,怎样支撑一个民族的健康？怎样支撑中国足球冲出亚洲？李宁表示:坐在教室里的孩子学不会坚强。关于学生睡眠管理,要我说:与其要进一步加强中小学生睡眠管理,不如重视中小学生体育教育。有适度强度的体育训练,学生不睡也眠。

(2021-04-25)

体育山西

山西省委书记提出:发展体育事业,做强体育产业,建设体育山西。陪同山西省调研组调研浙江,学习品鉴"体育山西"味道,很有收获。建设"体育山西",大约该是要建设立足于山西、立足于服务山西科学发展、立足于服务山西现代化,立足于满足山西人民群众对美好生活向往,能够展示山西实力活力魅力张力的体育,为健康山西幸福山西提供支撑。体育山西,不是山西体育,但离不开山西体育。它包括但不限于:政府重视体育的山西,体育设施完备的山西,全民健身活跃的山西,运动项目丰富的山西,体育活力四溢的山西,赛事活动集聚的山西,体育产业发达的山西,体育文化厚实的山西,体育创新发展的山西,体育治理规范的山西。借鉴"体育山西"思维,可以思考"体育浙江"。

(2021-05-28)

哭送国华

6月22日晚,还在办公室加班,突然得到省篮协消息:楼国华主席因病去世,很震惊很悲痛。《钱江晚报》一句"一生酷爱篮球,讲话掷地有声",概括了楼主席无尽的篮球情缘和领导省篮协大力推动全省篮球运动改革发展的情怀。回想起近年来和楼主席一起探讨篮球改革,参加省篮协会议,参与浙超联赛、缙云壶镇和杭州萧山的篮球联赛等活动,还是那样历历在目、激情满满。楼主席,一路走好!相信天堂里一定会有篮球、篮球联赛,还有那里的篮协。

(2021-06-24)

泥腿棒球

再到平湖市徐家棣村看农民棒球场。村口树起了"中国棒球第一村"标识,除标准场地,又建了一片训练场和几处棒球综合服务设施,边上的农房正被改建成棒球特色民宿。今年成功组织了林棣镇首届农民棒垒球联赛,11个村组建了14支球队。这真不容易。戴着棒球帽的村书记介绍,因村里有球场,全镇棒球氛围越来越浓,举办的赛事越来越多。泥腿子穿上球服,整个精气神就起来了。棒球不仅是个人技术力量,更多的是团队协同合作。这对乡村振兴很重要。

(2021-07-05)

共同富裕

经温饱而小康,终于走近共同富裕。共同富裕是啥?答案千人千面。静心想想,这东西的核心该是富裕,发展基础上的普遍富裕。关键该是不止于富裕,小康基础上普惠优质的社会公共服务。要害该是共同,先富带后富基础上的红利福利共享。难点该是发展的可持续、农民农村的富、反贫困和高水平全方位共享的民生保障。全民体有所健,过上有体育的生活,这也是共富的题中之义。

(2021-07-16)

共同体育

就着奥运旋风,防着"烟花"来访,想着共同富裕视角下的体育发展。从发展建设共同富裕示范区角度审视体育,该以富裕为起点,紧扣"共同"二字:共建体育设施,共创运动快乐,共享健康体质,共同美好生活。在体育公共治理中,突出优质(高质量,高水平)、均衡(城乡均衡,统筹发展)、普惠(体育公共服务覆盖全人群,全周期)、协调(和其他社会民生事业相宜,体育事业产业协调)、开放(放眼世界,学会卓越)。

(2021-07-25)

健身平权

看到乐刻运动借用政治学术语提出的"平权"概念,感觉耳目一新。健身平权,就是挑战健身贵族,推动健身平民化。要义是:健身房进社区就近学健身,降低门槛平价能健身,线上线下随时玩健身,连锁运营处处可健身。人人健身,轻松健身,快乐健身,科学健身,最终实现全民健身。由"健身平权"而"运动平权",体现的是面向全体、面向全面、面向全生命周期的共同体育思想,也是实现公共体育的市场重构、再造和变革的重要路径。

(2021-07-26)

他山之石

近期,美国发布《国家青少年体育战略》认为:青少年参与体育,可以改善骨骼健康、体重状态、心肺和肌肉健康、心血管代谢健康、认知功能、降低抑郁风险。还可以提升能力、信心和自尊,降低自杀风险,提高生活技能,提升社交和人际交往技能。体育促进身体素养(人的身体活动的运动技能和能力)发展,有助于人的整体健康。基于此,《战略》提出"所有的青少年都有机会、有动机、有条件参与体育运动,无论种族、民族、性别、能力或是行政区域"的共同愿景。

(2021-07-30)

"双减"效应

"双减"政策落地,左右反映强烈。义务教育阶段学生的作业和校外培训负担进一步减轻,是否意味着体育教育的强化?看文字,有这意思。如将体育纳入校外培训的非学科类进行管理等。这对推动学校有更多的体育场馆和体育运动是大利好。但真正要让孩子们从"埋头书桌"到"活跃球场",还有一段路要走。

(2021-08-03)

也说公益

　　一边是场地上网预订即秒杀，一边是运营提价申请被扼杀。这并非只是哪家国有体育场馆的个案。思来想去，还得在体育公益的意义及现实路径上达成共识。本质意义上讲，从无到有的体育已是公益。从市场角度看，市场平均价格之下的体育供给就是公益。至少那"低"的部分就是。低价有偿，是现阶段体育公益的主要形式。但过低的价格无益于体育公共服务，不能解决公益拥堵，也不利于市场体育繁荣。厘清体育公益本质，有助于现有公共体育场馆设施的公益服务优质化，也可助力更多的体育公共服务供给。

（2021-08-06）

四对关系

　　在建设共同富裕示范区实践中，建设"共同体育"，推动浙江体育公共服务大发展，需处理好四对关系：第一对，快发展与高质量的关系。从全面小康到现代化，对体育公共服务包括基础设施、服务内容、服务方式、服务标准、体育文化等都提出更高要求。对标对表现代化、生活化、便利化，要在全面加快加强体育公共服务供给同时，着力于解决高水平、高质量发展体育公共服务的时代任务。第二对，补短板与强服务的关系。因省内区域发展的不平衡，体育公共服务还存在场馆设施数量、种类和品质等方面不匹配、不适应问题。无论是设施硬件还是服务软件，都还需要不断改善、完善。补短拉长加强，是体育公共服务发展的多重历史任务。第三对，惠民生与促均衡的关系。事实上，除不平衡、不充分外，体育与教育、卫生、民政等其他社会民生相比，还存在服务水平、发展阶段等较大差距。要以体育公共服务标准建设为核心，加快构建作为社会民生的基本体育公共服务标准体系，补上制度层面的短板漏项，解决社会民生服务的拐角。第四对，干事业与做产业的关系。作为社会事业的体育，要着眼于普惠供给，注重全人群、全周期、全要素的公共健身健康服务。同时，体育也是产业。要着眼于培育支柱，充分发挥市场的基础性作用，做大做强体育产业。以融合发展的浙江体育事业、产业的"双繁荣""双促进"，诠释"高水平现代化体育强省"的真谛。

（2021-08-15）

体育变革

面对百年未有之大变局,体育也得盯紧时代,建设变革型组织,提高塑造变革能力,发展变革体育。受老师的研究思路启发,体育的变革包括但不限于:(1)理念思路变革。以人民为中心,建设健康中国体育强国,高质量发展建设共同富裕示范区,体育生活化;(2)空间场景变革。社区、乡村体育,体育公园,体育综合体,体育示范区及线下线上相结合的体育;(3)运动项目变革。现代体育、时尚体育、户外运动及体育竞赛方式,组织方式变革;(4)动能效率变革。内生驱动的社会体育共识,改革振兴,数字赋能,"破圈"融合;(5)体制机制变革。有为政府和有效市场结合机制,社会共建共治共享机制,区域协调发展机制;(6)组织治理变革。变革公共体育服务组织,体育社团,公民自组织等。

(2021-08-17)

户外溯溪

因为溯溪运动,带火了丽水市莲都区峰源乡小岭根村一条偏僻静谧的叫猕猴峡的溪沟清流。有杭州团队过去团建的,有温州打的赶去玩水的。村民说,猕猴峡莫名其妙地就火了,有一天上百人过来。据说,这是今年该区委托蚂蚁探路团队开发电子路书、精准对接户外运动爱好者前往,探索"运动振兴乡村"之路的初步成果。

(2021-08-20)

运动布局

近年来,衢州市以创建全民健身模范城市为载体,坚持"体育赋能城市"理念,发挥山水优势,激发区域活力。经过努力,初步架构起了"水上运动兴安湖,森林运动大阴山,极限运动奥陶基,冰雪运动六春湖,登山运动江郎山,攀岩运动千里岗,围棋运动烂柯山,路跑运动钱江源"的全域运动项目布局。该市的体育发展格局和布局,值得关注。

(2021-09-28)

市场视角

有企业谈及市场化办赛的痛点,值得体育行政管理部门深思:(1)眼下基本不存在远政府近市场的规模赛事;(2)政府拥有的成熟赛事IP靠简单的市场运营难以经久持续；(3)目前的体育赛事市场生态脆弱，招商变现不易；(4)赛事广告作为市场办赛单一收入来源的格局暂时还难以破题。认识市场，领悟规律，看清问题，理解企业，该是政府管理的题中之义。

(2021-10-11)

体育六力

推动共同富裕，体育得抓紧发力。要紧扣时代脉搏，围绕"高质量""竞争力""现代化"主题，彰显竞技体育实力，激发群众体育活力，深挖体育产业潜力，凸显体育文化魅力，展现数字体育魔力，提升体育改革魄力。

(2021-10-12)

又是一例

运动振兴乡村，10月13日《中国体育报》的《体育赋能乡村振兴》这篇报道，概括了提供发展内生动力、推动乡村旅游及产品销售、激发乡村更多活力等三个维度，点到了淳安县偏远的左口乡发展溯溪等户外运动的案例。据参与策划者介绍:该乡7.8公里长的石板溪是一条普通荒溪。通过重新定义，融入体育元素，荒溪不再沉睡。运动是激活乡村沉睡资源投入最少、见效最快、最可持续的路径之一。

(2021-10-21)

露营问题

帐篷露营兴起，成长烦恼也多。据说有管理者要求，凡露营过夜的，须按旅馆业规定提交身份证件。也有的规定，自带帐篷无须登记，出租帐篷必须登记。还有的说，帐篷仅限白天玩玩，一律不得过夜。不能说这些规定没有一点儿道理，但让人总觉得别扭。有句话叫作"让子弹飞一会儿"。一种新的生活业态出现不易，成熟更难。为啥要露营？到哪里露营？谁来运营营地？营地得标配点啥？老问题没解决，又来个露营能不能过夜的新问题。太复杂了。

(2021-10-23)

体育问题

与一帮硕士生博士生交流体育课题研究，学到很多。如何成为骑行者、体育器材运输便利化、滑板运动发展、自然保护地开放、户外运动产业集群及体育与乡村振兴等,都是他们关注的研究课题。年轻人的专业精神和对体育产业的独特视角,让人印象深刻。课题源于问题,研究解决问题。

(2021-10-31)

教练练啥

教练是竞技体育的核心,有好教练,才有好项目、好运动员。好教练,一要好在有一双会选材的慧眼,能选到好苗。二要好在有一套会教练的方法,扎实基础、有序训练。三要好在有一种运动状态管理的能力,精准调节训练参赛状态。四要好在有一颗视运动员为子女的爱心,从小严管施教、练技做人。

(2021-11-10)

体育融合

体育高质量发展,要融合,要搞"体育+"。体育融合发展大约有三个维度:一是体育与其他行业的融合,如体卫、体旅、体教等。二是体育与其他场景的融合,如体育公园、体育文化、体育外交等。三是体育与其他技术的融合,如智能体育、电子竞技、虚拟体育等。所谓体育的新业态新模式新产品新消费,大都源于体育的开放、交互以及融合。

(2021-12-11)

高校体育

体育专业人才培养,是区域体教融合水平的核心指标。目前,浙江省有浙大、浙师大等20所高校(13所本科院校、七所高等职业院校,约占18%)设有9个体育类专业,共有大学本专科在校生5968人(约占0.5%)。显然,无论是开设体育专业的高校数,还是年培养的体育专业学生数,都低于预期、低于需求。

(2021-12-17)

民生体育

视体育为民生,建设全民健身公共服务体系,要锚定"体系""更高水平"两个核心,关注这些事:(1)体育纳入社区服务体系,实施社区健身设施"点亮工程";(2)体育系统各种训练健身设施和服务向社会开放;(3)构建全社会体育运动水平等级制度;(4)推广集约紧凑型健身设施,建设社区健身中心;(5)构建户外运动的空间布局；(6)实施全民健身补短板工程,建设国家健身信息服务平台；(7)制定国家步道体系建设总体方案和建设指南,推进体育公园建设；(8)完善户外运动配套设施；(9)鼓励建设高品质专项运动场馆；(10)推动健身场地全面开放共享；(11)建立四级青少年体育赛事体系,引导举办城市体育联赛；(12)开展自然资源向户外运动开放试点；(13)支持体育俱乐部进入学校开设体育公益课,或合作创办公益性体育俱乐部；(14)鼓励使用工会经费为职工购买健身服务；(15)制定全民健身基本公共服务国家标准；(16)研究发布全民健身城市活力指数。

（2022-01-14）

延续冬奥

"一起向未来"的体育,须有全局站位、开阔眼界和明确思路。一要在做好常规体育工作同时,大力弘扬开放的"大体育"观。二要在推动全民健身活动同时,大力配建体育场馆设施。三要在加强室内体育设施建设同时,大力拓展户外运动场地。四要在注重竞技体育水平同时,大力推动群众健身体育。五要在发展传统体育项目同时,大力普及时尚体育项目。六要在组织开展体育赛事活动同时,大力培育做强体育产业。七要在坚持体育事业改革发展的同时,大力厚植繁荣体育文化。

（2022-03-02）

全民健身

近日,中办、国办印发《关于构建更高水平的全民健身公共服务体系的意见》。初学,关注点是：(1)《意见》立足于"高水平""构建公共服务体系""重要民生"；(2)全民健身要"统筹城乡""覆盖全民"；(3)全民健身公共服务,包括"政府提供的全民健身基本公共服务"和"社会力量提供的普惠性公共服务"；(4)要"推动体育系统管理的训练中心、基地、体校的健身设施以及运动康复等服务向社会开放"；(5)要"推广功能复合、立体开发的集约紧凑型健身设施发展模式","打造现代时尚的健身场景""镶嵌开敞式健身设施"和建设融合、嵌套的健身设施；(6)"建设国家全民健身信息服务平台"；(7)要"构建户外运动三纵三横的空间布局","制定国家步道体系建设总体方案和建设指南"；(8)"推进体育公园建设","完善户外运动配套设施"；(9)"支持建设……气膜结构健身馆等新型健身场地设施"；(10)"开展公共体育场馆开放服务提升行动","鼓励有条件的地方建设高品质专项运动场馆";(11)"事业单位和国有企业要带头开放,可用于健身的空间","鼓励私营企业向社会开放自由健身设施";(12)"开展自然资源向户外运动开放试点","推动户外运动装备器材便利化运输";(13)"建立户外运动安全分级管控体系","分类制定办事安全标准";(14)"制定全民健身基本公共服务国家标准";(15)"推动持有职业资格证书的社会体育指导员与教练员职业发展贯通";(16)"定期发布全民健身城市活力指数";(17)"开展全民健身公共服务体系建设重点推进城市创建工作"。

(2022-03-24)

体育课程

4月21日,教育部发布《义务教育体育与健康课程标准(2022年版)》。亮点一:大大提升体育课程权重,"体育与健康"课,占总课时比例10%～11%,超越外语(6%～8%)和理化生、科学(8%～10%)成为仅次于语文和数学的第三大主科。亮点二:生存探险类项目(如定向运动、野外生存、登山、攀岩等)和时尚运动类项目(如滑板、跆拳道、独轮车、小轮车、飞镖等)作为新兴体育类运动项目纳入学生专项运动技能。

(2022-04-24)

体育消费

从体育的角度看《关于进一步释放消费潜力促进消费持续恢复的意见》,可关注:(1)培育壮大智能体育等消费新业态;(2)加强体育等消费跨界融合,积极拓展沉浸式、体验式、互动式消费新场景;(3)适应城乡户外运动营地及相关基础设施建设小规模用地需要,积极探索适宜供地方式。提升户外运动等服务环境和品质;(4)鼓励围绕体育等主题有序建设一批设施完善、业态丰富、健康绿色的消费集聚区。有专家建议,各地可探索体育公园、体育街区、体育城及体育节等体育消费集聚场景。

(2022-04-27)

轻声轻语

假日读报看新闻,眼见诸多"高瞻远瞩",心里不免发慌。比如:有口池塘,就声称要打造水上运动基地;有个库湾,就嚷嚷要打造峡湾式经济带;有点加工,就放言要打造智慧智造产业;有堆电脑,就造势要打造数字经济园区;有张茶叶，就说是要打造共同富裕山村；有片山林，就宣示要打造生态文明家园。不是不该"壮志凌云"，而是该多点儿"脚踏实地"。

（2022-05-01）

九龙治水

过度监管下，难有水上运动产业。发展水上运动，离不开制度改革。有业者吐槽：搞点水上运动休闲项目，审批花了四年，事涉发改、自然资源、安监、港航、海事、水利、环保、文广旅体及乡镇等九部门，均依法有据。运动船艇落地入水，大体也如此。有为政府，当真正服务于群众需求和有效市场。由"九龙治水"而"九九归一"，创新监管、重塑制度，是水上运动项目繁荣发展的前提。

（2022-05-29）

呵护露营

露营理由，大约是亲近自然、放松心情。支持露营理由，大约是带动户外装备、发展户外运动。新场景才露尖，一堆说话不腰疼的人就登场：营地垃圾谁清理？营地有等级标准吗？坑位费多少合理？露营过夜要不要身份证登记？安全问题谁负责？其实，新事物之新就在于不完美，而这正是她成长的浩瀚空间。有为政府，无须事事作为。让渡点空间给有效市场，也是美的。大家喜欢，就是宽容和支持的理由。

（2022-06-04）

露营不乱

露营刚出圈，有人欢呼，有人唱衰。衰调大约是，露营践踏公园草地，噪声垃圾破坏生态，过夜存在安全隐患，户外露营缺乏标准，等等。露营这新生儿，拥抱、奶水和阳光雨露是刚需。有谁会给婴儿上"不哭不闹不裸露不生病要微笑会讲话"之类一连串的规定？个人以为，眼下露营无所谓乱象，至多只是稚嫩新生象。露营新生，需要社会的鼓与呼，而非责与难。呵护成长，助力推动，是眼下该有的社会共识。

（2022-06-19）

规制缓和

据说,规制缓和是通过创新,部分放松规制管理强度,以降低社会运行成本的公共管理方式。比如允许有序的室外经营,开设周末广场集市、自产自销摊点等。在经济下行环境下,缓和规制、放宽管控,也算是缓解压力的一招。不止于经济,体育的新项目新场景新业态,也得有相对包容的气度、政策才能萌发生长。

(2022-06-09)

露营谁管

露营的多了,有人就唠叨这事归哪个部门管。常规思维如此。这些事必须有主管部门吗?可能也许完全必须。但市场担忧的是:部门一管就死,以前有过;因为部门套路往往一来就搞标准评等级强监管,赋能服务不多;部门并非真懂这行,还需学会露营;露营的跨界性不弱。个人私想用老话讲,叫"先繁荣后市容"。以时兴话说,可"让子弹飞一会儿"。

(2022-06-19)

参与有理

说露营多了,有人"告诫"我"别总抢别人功劳"。其实,体育创造纪录,从来不抢人家。体育可否参与助力露营?个人感觉:(1)新场景新业态需要大家一起推动;(2)露营的本质不在住宿过夜吃饭,在于户外,属户外活动;(3)露营是形式载体,可烧烤音乐电影星空,也可溯溪登山越野飞盘;(4)露营真要破圈,还得体育赋能。体育入伙,露营才有望实现"打卡变生活,休闲变运动,度日变过夜,活动变经济",培育有 GDP 意义的露营产业。

(2022-06-19)

体育大事

2022 年 6 月 2 日上午,新修订的《中华人民共和国体育法》获得通过,将于 2023 年 1 月 1 日起施行。老的《体育法》是 1995 年 8 月 29 日通过并当年 10 月 1 日施行的。时隔 28 年,《体育法》从 54 条到 122 条、从八章到十二章,印证了中国体育的发展进步,体现了体育治理的法治化进程。

(2022-06-24)

体育组织

新的《体育法》明确"体育组织"与以前所说的"体育社会团体""体育社会组织"的最大区别在于,扩大了覆盖面,把未经依法登记成立、实际上存在的各类体育社群纳入规制范围。在体育实践中,这类体育组织数量大、活跃度高、渗透率强,是社会体育的重要力量。

(2022-07-07)

两事同理

第一件事:松阳县"政协委员找车位"活动。委员走街串巷,寻找停车空间,缓解停车难题。第二件事:《杭州市嵌入式体育场地设施建设三年行动计划》发布。见缝插针布局,金角银边添建,缓解健身难题。事不同,但都事关百姓,城市空间的事,民生短板的事,难以突破的事。一个"找",一个"嵌入",说了方法明了理:用心解难百事达。

(2022-07-08)

飞盘足球

听到一段事关体育供给与需求的有意思对话。甲:"听说飞盘要搞全国比赛了?"乙:"是,现在玩飞盘的人不少了。"甲:"人家玩得好好的,你们政府为啥要管人家比赛的事?"乙:"政府不就是服务吗?""你知道玩飞盘与玩足球的人干仗的事吗?"甲:"知道,足球场空着,玩玩飞盘不可以吗?"乙:"飞盘侵占足球场,我们的足球水平不更差了?足球场地本来就少,玩足球到哪儿踢去?"甲:"你们应该做的,是去建更多的球场,而不是掺和搞什么飞盘赛。"乙:"这是两回事。"甲:"不,你们常常不干正事。但凡老百姓自己能玩热闹的,可少管。有多少事给你们一管就管死了?你们多管点老百姓自己玩不了玩不好的正事,行吗?"

(2022-07-12)

天然泳域

郑清岭山塘是缙云县城内天然水域游泳的场地之一。今晨,目视在塘游泳有70余人,估摸一天不下200人。多为锻炼的,也有教练在培训学员。女泳者为多。绝大多数人带"跟屁虫"。这里相关部门"禁止游泳"的警示和落水救援、溺水急救提示并举，还安装有三个应急救生圈。背后的问题是：群众游泳健身需求与游泳场馆建设的矛盾，天然水域的安全监管与有序开放的矛盾。个人觉得，建设更多的场馆，有监管地开放便民的天然水域，两者须兼具并行。

(2022-08-13)

监管难题

有村民赶着城里人热衷的"无边泳池"的时尚，在自家门前也建了一个。有关部门上门要求办理高危项目许可，被抵制。这位农民说：我这不是游泳池，是蓄水池。是有些客人会到蓄水池里游游泳、戏戏水，但只是个配套，我们不经营池子。有关部门愣住了：开放泳池得有许可，开放蓄水池让人游泳，需要许可吗？

(2022-08-14)

温岭经验

发端于天台，壮大在温岭。基层设立体育委员岗位，温岭市做法的核心是：乡镇设"体育专员"，村居设"体育委员"。财政每年各安排人均5万元、1万元工作经费。主要职责包括参与场地规划、推动体育项目、组织赛事活动、指导全民健身等。体育委员制度，是变"部门体育"为"社会体育"的工作创新。

(2022-09-22)

问体育课

问某小学校长，学校有几个体育老师？够不够用？校长答：四个老师，不够用。主科老师还行，副科老师都不太够。问某小学四年级小同学，一周几节体育课，大课间和托管时间有没有搞体育？同学答：每周3～4节体育课。早上大课间，有时也没搞体育。下午放学前，有体育活动的，但也是做作业和老师补课多。"确保中小学生每天校内体育活动时间不少于一小时"，很悬！

(2022-10-01)

场地开放

关于学校的体育场地设施向社会开放,有人说:第一,学校体育设施也是公共服务设施。第二,从没见过因为开放,学校出安全的大事。第三,(体育设施)走坏用坏不可惜,放坏关坏真是坏。说的不一定精准,但很有理。

(2022-10-10)

五方三点

"十四五"期间,全国水上运动将以东优、西扩、南强、北进、中兴为战略布局,以国民水上休闲运动中心为焦点,以绿水青山系列赛事为支点,以江河湖海为发力点的工作思路。水上运动是健康也是安全,是经济也是生活,是娱乐也是体育。发展水上运动产业,必须率先推动天然水域开放,解决大部分区域"可以岸上船上看,不能下水入海玩"的现状。基于"五方三点",水上运动必定走向"五湖四海"。

(2022-11-13)

创造活力

有两类赛事衍生品:一类是某公司越野赛的文创,一类是某部门操盘的运动会的。有年轻人评价:公司的,现代时尚,创意十足,活力四射。反观部门的,似曾老相识,要多落后有多落后,还能看吗?看看人家世界杯的"饺子皮",一看就有生趣。话不太好听也不一定就对,但从想象力视角看,真得反思。

(2022-12-01)

体育治理

不是治理体育,而是借鉴治理体育方式或规则来治理乡村。这是"村BA"这篇小文带来的启示。摊位抽签决定,收取摊位费,球场禁入黑名单,保持联赛的纯粹性和公益性等。贵州省台盆村化"球场规则"为"村规民约"的做法,通俗易懂不复杂,给治理提供了体育路径选择。显然,复杂的基层治理不能局限于体育,但体育的确是管用的招数。运动振兴乡村,不是神话。

(2022-12-12)

体育内需

近日印发的《扩大内需战略规划纲要(2022—2035年)》,突出强调促进消费,包括提升传统消费,培育新型消费,扩大服务消费,增加公共消费等。其中关于"促进群众体育消费",特别明确:深入实施全民健身战略,建设国家步道体系,推动体育公园建设。以足球、篮球等职业体育为抓手,提升体育赛事活动质量和消费者观感、体验度,促进竞赛表演产业扩容升级。发展在线健身、线上赛事等新业态。推进冰雪运动"南展西扩东进",带动群众"喜冰乐雪"。仔细体会,导向和指引还是鲜明的。

(2022-12-20)

步道升格

在刚刚召开的省十四届人大一次会议上,"环浙步道"被纳入2023年省政府十件民生实事。加快建设省全民健身中心,新建省级基层体育场地设施1000个,"环浙步道"2500公里。历时三年,"环浙步道"由理念设想到落地成形,着实不易。拍脑子想,下步干活儿思路:(1)集中力量延展;(2)接续推广使用;(3)逐步完善提升;(4)培育步道经济。

(2023-01-17)

小镇命名

从2017年启动浙江省级运动休闲乡镇培育工作,共有30个乡镇参与。因情势变化,培育期延期。今日第一批六个运动休闲乡镇得以命名。六年六个,看着体育元素慢慢在浙江乡镇显头露尖,也是百感交集。"不是有个运动场地就是体育小镇(小镇贵在全域);不是有些公共体育服务设施就是特色体育小镇(小镇贵在特色);不是有点文旅项目就是运动休闲乡镇(小镇贵在体育)。"一点即时感想,留给还在培育的乡镇。

(2023-02-17)

潮闻浙江

今天,以"深耕浙江、解读中国、影响世界"为己任的"潮新闻"客户端在浙江问世。有领导在发布会上说了一段耐人寻味的话:对于传统媒体转型而言,我不知道怎么做是对的,但我知道不去做、不去改变一定是错的;我不知道什么样的路径是正确的,但我知道坐而论道、不起而行之一定是不正确的;我不知道驱动变革的最大变量是什么,但我知道拥抱新技术、相信年轻人就有可能抓住机会、决胜未来;我不知道什么是真正的潮头,但我知道习近平总书记对浙江"干在实处、走在前列、勇立潮头"的嘱托是我们必须全力以赴践行的,浙江媒体人必须做新时代的弄潮儿。这"四个不知道四个知道",不止于媒体变革,体育改革也可受用。

（2023-02-18）

再说公益

体育,大概率是公益。公共体育服务即政府公益。公益定位的体育大致有:完全公益,半公益,带有公益性质等。公益与市场不同,但也并非水火不容。公共体育服务可以通过市场化手段实现,市场化的体育服务,也可以有不同程度的公益性。个人认为,体育公益包括但不限于从无到有,由有到廉(价),由有到好。在供给有限的硬制约背景下,公共体育要坚守社会公益的目标定位、方向,产品的供给路径、运营方式等可借助市场机制,以获得更好的公益绩效。

（2023-03-06）

举国体制

过去,主要是指竞技体育领域集中力量办大事、争金夺银的体制。实际上,这种体制与其说是"举国体制",还不如说是"举省体制"。现在,我们强调"新型举国体制",一是说要举政府、社会、市场的体制,坚持社会力量办体育的方向,二是说要举全行业全面发展的体制,既要在世界竞技舞台上争金夺银,又要在世界体育大舞台上大显身手。要让我们办体育的体制新型起来,得革命,得动大刀行大手术。

（2023-03-26）

步道观澜

今天的《人民日报》刊发钟文《增进群众健身获得感幸福感》一文,介绍并点赞浙江建设"环浙步道"。文章说,推进"环浙步道"建设,说到底是一项满足群众多元化健身需求的民心工程。建设好、运营好群众健身项目,贵在因势利导,贵在因地制宜,贵在将好的规划转化为群众的获得感、幸福感。

（2023-03-30）

咬文嚼字

体育要融入其他领域，也需要有趣味运动、乡村运动、群众运动等，但最好不要将体育标签化通俗化庸俗化。体育需要准确表达。如，"挖笋大赛"的"赛"，当是"活动"。《体坛报》关于乡村趣味运动会报道说的"体育比赛项目"，当为"活动项目"。活动、运动与体育，内涵有所不同。界外人混淆可以理解，业内人混同需要警觉。

(2023-04-12)

众筹体育

全民健身，众筹球馆；缙云壶镇，必须点赞。2021年底该镇羽毛球馆(7片场地)经众筹建成投用。办法大约是镇政府出球馆用地；中力工具以镇羽毛球协会名义牵头众筹并兜底建设；其他企业个人以投入5万元得3个免费场地使用名额，3万元2个名额，1万元1个名额为标准参与众筹；场馆市场化运营，非众筹者使用年费1680元/人；经营6年后，馆舍无偿移交镇政府，所有众筹资金全额退还参与者。结果，3个月筹资300余万元，并建成开放。场馆投用以来，打羽毛球的男女老少越来越多。协会现有200多名会员，组织月赛活动，场馆搞得很热闹。为解决拥堵，大家自觉形成"女的早上打，下午留给男的打""人多时打两场后必须退出"等的约定。据了解，以众筹方式建球场，这算是浙江第二家。

(2023-05-03)

健身服务

厘清全民健身基本、非基本公共服务，是构建公共服务体系的前提。全民健身基本公共服务，是指满足最广大人民群众当前阶段最基本健身需求、在公共场所提供的各种健身服务的总称。政府是此类服务的主要提供者，责任主体。全民健身非基本公共服务，是满足有商品服务要求和较高消费能力的人群当前阶段多元的、更高的健身需求，在个人、家庭场所或公共场所提供的各种个性化、高品质健身服务的总称。政府通过政策、激励机制等途径，引导社会和市场提供此类服务，政府是服务的间接提供方，社会和市场是责任主体。

(2023-05-30)

小镇忧思

省运动休闲乡镇培育,转眼历时五年。喜的是,运动振兴乡村、体育产业平台的理念渐行风尚,一批有体育赋能发展的小镇逐渐成形。忧的是,实践中还存在认知上的偏差、简单化的做法。如以文化旅游的思路干体育产业,用农文旅的项目替代体育的项目;以群众体育的思路干体育产业,用公共体育设施的完善替代体育业态的培育;以场馆建设的思路干体育产业,用个别体育特色项目场馆替代全域特色运动休闲场景的塑造;以体育事业的思路干体育产业,用体育赛事的举办替代体育赛事经济的繁荣等。体育小镇,应该是以体兴业、借体育镇,是更多的体育元素、体育项目、体育赛事、体育人口、体育业态、体育市场、体育组织、体育活力和体育文化的交互聚合。

(2023-06-16)

长沙体操

从娃娃开始抓体操,可以看看长沙。市体操学校占地不大,仅15亩,但有两个东西结合得特别好。一是体操学校与幼儿园结合,学校办起250人规模的专业特长幼儿园。二是体操学校与义务教育学校相结合,学校隔壁就是一所很好的社区小学。在这种环境条件下,体操学校后备人才有来源,注册运动员有成绩。其中,体教融合的实操值得借鉴。

(2023-06-28)

水域开放

各级政府及其相关部门对"开放天然水域游泳"始终心存安全担忧。你说这里那里可以游泳,万一出个事故谁负责?所以,从未见过哪条河哪个湖哪个丘塘标注过"允许游泳"。暑期以来,浙江衢州、丽水庆元等地想方设法添建户外亲水平台等简易设施,通过添加专人巡防管理、配备教练员、救生员等公共服务,主动开放部分天然水域,变"禁止游泳"为"可以游泳",变"野游"为"野能游"。这疏堵结合的"有为之举",受到群众欢迎。

(2023-08-23)

体育健康

有人说,啥叫健康浙江?健康不仅是卫健委,是大医院,是病床,是康复。

健康本质上是一种活着的良好状态。去医院挤，到运动场上乐，谁更健康？答案自明。"治未病"当然重于"治已病"，但真知不易，形成机制更难。时隔五年，老龄工作重归民政，意味深长。

（2023-08-24）

体育前沿

国际奥委会巴赫主席指出，奥运会引进新兴项目，"对于吸引年轻一代的关注非常重要"。同时，他强调，发展城市化体育，推动体育走进市中心，"将是体育的未来"。小萨马兰奇副主席称，"需要在传统体育与新兴体育之间找到平衡"，通过发展受年轻人青睐的新兴项目来"争夺青少年的注意力"。用我们的话说，就是要通过抓住主要人群、关注时尚体育，来培育体育人口，扩大体育影响，拓展体育运动，弘扬体育精神。

（2023-10-07）

场地开放

近日，浙江省政府办公厅发布《关于推进机关企事业单位体育场地设施向社会开放的实施意见》。着眼于解决群众健身"去哪儿"问题，要求全省政府机关和企事业单位按照"能开尽开、应开尽开"原则，向社会开放体育场地设施。每天开放时间不少于三小时，公休日、法定节假日不少于六小时。着力构建管理规范、监督有力、评价科学的公共体育场地设施开放工作体系。

（2023-11-14）

体育强样

身处CBA浙江德比，看篮球不论输赢，想象着浙江体育强省的样子。第一，啥时候体育场馆里的人比医院门诊的人多，我们体育就有点强的样子了。去年全省医院诊疗人次为6.94亿，人均上10次医院，经常参加体育锻炼人数占比仅为43.4%。第二，啥时候体育场馆里看比赛的人比看文艺演唱会的人多，我们体育真的就强了。第三，啥时候体育场馆里看比赛的人天天像亚运会期间观赛的人一样多，我们的体育就真的强了。

（2023-11-15）

目标导向

　　指标只是目标的度量,但我们干着干着,就常常因为指标而丢弃目标。说到底,指标是在一定条件下对目标的认识。之于目标,指标具有相对性。比如,杭州要建设"赛会之城",自然要多办国际国内各类体育大赛。指标可能是赛事数量,但目标肯定是赛事的质量、绩效。一周之内,三赛齐发,可喜。但不忘目标初心更要紧。

(2023-12-19)

附录　工作思考小集

运动振兴乡村

党的十九大提出"实施乡村振兴战略",要求把农村建设成"产业兴旺、生态宜居、乡风文明、治理有效、生活富裕"的美丽乡村。在深入实施乡村振兴战略、建设新时代美丽乡村的"浙江实践"中,体育能不能有所作为?从近些年浙江体育融入乡村振兴的实践看,答案是肯定的。

运动振兴乡村。乡村振兴,体育何以有为?主要是,浙江的农村区域有发展体育事业的巨大空间,有拓展体育产业的丰富资源。

从体育视角看:开展全民健身活动的突出短板在乡村。现在的体育,多围绕着城市、聚焦聚集于城市。相对于城市,乡村体育存在明显的短板。体育民生有短板,就得补。一补,就会有体育事业的新空间,体育产业的大市场。推动健康浙江建设的最大需求在乡村。健康浙江建设,要害在于解决"看病难、看病贵",关键在于治未病,重点还在于乡村。农村物质生活好了,对生活品质和健康的要求也高起来。发展体育、活跃体育,可以满足群众对美好生活的需求。支撑全域运动拓展的天然场馆在乡村。浙江人多地少,公共体育场馆供给相对不足(2018年人均体育场地面积仅2.19平方米),还存在"全民健身去哪儿"的难题。但把目光转向农村,变"场馆体育"为"全域体育",广袤的绿水青山会给体育一个新世界。加快体育产业发展的广阔天地在乡村。浙江的体育产业还刚刚起步。2016年全省体育产业总产出1682亿元,2017年为1843亿元,GDP占比为1.15%。如把体育产业引向农村,大力繁荣乡村体育,体育产业的增速会更快、占比会提高。因此,体育融入乡村,前景无限。

运动振兴乡村,大有可为。在乡村振兴实践中,依靠农村基层的创造、农民群众的智慧,全省各地已经把体育的活力、魅力和张力表现得淋漓尽致。近年来,江山市毛村镇山头村建起篮球场、门球场、游泳池和7人制足球场等设施。2016年又建了全国首个农村攀岩墙。去年举办了全国美丽乡村攀岩系列赛,村里人气财气俱旺,村民开始尝到体育的甜头。2015年,磐安县小章村建起有6片比赛场地的气排球馆,并承办了全国首届老年"欢乐气排球"赛事。结果一赛成名,与气排球结缘。该村已承办全国、省、市各种赛事80余场,年接待游客4万人次。去年底,平湖市徐家埭村建起全省首个标准棒球场,一场联赛吸引江浙沪24支球队、300余名运动员参赛。

村里是这样,乡镇也如此。淳安县石林镇,是仅有4000人口的山区小镇。2016年开始打造港湾运动小镇。通过改造旧房建设运动街区和接待基地、开发赛道、引进赛事和俱乐部等,发展水上、山地和航空运动,成为韩国、哈萨克斯坦及国内河南、河北、陕西和大连、沈阳等专业赛艇队的冬训基地。去年接待游客逾60万人次,同比增长36%。衢州市柯城区,2017年启动在石梁、七里、九华及万田4个乡镇范围打造灵鹫山国家森林运动小镇,已完成丛林穿越、两溪绿道及森林汽车穿越等项目。举办登山、森林越野、汽车穿越、铁人三项等赛事,提升了乡村人气,也增加了农民收入。去年国庆期间,小镇区域民宿客房出租率提高20%,收入增加50%左右。

乡镇如此,县域也有成功的案例。宁海县用很少的投资建成贯穿全县域的500公里登山健身步道,落地了32家户外运动俱乐部、5家体育旅游公司,成为全国步道经济的发展示范县。近年年均有300余万人次参与步道户外运动。2017年7月,遂昌籍青年周功斌辞去杭州公职创办"蚂蚁探路"公司。围绕汽车越野运动,把县里180公里偏远的乡村公路和部分森林防火道规划为越野线路,对接服务省内外150余家自驾车俱乐部。去年1月至今,共组织136批、1773台车、3767人次参与越野。"蚂蚁探路"搅热了偏僻乡村,让闲置的山路有车流,日益空心化的山村有人流,初步探出了一条汽车越野运动的乡村振兴之路。

梳理总结浙江体育在乡村振兴中的初步实践,可以进一步发现:运动振兴乡村,不止于发展乡村体育,更在于体育赋能乡村。

第一,体育是乡村经济转型的重要引擎。体育,就是乡村绿水青山转换为金山银山的重要通道和载体。发展体育产业,在展示和享受乡村绿水青山生态的同时,有效地推动乡村的生态优势转化为金山银山。

第二,体育是乡村区域活力的重要源泉。浙江许多农村,利用小的体育基础设施投入,通过举办体育赛事活动、吸引专业运动队驻训及文旅体结合等办法,让原本寂静的山村人气趋旺、活力增强。

第三,体育是乡村文明治理的重要载体。作为有组织的活动,体育特别是体育赛事活动融入乡村,不仅可以提高农村的组织化程度,锻炼农村基层干部的工作能力,也能大大地改善农村的邻里关系。

第四,体育是乡村全面小康的重要标志。有人说,没有体育,也能活着。有了体育,才有生活。体育不仅仅是运动,也不局限于对健康的追求。它代表着文明,蕴含着精神追求,是一种生活方式。体育,是彰显乡村全面小康生活的题中要义。

运动振兴乡村。平台在乡村,核心是运动,目标是助力乡村全域、全方位的振兴,建设美丽乡村。在深入实施乡村振兴战略、建设新时代美丽乡村的实践中,我们要全面挖掘体育的多功能性,紧贴省委、省政府的农村工作大局,做好"发展全域户外、运动振兴乡村"的文章,贡献浙江体育力量。要紧盯浙江美丽乡村绿水青山的优势,因地制宜、文旅融合,以户外运动引领全民健身,大力发展全域山地运动、水上运动、航空运动、汽摩运动等,让人民群众在运动中尽享浙江美丽的绿水青山。在具体工作落实中,把增加体育设施、建设体育小镇、搞活乡村体育、举办体育赛事作为推动浙江农村"两个高水平"建设的具体抓手和载体,让人民群众在运动中收获富饶生态的金山银山。

(原载于《中国体育报》2019年4月22日第7版)

体育赋能城市

体育,源于古希腊城邦,盛于现代奥林匹克运动。从最初的身体教育,发展到以竞技项目为引领的涉及政治、经济、文化、科技和传媒等领域的现代体育运动,历时千年,对人类社会生活产生广泛深远的影响。

现代体育一经产生,就与城市相生相伴。但凡重大的体育赛事多在城市举办,新的体育项目多在城市酝酿。可以说,城市抑或城市化发展推动经济的发展,也推动体育的繁荣。反过来说,体育融入城市,也助力城市发展和城市化,推动城市文明。

体育赋能城市。体育之所以赋能城市,是由城市发展需要和体育的特殊功能决定的。

从城市发展需要看。现代城市的健康发展面临诸多挑战。世界休闲组织名誉主席德雷克·卡塞认为,城市可持续发展的财富,包括健康、公平、智慧、绿色和安全"五要素"。体育健身有助于降低城市人群的肥胖率,延长健康生活的年龄,应对人口老龄化。运动扩展城市人口的活动范围,增加饮食等基本需求的多样性,可缓解快餐文化带来的"食物荒地"。体育成为城市生活的休闲方式,带动日常消费,助力城市经济。体育让人动起来,可平衡因科技进步带来的人肢体活动的减少。总之,体育让城市更健康,更有吸引力。

从体育的功能看。作为一种特殊的社会文化活动,体育具有多功能性。发展体育,能推动城市转型,有效提升城市能级:一是助力推动城市健康。发展体育运动,增强人民体质。发展体育运动,也增强城市活力。二是助力培育城市人文。城市人文品质事关城市的竞争力,城市的可持续发展。体育是人文交流的大平台。体育成就城市品牌,铸就特色的城市文化、城市品格和城市精神。三是助力完善城市功能。体育场馆设施是城市不可缺少的基础设施。体育的普及、兴盛,倒逼城市规划建设更多的运动设施,以满足居民的运动健身需求。四是助力提升城市管理。大型的体育赛事活动,引发特定时段特定区域人群聚集参与。体育考验城市服务管理，推动城市社会治理能力提升。五是助力发展城市经济。体育拥有产业特性，发达的体育催生完整的生态产业链。作为一种新的经济业态，繁荣的体育产业是城市经济转型的重要动力。

事实也是这样。一个时期以来，体育得到越来越多的城市管理者的关注。以浙江省为例，近年来各地马拉松及各类规模路跑赛事频发。据不完全统计，2015年全省131场赛事30万人次参与，2016年198场35万人次，特别是2017、2018年分别达到295场56万人次和321场66万人次，赛事场次位居全国首位。作为有高保障要求的马拉松及路跑赛事的火爆，离不开各地政府及相关部门强力支撑。此类赛事得到支持的背后动因，有"健康浙江"建设的驱动，有全民健身广泛开展的推动，更有城市管理者对体育多功能性的渐次内化和认同。

在体育基础设施建设方面。2018年，衢州市大手笔投资35.43亿元开工建设市体育中心项目，打造快乐运动小镇。既补齐城市体育基础设施短板，又有带动高铁新城区域开发、拉开城市发展框架的战略意图。着力于大花园建设，丽水市全域规划三年（2018年至2020年）投资110亿元、建设2617公里瓯江绿道。目前，市本级已投资2.02亿元、统筹建成50公里。小小绿道，"四大蝶变"初显：改变城市格局，放大活动半径；联通美丽城乡，增强区域活力；提升生活品质，彰显文明气息；促进全民健身，培育运动产业。若以绿道为藤，再结更多运动场地设施的瓜果，勾画的将是一条由"绿水青山"通向"金山银山"的新的生态大道。一个体育项目，一条瓯江绿道，改变一座城市。

同理，一场大型的体育赛事，也能塑造一座城市。2022年，杭州将举办第19届亚运会。越来越多的人在实践中意识到，筹办亚运会的过程，也是体育不断赋能杭州、塑造杭州、彰显杭州活力和魅力的过程。有专家指出：因为杭州亚运会，城市的轨道交通建设大大提速；为满足各类亚运赛事和训练需求，城市现代化的公共体育设施大大提升，有的已成为城市的新地标；为举办一场精彩难忘的亚运会，杭州智慧城市的管理运营建设大大加强；因为有45个以上国家和地区上万名运动员参加，国际社会对赛事及举办地的聚焦关注，杭州的城市国际化进程将大大加快；也因为亚运会，杭州迎来群众体育、竞技体育和体育产业大发展契机，"世界赛事之城、运动友好城市、活力休闲之都"的打造，也将使城市居民美好生活的获得感大大增强。可见，于一个城市而言，体育是健身也是健康，是运动也是建设，是赛事也是管理，是金牌也是人文，是经济也是政治。体育强健城市，改变城市，也塑造城市、繁荣城市，彰显城市的活力和魅力。

走进新时代,建设新城市。体育赋能城市,为我们打开了新时代城市发展的另一扇门。坚持创新、协调、绿色、开放、共享的新发展理念,推进大湾区大花园大通道大都市区建设,推动全省城市转型和经济社会高质量发展,体育不可或缺。如同杭州这座城市,她的清秀妩媚温婉有如西湖静水,她的奋发激昂生机有如钱江浪潮,爱情浪漫之都和创新活力之城并存。有体育的加持力,或许杭州可以变得更硬朗、更强大,展示勇立潮头的神勇和担当。

思路一变天地宽。按照体育赋能城市的理念,城市的设计、建设、安全、治理、改革、发展等诸多方面都可能改变,也需要改变。比如,城市管理者更多地参与体育活动、领悟体育真谛,更多地践行体育健身、浓郁体育氛围,更多地谋划体育设施、拓展体育空间,更多地举办体育赛事、厚植体育文化,更多地出台体育政策、培育体育产业。事实上,全省各地已有不少城市在摸索思考,在探索实践。宁波市的"城市社区10分钟健身圈"构建,温州市的"社会力量办体育"试点,绍兴市的"国际赛会目的地"打造,湖州市的"极限之都、户外天堂"培育,嘉兴市的"中央体育公园"和金华市的"浙中生态廊道"建设等,都为体育赋能城市理念的落地提供了可行路径和示范案例。体育赋能城市,关键是要把体育融入城市,做好融合文章。要倡导体育生活,使体育成为城市生活的时尚。要大兴体育赛事,持续打造城市的体育名片。要多建体育设施,配套解决群众健身去哪儿的难题。要创新体育业态,展示"体育+""+体育"产业多向融合发展的成果。要弘扬体育精神,传递团结拼搏、公平公正、追求卓越、健康向上的城市体育文化。

体育强,中国强。体育强,城市强。

可以相信,久久为功之下,体育的活力一定能够转化为推动浙江城市高质量、可持续发展的新动能。

(原载于《中国体育报》2019年6月3日第7版)

户外造就未来

青少年的身体素质,是德智体美劳全面发展的基础,关系中国特色社会主义建设者和接班人的培养,关系国家和民族的未来。

但不能不承认,我国当下青少年的身体素质不容乐观。以青少年视力状况为例。国家卫健委4月29日公布的调查结果显示:2018年全国儿童青少年总体近视率为53.6%。其中,6岁以下儿童为14.5%,小学生为36.0%,初中生为71.6%,高中生高达81.0%。如何防控近视?专家观点:防控近视当综合施策。但寻本溯源,增加学生户外运动时间最为关键。

有位大学体育老师谈及学生体质体能,忧心忡忡:现在有的大学生,前面看像青年,后面看像老年。跳起来投篮球,脚会崴。两人一碰,手会折。一运动,膝盖会受伤。一受挫,就抑郁。话虽极端但形象。原因何在?这位老师分析:主要是我们的学生在小学和初中阶段没有学会跑、跳、滚等基本功。

防控近视也好,提升体质体能也罢,说的都是学校体育问题。不能不说,体育教育已成为我们教育现代化的突出短板,加强学校体育教育工作迫在眉睫。借鉴发达国家学校体育教育的经验,提高青少年的身体素质还得从抓娃娃们的户外运动上着力。

所谓户外运动,就是以大自然为平台开展的带有适应、体验、探索等功能特点的体育项目的活动。身体教育,户外优先。人源于自然,大自然也是人类第一位老师。研究和实践表明,户外运动之于青少年成长具有多种有益功用:

户外运动强健体魄。户外场地宽阔,处处绿水青山。撒欢野外、放松心情,自由玩耍活动,可缓解视疲劳预防近视,能增加耗氧量促进心肺功能,也有利于提高身体的灵敏度、柔韧性、弹跳力和力量耐力素质。

户外运动拓展能力。自然环境状态,相对复杂多变。户外运动直面自然,在适应中学会应对,可磨炼提升人的环境生存能力,能增强防范抵御风险和困难的自信,也有利于最大限度地挖掘身体潜能,超越自我、挑战极限。

户外运动养成协作习惯。户外运动项目,多为团队项目。在户外生存活动,会接触更多的人,有更多的团队协作机会来直面不确定风险。在团队生活中,互助共处、交流融合,助推青少年心理成熟和社会化,也有利于培养青少年的团队协作意识、能力。

户外运动启迪智慧。户外开阔眼界,运动塑造大脑。户外有更多的新事物。人的智力,起步于幼儿时代。在早期教育中,有更多的户外时间、户外见识和户外活动,既是汲取自然也是格物明理,既是锻炼身体也是历练身心,既是增长见识也是开启心智。

户外运动锤炼精神。户外活动,有助于保持青少年身心愉悦,驱散抑郁情绪。不仅于此,通过参与有组织的户外运动项目,能增进遵循规则、公平竞争意识,培育逢山开路、遇水架桥勇气,塑造不惧失败、勇于争先品格,养育探索未知、砥砺奋斗精神。

归结起来一句话:户外运动造就青少年未来。

重视学校体育教育,加强青少年户外运动,说易行难。为加强学校体育,教育部早在 2011 年 7 月就制定了《切实保证中小学生每天一小时校园体育活动的规定》。2016 年 3 月施行的《幼儿园工作规程》也有规定:"幼儿户外活动时间每天不得少于两小时"，"每日户外体育活动时间不得少于一小时"。但在教育实践中，面上还存在"落地难"问题。难在何处？一是难在社会认知。教育是唯分数、唯升学导向，还是真正的德智体美劳全面发展导向？二是难在安全理念。户外活动有风险，是消极无为排斥体育排斥户外，还是担当有为科学管控？三是难在标准体系。我们还缺乏一整套与青少年户外活动、户外运动相关专业的课程教材、标准规范及评估考核体系。四是难在场地设施。户外运动要有场地设施，但我们还没有足够的规划科学、布局合理、安全规范、适龄适宜的校内外户外运动场所。

近些年来，在推动青少年户外运动方面，已有为数不少的城市学校、民办学校开始先行探索并取得积极的实践成果。得益于此，2016年11月《教育部等11部门关于推进中小学生研学旅行的意见》发布。《意见》要求，把研学旅行"纳入中小学教育教学计划"，一般安排在"小学四到六年级、初中一到二年级、高中一到二年级"进行。在浙江，2018年7月省教育厅等10部门也提出了《实施意见》。《实施意见》明确，在教育部要求的学龄段，"每学年组织安排1—2次研学旅行活动"，时间要求"小学3—4天、初中4—6天、高中6—8天"。还提出要打造一批研学旅行营地基地、精品线路，研制一套实践课程、工作机制、活动服务平台和评价系统，探索形成研学旅行发展体系。

前不久，国务院又印发了《国务院关于实施健康中国行动的意见》（以下简称《意见》）。《意见》明确将中小学健康促进行动作为15项专项行动实施。无疑，这对加强青少年体育教育又是一大利好。如何乘势而上，破解难题，加快推动青少年户外运动融入教育体系，携手社会力量拓展户外运动？

第一，提高站位，真正重视户外运动的发展。落实习近平总书记关于树立健康第一的教育理念，站在国家和民族未来的战略高度审视、推动青少年户外运动发展。祖国的大好河山，是助力青少年成长的摇篮和课堂。再好的学校教育都无法取代户外运动对青少年健康成长的影响。

第二，体教融合，提高研学旅行的体育含量。统筹协调，开放"门户"，合力聚焦于青少年健康成长这个总目标。针对青少年近视、肥胖、抑郁等高发和力量素质薄弱的实际，切实加强体育教育，进一步融合、整合体育教育资源，拓展研学旅行的体育类特别是户外运动项目的内容。

第三，架构体系，加强青少年户外拓展训练。借鉴企业团建方式，结合青少年成长特点，研究设计开发一套包括科目课程、规则标准、设施装备、安全保障和评估评价等在内的户外运动科学训练规范体系。借此，大力推动系统化、规范化和标准化的青少年户外拓展营地建设。

第四，发展竞赛，推广普及户外运动的项目。在重视户外游戏的同时，增强运动竞赛理念，挖掘户外运动的挑战性。大力发展山地、水上、航空、冰雪及自行车、汽摩等运动项目，更多地举办登山、越野、攀岩、定向、游泳、皮划艇、滑雪、滑冰、滑翔、露营、山地自行车等各类青少年体育赛事。

第五，挖掘资源，大幅增加户外运动的设施。户外运动基于自然，也需要人工设施配套。坚持生态理念，在更多地利用现有的国家公园、森林公园、植物园、各类景区景点资源的同时，加强户外运动设施的规划建设、科学植入，实施"体育设施进公园"，推动城乡各类公园、绿地等场地的体育化有机更新。

第六，政策支撑，有效调动社会力量的参与。发展青少年户外运动，具有特殊的公益性。从产业发展的角度，也极具市场前景。要更好发挥政策的鼓励、支持、引导作用，更好发挥各类市场主体的作用，推动青少年户外运动产业培育、发展、壮大，以促进体育消费，助力经济高质量发展。

期待新时代的青少年，在参与户外运动的磨炼中享受乐趣、增强体质、健全人格、锤炼意志，健康地成长成才，"创造青春之中国、青春之民族"。

（原载于《中国体育报》2019年9月9日，第7版，标题为《户外运动造就青少年未来》）

小步道　大文章

——建设"环浙江国家步道系统"的粗浅思考

"一条登山步道改变一座城。"浙江宁海曾修建我国第一条登山健身步道，"一条砍柴路，升级为观光路、健身路、富民路、强县路"，给城市带来变化，并成就一张县域名片。

从2009年起，在国家登山运动管理中心支持下，宁海县建成覆盖县域的500多公里登山健身步道，并逐步将健身步道、游步道、骑行道等慢行系统纳入城乡规划。近年来，宁海步道建设带动了全民健身和户外运动开展。县域内落地了30余家户外运动俱乐部、5家体育旅游公司，年均参与步道运动人次逾300万，成为全国步道经济发展的示范和标杆。

近年来，浙江有越来越多的地方开始重视步道建设。全省已建成9条1300公里国家登山健身步道，在建3条400公里。始于2012年的"万里绿道网"建设，已建成5800余公里。此外，城乡各地还不断涌现各类健身步道、步行道、骑行道及汽车越野道等"小道"。

国际上，这些健身步道、绿道、步行道、骑行道等，被概称为步道。欧美国家对此非常重视。1968年,美国通过《国家步道法案》,现有国家步道总里程约9.66万公里,长度超过州际公路。欧洲著名的"阿尔卑斯沿线步道"贯穿8个国家。

为什么步道建设越来越受重视?总结国际国内特别是浙江各地经验,就是一句话:小步道里有大文章。

第一,步道串联山水。浙江山水资源丰富,步道在畅通隔断、通达形胜、发现美好、勾连城乡等方面,具有其他交通方式不可比拟的独特优势。建设步道,可以低成本的投入把一个区域内繁星点点的山水景观、景区景点、古道村落、人文历史等串联贯通,整合出新。如同宁海县的登山健身步道,仙居县以112公里的永安溪绿道为主干,打造长430余公里的"叶脉型"绿道网络,绘就了一片崭新的县域山水空间画卷。

第二,步道激活资源。浙江在激活山地发展资源方面已有诸多建树,如低丘缓坡开发、建设山地城镇、发展乡村民宿和林下经济等。但在山区发展过程中,还有许多沉寂的自然资源、历史遗产等。以乡村公路为例,随着城镇化进程加快,越来越多的"乡乡通""村村通"公路趋于闲置。通过简单的规划设计,将其转型为乡村骑行道、汽车越野道,可成为都市越野爱好者趋之若鹜的运动天堂。浙江"蚂蚁探路"利用遂昌县180余公里乡村闲置道路,开发激活7条网红越野线路,助力乡村振兴有成效。

第三,步道推动健身。运动健身,关系人民健康。落实全民健身国家战略,需要配置大量运动健身场所。除必需的体育场馆设施外,人们对户外运动场地的需求激增。越来越多的人注重健康,喜爱步行、越野跑、骑行、登山、露营等户外运动。通过建设群众身边的慢行步道系统,并以步道为纽带更多地挖掘开发未利用空间配置各类体育运动设施,不仅增加运动健身场所,也连接城乡引流户外运动人群,推动全民健身活动开展。可以说,步道是推动浙江发展"全域运动"的重要基础设施支撑。

第四,步道助力发展。步道也是人流、物流、信息流的重要通道。实践表明:步道承载着新的生活方式,步道里面有经济。2018年,美国户外运动产业拉动消费9755亿美元,其中步道经济约占23%。通过步道及运动的开展,可展示自然生态景致,畅通农产品出山进城,支持区域绿色发展,推动户外装备产业,培育运动社会组织,促进体育赛事活动交流。步道和步道支持系统,既是城乡基础设施投资的有机组成部分,也构成运动的新场景,拉动体育消费,催生消费新业态。

第五,步道涵养文明。借助步道建设及其效应,有利于践行"绿水青山就是金山银山"的生态文明理念,展示"运动浙江,户外天堂"的省域运动品牌活力。如同为自然保护、森林防火,我们建设防护道、防火道一样,步道也极具重要的人文价值。步道,不仅是一条小道小路,它集旅游休闲、运动健身、自然教育、村落文化及生活方式重构等于一体。步道及其系统的规划、建设、使用和管理,有助于区域空间新的公共服务体系的形成。

可见,小路大道。

2016年11月,体育总局等八部委印发的《山地户外运动产业发展规划》提出:要"打造国家步道系统","建设一批户外营地、登山道、徒步道、骑行道等户外运动场地及相关服务设施。"浙江作为长三角地区山地资源的富集地,户外运动人群的聚集地,需要也可能成为国家步道系统建设的先行区。

在开展"万里绿道网"建设基础上,依托省域山地资源,建议在浙江全省启动"环浙江国家步道系统"项目工程。项目建设遵循"以人为本、以找代建、最少干预、勾连成网"原则。项目主要内容可有以下几个方面:

(1) 规划"环行浙江"步道主干道。主干道可依托天目山、会稽山、四明山、天台山、括苍山、雁荡山、洞宫山、仙霞岭、千里岗等主要山脉走势展开,实现省内闭环、省际畅通。

(2) 建设以主干道为中心的连接和分支步道。根据规划及既定标准,各地有序建设各具特色的步道区段,形成环状步道和线状步道相连接、省域环线和区域环线相结合的网状步道系统。

(3) 整合利用域内既有的各种步道资源。联通包括山路古道、景区游步道、骑行绿道、健身步道、林道、防火道、户外穿越线路及县乡村共用道路等形成步道网络,并逐步推动步道数字化、智能化。

(4) 开展体育赛事活动。布局建设环步道系统的各类户外运动营地,设计开展各类户外运动项目赛事和全民健身活动,添加步道活力。

(5) 培育发展步道经济。围绕步道,配置必要的公共服务设施,支持社会力量开发步道产品、参与步道项目经营。逐步培育若干条户外经济产业带。

建设国家步道,推广健康运动,激发户外经济,赋能美好生活。小小步道,既是区域基础设施,也是体育、休闲、旅游、健康、生态的大产业,值得我们高度关注。

(原载于《高管信息·浙江》2020年第14期)

后 记

原以为体育就是跑步打球、锻炼身体,是蹦蹦跳跳、热热闹闹的事,直到我走近体育。

2016年8月,我有机会到省体育局履职,不知不觉中干了八个整年。八年间,我从零起步,漫游在体育的大海里,边看边问、边学边想、边想边干,越干越觉得体育不简单。八年间,我负责过体育规划、体育改革、群众体育、体育产业等具体工作,有幸经历了浙江体育红火向上的岁月。

八年时间,收获最多的是满满的体育情怀。运动员的艰辛、教练员的执着,从业者对体育的挚爱与奉献,所有"体育人"的直率与坦诚,让我受益匪浅。特别是杭州第十九届亚运会的成功举办,更让我深深地体会到体育运动的无限活力、赛事活动之于城市管理发展的宏巨效应,以及全社会日益增长的体育需求。

八年来,我相信勤能补拙,快乐地走近体育,更努力走进体育。通过一段时间的学习、观察和思考,总结了三句话:运动振兴乡村,体育赋能城市,户外造就未来。核心的理念和思路是:做好新时代新征程的体育工作,要坚持发展和建设"大体育"、开放体育、社会体育、市场体育;要在做好"争金夺银"的竞技体育同时,倡导和推动民生体育、生活体育、时尚体育、产业体育;要涵养和培育全社会的体育人口、体育生态、体育语言、体育文化。唯此,才能建成体育强省,进而助力体育强国建设。

八年来,我倾力推动体育场地设施建设、体育产业经济发展、体育赛事活动繁荣、户外运动项目推广、体育社会组织活跃以及体育人文精神培植等工作。其中,运动休闲乡镇的培塑推动、体育精品赛事的培育拓展、"环浙步道"的规划建设、"户外运动大会"的平台创新和"百村万帐"的品牌策划等项目,渐次成为浙江体育的亮点。

其间,我利用微信不间断地记录着工作点滴。其中,有体育业内的,也有体育之外的。多数纯属见闻记录,也有片言只字式的思考所得。记日志,只是个人长期基层工作养成的习惯,不敢也没有结集示人的念想。

不曾料想,有人关注到我的这些工作日志。今年年初,浙江大学教育学院几位体育硕士生、博士生利用课余时间分类梳理了部分内容,作为他们了解、研究浙江体育发展的实证材料。浙江大学休闲卓越中心提议整理出版,供教学科研参考。如果这些零乱发散的田野素材,能为体育教学提供辅助作用,也算是我这个体育教学实践导师尽的一点社会义务。这就是这本小集子的由来。

感谢体育,感谢浙江体育,感谢所有为这本小集子的整理付出辛勤劳动的老师和同学们。

有机会走近体育,初识体育,我很荣幸。但要真正地走进体育,观其澜得其道,领悟"完全人格,首在体育""体育具有改变世界的力量"的真谛,还需要走更多的路,有更多的观察与思考。

李 华

2024 年 9 月 30 日